鬼脸物理课④

量子论与未来

GUI LIAN WU LI KE

刘继军◎著

南京师范大学出版社

图书在版编目（CIP）数据

鬼脸物理课. 4 / 刘继军著. -- 南京：南京师范大学出版社，2019.2（2022.6 重印）
ISBN 978-7-5651-4003-7

Ⅰ. ①鬼… Ⅱ. ①刘… Ⅲ. ①中学物理课—课外读物
Ⅳ. ① G634.73

中国版本图书馆 CIP 数据核字（2018）第 301956 号

书　　名 / 鬼脸物理课 . 4
作　　者 / 刘继军
责任编辑 / 曹红梅
责任校对 / 张新新
出版发行 / 南京师范大学出版社
地　　址 / 江苏省南京市玄武区后宰门西村 9 号（邮编：210016）
电　　话 /（025）83598919（总编办）（0371）68698015（读者服务部）
网　　址 / http://press.njnu.edu.cn
电子信箱 / nspzbb@njnu.edu.cn
印　　刷 / 河南文华印务有限公司
开　　本 / 710 毫米 ×1010 毫米　1/16
印　　张 / 17
字　　数 / 260 千字
版　　次 / 2019 年 2 月第 1 版　2022 年 6 月第 4 次印刷
书　　号 / ISBN 978-7-5651-4003-7
定　　价 / 45.00 元

出 版 人　张志刚

Contents
目 录

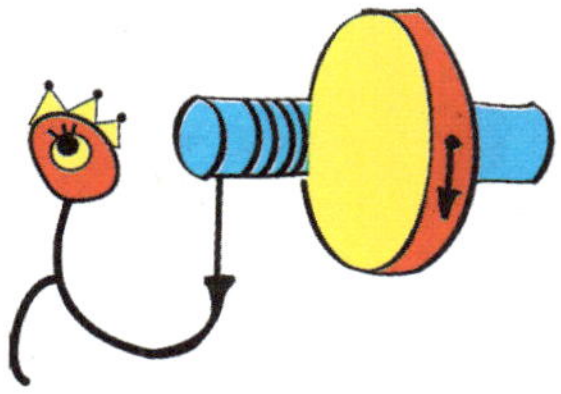

第二十一章　量子论三　世纪论战（上） 001

1. 波粒又战 004
2. 上帝的骰子 019
3. 不确定 026
4. 互补原理 040
5. 尘埃未定 052

第二十二章　量子论四　世纪论战（下） 071

1. 巨星际会 073
2. 爱氏光盒 078
3. 量子纠缠 088
4. 薛定谔的猫 094

第二十三章　量子论五 何去何从 101

1. 第六根手指 103
2. 意识迷局 112
3. 触不可及 118
4. 恐怖实验 126
5. 平行宇宙 132
6. 退相干 138
7. 第三者 145

第二十四章　量子论六 前途漫漫 157

1. 多历史 159
2. 自发定域 162
3. 系综 164
4. 审判日 165
5. 落不了槌的审判 175
6. 顶梁柱未成年 180

第二十五章　彩蛋 187

能源极简史 189

地球物理是个什么鬼 206

地球年龄极简史——地龄测定魔幻剧情 200 年 213

地球故事 220

物理学大事年表 242

后记　写给我挚爱的同好们 255

第二十一章

量子论三 世纪论战（上）

这一路走来，峰回路转，瑰丽诡谲，乱花渐欲迷人眼，该捋一捋了。

普朗克打开量子王国大门，逡巡许久后，决定转身，留下落寞的背影。他不相信世界是量子的。

爱因斯坦驾着光量子解释战车，长驱直入。

而玻尔手持量子化的原子模型，杀进量子王国。

爱因斯坦在前进途中，不得不借助讨厌的概率搭桥，他想静静。

但德布罗意用波粒二象性揭开了大幕的一角，让老爱看到一束光明。

而戴维逊实验给他们吃了定心丸：电子确实是波化装成的粒子。

泡利用不相容拨开电子分层的迷雾，却发现电子应该有第四个量子数，并且它应该有两个值。

乌仑贝克和古兹密特找到了泡利要的第四个量子数：自旋。

海森堡从粒子性出发，得到矩阵力学，和玻恩、约当、狄拉克一起，建起了矩阵力学大厦。

薛定谔从波动出发，拿到了波动力学，在矩阵大厦旁边，盖起了波动宫殿。

一切似乎很美好。然而，宫殿尚未封顶，量子世界大战的硝烟，已弥漫开来。

矩阵力学抛弃了各种假设，用矩阵处理谱线的观测结果，以数学为基础，反映了物理现实的跳跃性、不可视性，描述了粒子的行为。

波动力学传承了经典，用微分处理德布罗意波，重视了物理意义，强调了物理客观的连续性、直观性，勾画了波的行为。

一个打算完全与经典决裂，一个提倡温和改革，恢复经典的荣光。路线斗争啊！

一个是波，一个是粒。世仇啊！

原来如此，原来如此啊！你以为你穿上矩阵的马甲，披上微分的外衣，我就不认识你了？

摸清双方的来路后，世界不仅没和平，反而更乱了。海森堡与薛定谔的战斗，也就更激烈了。

1 波粒又战

1926年7月，薛定谔应索末菲、维恩两个老头子之邀，前去慕尼黑讲他的波动力学。第二场讲完，海森堡实在按捺不住了，站起来逐条批驳薛定谔的观点。老薛倒是习惯了小海的批判，因为他们私下写信辩论时，措辞也比较直率。但维恩愤怒了，他严厉地打断了小海。对维恩来说，小海这个实验渣所说的，基本可以当胡扯处理。小海后来向泡利诉苦："那个老物理学家，差点把我扔出会场！"

小海本来想以讲堂为战场，与老薛一决雌雄，没想到被对手的老粉丝用太极神功逼出场外，他很尴尬，只好骑驴看唱本——走着瞧！

别看波动力学横扫千军，令众生倾倒，让矩阵力学的粉丝团纷纷取消关注，转粉波动力学，但是，小海也不是一个人在战斗，他还有个强大的同盟——玻尔。

小海败走慕尼黑，发了个战报给玻尔。玻尔看后，眉头一皱，计上心来：邀请老薛到哥本哈根演讲他的波动力学。

1926年10月1日，薛定谔精神抖擞地踏上哥本哈根的土地，开始了一次让他"没齿难忘"的历险。为啥会"没齿难忘"这么严重呢？咱俩脑补一下玻尔的无敌神功，就猜到了。如果你忘了，那就屈驾回去复习一下。

薛定谔一下火车，就被玻尔抓住讨论问题。薛定谔虽然风尘仆仆，但两人聊的是物理，所以聊得挺来劲。玻尔顺势邀请老薛住自己家里。

薛定谔此时还没意识到事态的严重性，他想，既然大家聊得这么开心，那就接着聊吧，于是他做了一个错误的选择：住在玻尔家里。

如果老薛能用自己的方程预测后果，他一定会在车站直接买当天的返程票，至少他会找个离玻尔家远一点的旅馆住下。

然而，老薛已经住在玻尔家了。于是，正儿八经的辩论开始了。

玻尔参加的辩论无数，海森堡就曾这样形容玻尔："他在争论的对手面前不肯退后一步，而且不能容忍很小的含糊不清。"

前面，我们已经领教了玻尔的无敌神功，但不知薛定谔在辩论中会做何表现。所以，我们有必要提前了解下他的个性。实际上，薛定谔也非等闲之辈，他一向我行我素，绝少受人左右。比方说，老薛在柏林大学担任教授时，纳粹上台整犹太科学家，老薛不愿同流合污，果断辞掉了教授职位。同行们敬佩不已。因为，老薛是雅利安血统，并且作为普朗克的继承人，地位不低，被整也轮不到他。所以，他的辞职完全是跟纳粹划清界线，以示对犹太人的声援。5 年后，他在奥地利格拉茨大学任教期间，社会环境持续恶化，迫于纳粹的压力，他发表了一个声明，对自己以往的不敬表示忏悔，这事被媒体炒作成老薛向纳粹低头了。后来，老薛好不容易逃到英国，却遭到质询。你猜老薛怎么着？他从容应道："这是我个人的自由。"言外之意，俺权且发个声明保命，干你屁事？搞得质问他的人自己倒尴尬起来。彪悍的人生不需要解释。老薛从来不会改变自己去讨好世俗，何况，他还收到那么多贺电，更重要的是，他有爱因斯坦和普朗克的支持。老薛对爱因斯坦说："您和普朗克的认可，于我而言，比半个世界的认可还重要。"

老薛的强悍个性 PK 玻尔的无敌神功，有好戏看了。我们先了解下双方阵营。

玻方——哥本哈根、哥廷根集团军。

领袖：玻尔。

将领：海森堡、玻恩、约当等。

论点：世界是粒。

薛方——独行侠明星队。

领袖:爱因斯坦。

将领:德布罗意、薛定谔。

论点:世界是波。

原来还是波军与粒军在对垒!这双死对头互殴已经不是一天两天了,咱俩早就见怪不怪了。可是,今天的战场上,气氛有些诡异,好像有哪儿不对劲!仔细看看,原来是双方的领袖站错队了!

上一场波粒大战,是爱因斯坦力挽狂澜,以一架光电效应的无敌战车,拯救粒军于垂死之中,变单方屠杀为两军对峙,差点端了波军的老窝。而玻尔,打死也不信光是量子,为了干掉光量子,保住电磁波,他甚至向守恒定律举起了屠刀(第十七章“波粒再战”一节)。

现在,粒军的救星爱因斯坦庇护着波军,而波军守护者玻尔引领着粒军,这是要闹哪样?你们是嫌波粒大战不够刺激,要给剧情猛添 high 料吗?

不管怎么说,玻尔诱敌深入,老薛中了埋伏。身陷敌占区,这场仗,打也得打,不打也得打了。战况比较混乱:玻尔对战薛定谔;海森堡负责添油加醋,给玻尔帮腔;玻尔夫人玛格丽特负责两军后勤。

“世界是什么?”玻尔投石问路。看起来是个哲学问题,实际上是探薛方物理的底。玻尔哲学、物理双绝,无论薛定谔怎么回答,都会陷入无敌神功的泥潭。

“世界是波。”老薛何尝不知玻尔的实力!但他自恃功力深厚,因而我行我素,单刀直入。他相信,能对抗实力的,只有实力。

“那么,您如何解释光电效应、康普顿效应?”这招不新鲜,但玻尔深知,沉稳需老道,伤不到自己,还可探敌情。

“是啊,双缝实验、泊松亮斑我们又做何解释呢?虽然这是光的实验,但我坚信世界的统一性。”老薛抛出了更古老的法宝,稳住阵脚。

“正如您所言,这是光的实验。”玻尔笑了。

“可是,一个多月前,英国科学促进会上,玻恩提到戴维逊的镍晶实验数据,您真的没注意到?”薛定谔也笑了。

“这个实验只是个初步结果。您肯定最后结果如君所愿吗?”面对新式武器,玻尔出招谨慎。

“那么，它最终得出相反的结果，这个概率有多少呢？”薛定谔一招斗转星移，以彼之道，还施彼身。

……

“好吧，我们把将来的事留给将来。现在，我们谈谈电子跃迁，这是量子的标志性动作。量子本身就说明了世界不是连续的，而是跳跃的。而这，正是粒子的体现！”玻尔将实验现象上升到逻辑层面。

“事实上，根本就不存在什么跃迁、轨道、能级，只有波，电子只是环形驻波，它的振动产生本征值的变化，就可以解释量子，包括您所说的跃迁、轨道、能级。”薛定谔针锋相对。

……

“算了吧，不要强行用经典的图像去描述量子世界。自从 h 出现，量子已经跟经典决裂。h 本身就在告诉我们，量子王国有量子的国情，任何用经典那一套对量子指手画脚的图谋，都是注定要失败的！”海森堡斜刺一剑杀入战团。

“是吗？经典的微积分能轻松自然地处理 h。我的波动方程已经明明白白地证明了这一点，你的矩阵难道没跟经典的哈密顿函数接轨吗？任何抹黑、颠覆经典的行为，最终都是搬起石头砸自己的脚！”老薛见招拆招，从容应对。

……

“矩阵虽然庞杂晦涩，难以理解，但量子行为本来就是经典所不能理解的。三观不同，何以相容？我们不能按照自己的意愿，去给人家原子、电子、光子画像，干涉人家的内战。它们究竟是什么样，我们无须知道，也无从知道。现在，我们能理解的，只有数学。我们只需顺着矩阵的推演，了解它的行为，就 OK 了！”海森堡声调渐高。

“恰恰相反！量子行为是可以理解的，虽然不是那么容易。三观不同，但世界相同。同一个世界，同一个梦想。它的像素虽然不是那么清晰，但波动的图像是显而易见的。就算不那么显而易见，难道我们就甘心做一只心虚的鸵鸟，把头埋在数学的沙堆中，将黑暗中的幻想当作寄托，而放弃面对真实的世界吗？”薛定谔语气渐凛。

……

“难道，离开图像去谈物理就那样难以理解？用数学之眼看世界就那样难以接受？跟现实世界说拜拜就那样难以启齿？抛除偏见是有多难？！”海森堡的排比问句有如阵雷滚滚。

“这里明明有座波动的连续的桥梁，可以直接通向坚实光明的彼岸，你却偏要去摸离散的石头，探险未知的不实的河床，追寻暗夜中的微光，真是不可理喻！”薛定谔奋力回击。

“不可理喻？矩阵力学，察物理，合哲学，高端大气上档次，哪像那个 ψ，都不知道你想说什么，三俗搞恶无节操！”到底是年轻人，火气大。

“What?！我这 ψ 奢华经典有内涵！你用数学掩耳盗铃，怎么‘察物理’，用幻想的跃迁去‘合哲学’？！我看你是冷艳乡村非主流！”老薛也是个暴脾气。

……

战况突变，阵地战变成了口水战。

“晒出波的爱，逼着粒离开。看见你这图像的我眼泪掉下来。物理印象派，你背了良心债，就算涂出再多色彩也画不出来！微分是你要解开，解开就解开。现在又要用普赛(ψ)，把图画出来。世界不是你想晒，想晒就能晒。让粒挣开，让粒表白，别用波阻碍！”为了舒缓气氛，玻尔伴着旋律做阶段总结。

“狠心把波来伤害，粒这么意外。跳跃世界的伤害，有谁能明白？守恒不是你想害，想害就能害。让我看透，世界图像，只能连起来。矩阵是你要展开，展开就展开。现在又要用粒子，把世界散开。经典不是你想甩，想甩就能甩。让波荡开，让波飘摆，别用粒破坏！”薛定谔顺水推舟，紧跟节奏回对。

……

“量子跃迁的全部观点纯属幻想！”薛定谔接着说。

“但你无法证明量子跃迁不存在！”玻尔一招顺手牵羊，“这恰好证明我们真的不能想象它。”

“可是你无法想象的这个东西是不存在的！”薛定谔毫不客气地回应。

“你不能真的怀疑量子论的整个基础吧？！”玻尔大叫。

“但的确有很多地方需要进行进一步解释，你有吗？”薛定谔反唇相讥。

“现在，这个真没有，但将来，这个可以有！现在没有满意的解释，就能被全盘否定吗？！”玻尔气恼。

“如果这该死的量子跃迁真的存在的话，我宁愿从来没涉足过什么量子力学！”薛定谔火了。

“幸运的是，你已经涉足了，我们都感谢你所做的工作……”玻尔的回击话里有话。

……

“呐，不管是波是粒，最重要的就是开心。连续也好，跳跃也罢，发生这种事大家都不想的。可视，或者不可视，世界就在这里。所谓吉人自有天相，如果不开心就哭出来吧。饿不饿，我给你们煮碗面？”玛格丽特出现在两军阵前。

……

这一战，直杀得天昏地暗。实际上，两军大战，比上述要精彩、丰富、激烈、复杂得多，可惜的是，这次没邀请战地记者、书记员德布罗意的兄长莫里斯，所以我们看不到实况，只能干巴巴地看转播了解大致战况。

玻尔从理论谈到实验，从经典谈到量子，从方法谈到信仰，从物理谈到哲学……谈什么倒不打紧，别忘了，薛定谔可是百科全书式的博学才子，你谈什么他都接得住，而且哲学正是他的至爱，他在玻尔面前丝毫不落下风。关键是，玻尔没完没了。

平常，玻尔是个温和体贴之人，否则也不会有那么多朋友。但是，一遇到辩论，这家伙就变身了，争强好战，打了鸡血一样，精力极其充沛，战斗指数急剧飙升，“无情地、狂热地”缠斗不休。按说，薛定谔也是精力极充沛之人，可以同时处理那么多女朋友，还有精力在物理界跻身一流，爱情事业两不误。但是，这次遇到玻尔，他算是领教到“累”字怎么写了！累，倒不是受不了，关键是，现在身陷玻尔家，主人如影随形，他躲无可躲，逃无可逃，日夜应战。能上讲台讲学，倒成了难得的休息时间。薛定谔何曾经历过如此残酷的虐辩?！几天后，精力旺盛的他被累病了，卧床不起。玻尔太太费尽心思，精心照料这位战士。

你以为这就完事了吗？想得美！玻尔随后慈祥友好地来到病榻前，热忱地拉着老薛的手，异常恳切地凝视着老薛：“但是，你必须领会……”天啊！如果此时评一个全世界最值得同情的人，他必须是老薛！

你是要取我性命吗，大哥？薛定谔眼神很幽怨，但他打死也不屈服。

这场严酷的讨论没有结果。双方身心俱疲地分手了。玻尔的无敌神功只是从体力上累垮了敌人，却没有从意志和观念上撼动敌人。这样强劲的对手，玻尔是第二次遇到。

咦？哥本哈根那帮人，是被玻尔累服的，还是被说服的？也许，兼而有之？

玻尔的这场残酷围剿，让战友海森堡都看呆了。后来海森堡评价玻尔当时的表现：“无情的、狂热的、不准备做出丝毫让步或承认自己可能犯错的人”，战争“每天从清晨持续到深夜”……

薛定谔一撤，对手没了，玻尔顿感高处不胜寒，他把空虚寂寞冷的目光移向海森堡，倒霉的小海脊梁渐凉。

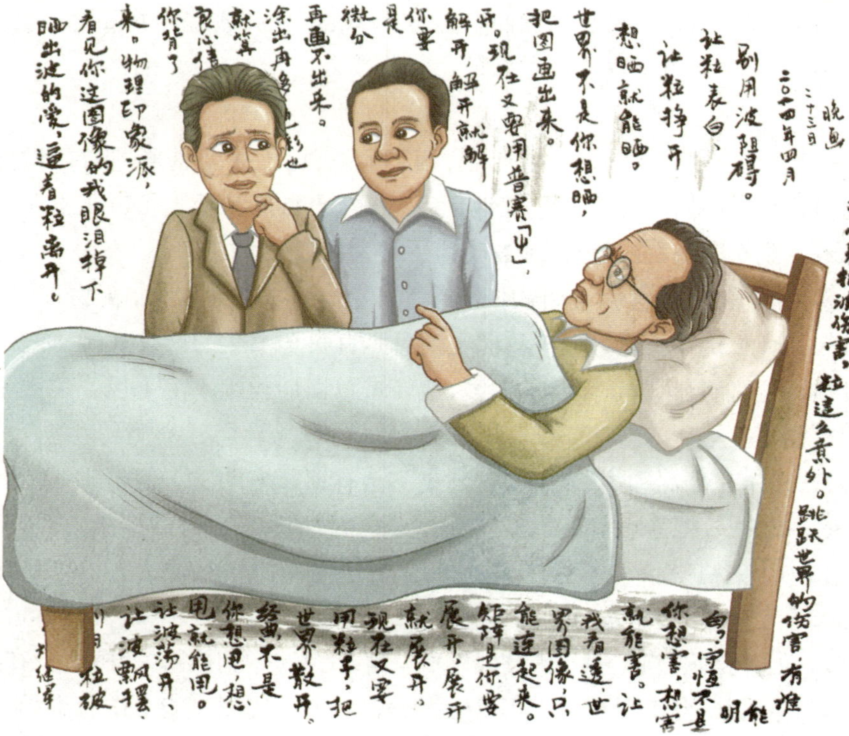

玻尔、海森堡大战薛定谔

小海的遭遇，以后再说。现在，我们应该让波粒大战做个了断。

实际上，德布罗意方程组出现后，大战就该结束了。波粒合体，万法归一，世界和平，情绪稳定，那该多和谐啊！但是，从1924年底波粒二象性论文发布开始，直到1926年初波动力学建立，这一年多以来，肯接受波粒二象性的，薛定谔是全球第四人，前三位是爱因斯坦和德布罗意哥俩。其间，1925年6月矩阵力学的成功，更向人们强调了世界的粒子性。电子衍射实验的成功，是1927年的事。所以，除了前述这四位相信世界可以是波，其余的人都认定世界是粒。于是，玻尔与薛定谔的这场恶仗，就是必然的了。

其实，波粒二象性的终极例证，早在1924年，就已经初露端倪了，只是，大家都没注意到。还记得不？自旋把粒子分为两类：费米子、玻色子。费米子服从泡利不相容原理，而玻色子不服从（第十九章“纠结的自旋”一节）。由于性质不同，所以它们的作用、行为、形态等等也各不相同。行为不同，它们的分布当然也就不同了。举个不太恰当的例子：沙子、豆包、水、豆油、黄豆各一碗，从 1 m 的高度，分别倒在地板上，它们的分布，肯定不一样，是吧？

那么，如果我们要用数学来表达它们的分布规律，该怎么做呢？测量它们每一个个体的形状、体积、质量、弹性、摩擦力、黏度……然后计算出它们之间的相互作用，最后得出每一个个体的精确位置？

这太不现实了。前面说过，麦克斯韦、爱因斯坦对付分子运动时，比方说布朗运动之类的海量庞杂运动，都用概率统计的方法（第十五章“原子之谜”一节），这样，虽然不能预测个体的精确行为，但是能很好地描述整体行为，预测大趋势。

所以，对付费米子、玻色子的分布状况，我们也是用这种方法。只不过，不同的微粒，其行为也不同，所以，统计的办法自然就不尽相同。在自旋以前，人们对付微观粒子的分布，用的是“麦克斯韦－玻尔兹曼统计”，描述的是“定域粒子”体系。这个体系假设：

粒子之间，没有任何相互作用，互不影响；你是你，我是我，可以区分彼此；粒子们的运动，都严格符合力学规律，其运动轨迹是“可确定”的。

这种粒子体系，叫“定域粒子体系”。“麦克斯韦－玻尔兹曼统计”用在水、空气等分子分布上，还是相当好用的。但是，用它对付费米子、玻色子，就不好用了，比如用它来处理黑体辐射，就不准确。普朗克用的办法是，DIY 出一个公式，导出 h，就搞定了这个问题。其中，他也从经典的统计物理中寻求了援助（第十七章“量子幽灵”一节）。

问题已经被普朗克解决，大家也就没再费神去研究另外的办法。但，我们说过，这个世界上什么人都有。

玻色

1924 年，爱因斯坦收到一封陌生人的来信。虽然他经常收到陌生人的来信，但这封信有点特别，它来自遥远的印度。写信的是一位年轻人，名叫玻色，时年 30 岁。他提出了一个看起来非常简单的假设——光是不可区分的粒子的集合。

它的核心概念：光子都一样，分不出谁是谁。这一点，跟刚才提到的定域粒子体系假设中的“可以区分”正好相反。这个概念叫“微观全同粒子不可分辨”（以下称“全同不辨”）。

从“全同不辨”观念出发，每个光子都满足爱因斯坦的光子假设，也满足玻尔兹曼最大概率分布统计假设，成为“光子理想气体”模型，很自然地推导出神奇的普朗克黑体辐射公式，当然也就得到了美丽的 $E = h\nu$。

但是，他得到的结果，不是什么新鲜玩意儿，而是 20 多年前，普朗克得到的结果，所以，他的论文遭到退稿。

玻色一着急，病急乱投医，就把论文寄给了老爱。

老爱一看，马上意识到，这个印度小伙做的研究很重要，他把玻色的论文翻译成德文，推荐发表了，并且立即着手研究。他接连发表了两篇论文，将玻色对光子的统计方法，推广到原子，把整个世界收了进来。根据这种统计方法，老爱做了一个预言：

当温度足够低时，不同状态的原子，会突然聚集到统一状态，这时，奇迹发生了：物质形态发生相变，既不是固态、液态，也不是气态，而是一种新的形态——凝聚态。这叫作“玻色－爱因斯坦凝聚”（简称“玻爱凝”）。

工作做得太超前的结果是，世界反应迟钝。即使是老爱发表的那两篇论文，也没引起物理界的重视。直到朗道提出，液氦超流就是“玻爱凝”的反应，并计算出临界温度：3.2 K。物理学家们这才如梦初醒，开始重视“玻爱凝”，但由于技术原因，研究进展极其缓慢。

刚才提到的液氦超流是怎么回事？这还得从卡皮查说起，就是回苏联被扣，没条件搞研究，然后老师卢瑟福不远万里送设备的那个卡皮查（第十五章“初露端倪”一节）。这小子后来成为“低温物理学之父”。1938 年，卡皮查把液氦的温度降到 2.17 K 以下时，他见证了一个奇迹：液氦成为没有摩擦力的神奇液体。没有摩擦力，也就没有了液体的黏性，它在任何东西上流动，都毫无阻力，毫无挂碍，它可以沿着垂直的容器壁，爬上去，爬出去！这种毫无阻力的流动，就是“超流”了。除了超流，液氦还有很多神奇之处，比方说，导热性极好，它的导热率居然达到常温下铜的 800 倍！

朗道指出，超流在一定程度上验证了“玻爱凝”。

但是，在实现超流之前，氦已经是液态了，粒子间相互作用力比较大，所以超流并不单纯是“玻爱凝”的反应。想要严格验证老爱的预言，必须用气体实现“玻爱凝”才行。但是，想要实现气体“玻爱凝”，物理学家们面临着一个大问题：需要更低的温度。

超流体

注：黏滞系数与表面张力为0的液体会覆盖容器的整个表面，于是……它爬出来了！

实际上，实现低温，是一件很难的事，并不是把咱家电冰箱串联、并联起来，或者加大压缩机功率就可以搞定的。我们知道，宇宙最低温度是绝对零度（－273.15 ℃）。根据热力学第三定律，绝对零度是绝对不可能实现的。我们人类不管使什么花招，都只能尽量去接近绝对零度。就像越接近光速，所需能量就增加得越快一样，越接近绝对零度，制冷技术的难度也呈几何梯级飙升。

卡皮查获诺奖的原因是“在低温物理学领域中根本性的发现和发明”。自然科学大奖很少是奖励给发明的，在迄今为止产生的 111 个诺贝尔物理学奖中，与发明有关的只有 17 个，其中将近一半是伴随相关发现才得的奖，纯靠发明得奖的，只有 9 个。即使这样，因发明和发现而获奖还是会被鄙视，被大家纷纷吐槽配不上诺奖，比方 1912 年达伦关于“灯塔控制装置”的发明，以及1920 年纪尧姆关于“推动精密测量的镍钢合金”的发明等。但是卡皮查关于低温技术的发明获奖，业内无人提出异议，这就足以表明，低温技术，比我们想象的要难得多。

这项诺奖级别的技术发明，可以把温度降到 2.17 K。2.17 K 很了不起吗？相当了不起！因为在我们的宇宙中，最寒冷的地方，是只有微波背景辐射的外太空，温度约为 3 K。根据热力学定律，热只能从高温向低温传递（说冰箱内温度比外部温度高的，请搞清楚冰箱制冷原理），想把某系统的温度降低，普遍的办法是，把它的热传递给另一个温度更低的系统。所以，在地球上制造出低于外太空自然温度的低温，相当不容易。

我们的正常室温，是 300 K 左右。现在，降到离绝对零度只剩 2.17 K，看起来只有一步之遥了，是吧？正如刘翔的最好成绩是 12 秒 88，离 12 秒 80 只有

0.08秒，但你让他跑一个12秒80试试？我们发现，从2.17 K出发，向绝对零度迈进，哪怕是前进0.1 K，也比从300 K降到2.17 K难！

而要实现气体的“玻爱凝”，需要达到0.000 000 17 K，是2.17 K的千万分之一！这有多难呢？说实话比登天还难，但从卡皮查算起，科学家们只用了58年就实现了（真比登天难——比载人航天晚34年，比人类登月晚26年）。

下面我们简单介绍一下技术，膜拜一下科学家们的聪明才智。实现“玻爱凝”低温，主要用了两项技术。

一是激光冷却技术。

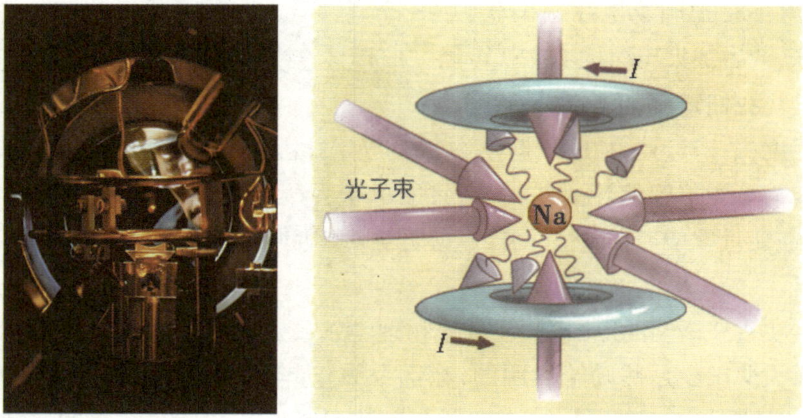

激光冷却设备及原理

在我们印象里，激光大概可以跟高能画等号，用激光制冷，听起来有点像“用雷声制造安静”那样荒唐。

经历了这么多，咱俩已然明白，经验和表象，往往是用来迷惑人类的。我们知道，温度是粒子振动（运动）的结果，常温下，空气分子振动的速度，大概是每秒几百米。把气体粒子的振动速度减慢，就是冷却。那么，怎么能用激光减慢粒子振动速度呢？

想象一下，我们迎风扔一个乒乓球，会怎么样？乒乓球脱手后，它的前进速度，会在某个点为0，这一刻，它就是“停”了（无视它向下落的运动）。为什么会停止呢？因为迎面有无数空气分子做反方向运动，撞击在乒乓球上，形成反作用力，阻碍了乒乓球前进的运动。就这么简单。

激光是光子束，相当于风，而被冷却的粒子，比方说钠原子，就相当于乒乓球。光子“撞”在钠原子上，形成反作用力。具体细节是：光子迎面扑向钠原子怀抱，钠原子不断电子跃迁、吐纳光子，由于吸收方向确定，而释放光子方向不确定，所产生的作用力合力的方向与钠原子运动方向相反，这样，钠原子不断被减速，就实现了降温。为什么要用钠原子呢？因为氧、氮等气体，到几十开尔文的温度就冻成固体了。

这位同学问了：首先，钠原子的振动，是一种不规则运动，而不是像扔出的乒乓球那样，只朝一个方向跑，那么，它的运动方向，迎着激光时，固然可以减速，但顺着激光时，岂不是要加速？其次，钠原子气体，就是众多钠原子的集合，它们的集体运动方向更乱，而激光的方向是笔直的，一束激光照过去，只能是给一部分减速，而给另一部分加速，那怎么能实现给钠原子气体减速呢？

这就需要用到前面学过的电子跃迁知识了：并不是所有频率的光子，都能被电子吐纳。换句话说，每种原子带的电子，只会吐纳特定波长的光（第十七章“原子迷图”一节）。利用电子挑食的习惯，科学家们选择的激光波长，比电子肯吐纳的波长再长一点点。为什么呢？这是利用多普勒效应。当原子迎着光跑时，波长会变短。顺着光跑，波长会变长。这样一来，当原子迎着激光跑时，光子的频率恰好适合钠原子口味，更容易发生作用被减速，而顺着激光跑时，不容易发生作用被加速。

从上下前后左右 6 个方向，全方位朝钠原子气体发射激光，这样，总的来讲，各个方向都是在不断减速。速度越来越低，温度也就越来越低。终于，达到 0.000 24 K。真是一个惊人的成绩！这个温度，是在 1985 年实现的。这项工作，是美国人朱棣文（华人血统，曾任美国能源部部长）、威廉·菲利普斯，以及法国人克洛德·科昂-唐努德日合作搞定的，他们因此获得了 1997 年的诺贝尔物理学奖。

然而，0.000 24 K 仍然不足以实现“玻爱凝”。还能怎么办呢？

十年磨一剑。人类终于搞出新花样：磁势阱蒸发冷却法。看名字，好高端的样子，其实没那么冷艳高贵。所谓“磁势阱”，我们可以把它看成一个监狱，它利用磁场，囚禁带磁性的原子。“蒸发冷却”，就更好理解了，我们知道，不管什么东西，实现“蒸发”，都要做同一件事：带走更多能量。这里的“更多”，是指高于系统的平均值的那部分能量。

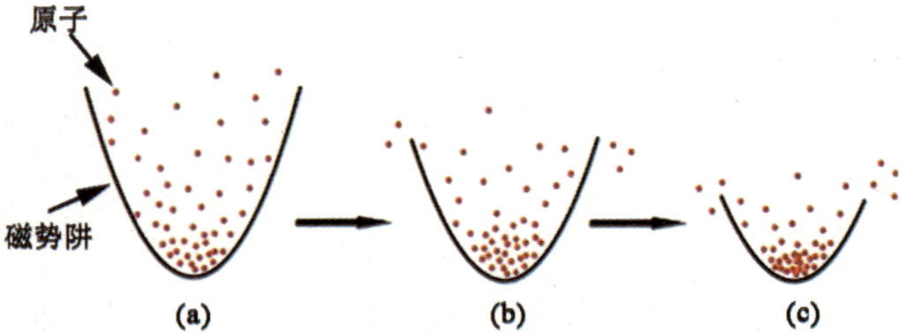

磁势阱蒸发冷却法原理

注:磁势阱降低,较高能量的原子跑掉,留下温度较低的原子。

能量是守恒的。蒸发掉的那部分东西,会带走一些能量,那么,剩下的那部分东西,平均能量自然就降低。

OK,现在,一款高高的磁势阱里,充满了被激光冷却的原子气体,虽然这些原子,从外壳到内心都是冷的,但它们的能量,还是有区别的,能量高一点的向上爬,能量低一点的向下掉。咱俩从上至下强拆磁势阱,不断降低其高度,能量高的原子无家可归,只好带走高能量蒸发,留下能量更低的原子。这样,就可以在激光冷却的基础上,继续把温度降低。

1995 年 6 月,美国物理学家卡尔·威曼、埃里克·康奈尔实现了铷原子的“玻爱凝”,凝聚了大约 2 000 个铷原子。可惜数量太少了,不够观测啊!

同年 10 月,身在美国的德国物理学家沃尔夫冈·克特勒实现了钠原子的“玻爱凝”,凝聚了超过上述百倍的钠原子,虽然还是少得可怜,依靠肉眼根本看不见,但是可以依靠精密仪器“管中窥豹”了。

上述三位先生因实现“玻爱凝”及相关研究,分享了 2001 年的诺贝尔物理学奖。

被“玻爱凝”的原子,政治上思想上行动上高度统一,成为一个整体。“一个整体”,什么意思呢?

一块铁,是一个整体吗?在我们看来,是的。但实际上,它还是由一个一个铁原子构成,严格来讲,谈不上一个整体。

“玻色－爱因斯坦凝聚”能形成一个整体,指的是“全同不辨”的原子们,随着温度不断降低,能量越来越趋同,波长越来越长,距离也越来越近,当它们之间的距离小于波长时,就会相互叠加,形成一个整体的分布,凝聚成一个量子。你没看错,是一个“量子”。不管凝聚的原子有多少,是 3 个还是 3 亿个,它们都是一个“量子”,可以用一个波函数来描述。这样一来,就会发生很多神奇的事

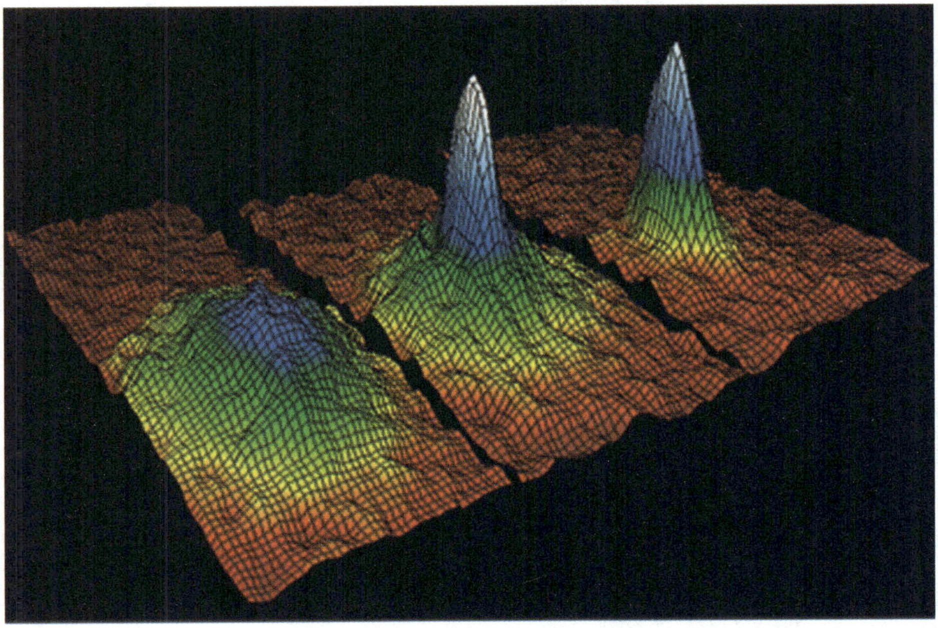

"玻色-爱因斯坦凝聚"的三维连续快照,其中原子从不太密集的红色、黄色和绿色区域凝聚成非常密集的蓝色到白色区域。

情。这些神奇的东西有多大价值,目前与咱俩无关。现在,咱俩关心的是,一些能满足你我探秘猎奇的好奇心的事儿。

在前面,我们说了那么多,其实只为一件事:扒开量子的小褂,看它个通透。但是,不管那些天才有多牛,离真相有多近,他们都还没解决一个问题:光子、电子、中子……这些家伙体型太渺小,我们这些俗人干瞪眼也看不到!干涉是怎么发生的?自旋是什么情况?波粒二象性是什么样子的?这些只能靠想象,就像梦中的莲花仙子,不要说"亵玩"了,连"远观"都做不到。现在,我们有了一个希望:如果有一天,人类能够实现"大块"的、真正的宏观"玻爱凝"——像乒乓球甚至篮球一样大,那么,我们就能亲眼见证这些神妙无比的东西!想想看,亲眼见到两个"玻色-爱因斯坦凝聚"之间发生干涉的过程,那是一种什么感觉?亲眼看到又是波、又是粒的物体,那是多大的眼福?量子化的自旋清晰地展示在眼前,该有多震撼?!

你以为这是开玩笑?当然不是。虽说目前,我们鼓捣出来的"玻爱凝"还没有大到乒乓球那么夸张,但是,比猫还好奇的人类已经观测到了一些有趣的东西。比方说，两个"玻爱凝"的干涉条纹，这两团小东西真的是波！在超流中发现"涡旋"，它的动作是量子化的，量子化的！那么，它会在我们面前表演自旋吗？现在，真正意义上的"宏观量子"，离我们究竟有多远？是不是很期待？这种东西，不要说真的去亲历，就算是梦到，也要笑醒的！

美梦，留待睡觉时再做。现在，我们先记两个概念：服从玻色－爱因斯坦统计的粒子，都叫"玻色子"；服从费米－狄拉克统计的粒子，都叫"费米子"。然后，咱俩回到之前提及的薛定谔波动方程。

遭到玻尔的凶猛追杀，薛定谔累垮了，但他的观念丝毫未动摇。他的方程后来成为量子力学的基本方程，掌控着量子世界。薛定谔方程之于量子力学，相当于牛顿定律之于经典力学，是整个体系的核心。狄拉克评曰：薛定谔方程，囊括了全部的化学和大部分物理学！

英国科学期刊《物理世界》让读者投票评选了"最伟大的公式"，在 TOP 10 中，薛定谔方程仅次于质能方程，排名第六。总排行如下：

No. 1　麦克斯韦方程组（第七章"电磁王国"一节）。
No. 2　欧拉公式：$e^{i\pi}+1=0$。
No. 3　牛顿第二定律：$F=ma$。
No. 4　毕达哥拉斯定理，即勾股定理。
No. 5　爱因斯坦质能方程：$E=mc^2$。
No. 6　薛定谔方程（第十九章"波动疑云"一节）。
No. 7　$1+1=2$，不解释。
No. 8　德布罗意方程组：$p=\hbar k$，$E=\hbar\omega$。
No. 9　傅立叶变换。
No. 10　圆的周长公式：$C=2\pi r$。

薛定谔方程后来被简化为一个极简等式：

$$\hat{H}\psi=E\psi$$

其中，$\hat{H}$为哈密顿量，E 为能量。

学过小学算术的咱俩一看，就忍不住要把 ψ 从等号两边约掉，这样就清爽多了。约掉等式两边相同的因子，对其他公式，都没问题，唯独这个 ψ，是万万不能被约掉的。波函数是量子游戏的内核，相当于电脑的 CPU，拿掉它，就有电无脑了！

老薛带着老婆、小海和小狄带着妈妈同去领诺奖。

对于量子力学的创立，自三教父之后，我们已经习惯了集团作战，大舞台飙戏，现在，老薛绝地逆袭，小舞台上唱大戏，老树干上发新芽，老当益壮，后来居上。这还不算，他不甘寂寞地留下一条大尾巴——ψ，飞起玉龙三百万，搅得周天寒彻，一截遗欧，一截赠美，一截还东国。全世界为之抓狂、迷惑，最后，将自己苦苦维护的体系击得粉碎。这，实在是老薛始料未及的。

2 上帝的骰子

薛定谔管 ψ 叫波函数，这个波函数完美地符合粒子行为。老薛认定，他的波函数 ψ，就代表了波本身。

但是，这样一来，老薛就面临一个大问题：怎么解释这些小家伙的粒子性。比方说，在光电效应、康普顿效应中，光和电子明明都是粒子。光也好，电子也好，你把它单独发射到显示屏上，它都会打出一个小点，怎么看，这都是粒子干的事儿。

青年们用求知的眼神望向薛老师:“粒子性怎么办?”

薛老师略一沉吟,拿出一个“波包”,反问道:“看上去很柔弱的,就一定是女人吗?”

光子、电子这些小家伙,只是看上去像粒子罢了。实际上,它们是一个一个小小的“波包”,是一组波长不同的波叠加在一起,凑成的一个“波组合”。由于这些“波组合”结构紧凑,体积小巧,所以看起来很像粒。就好比一团毛线,虽然实际上是一堆纤维,但看起来像个球一样。

这样,既能解释波的干涉、衍射之类的现象,又能解释它为什么有时看起来像个粒子。更重要的是,可以把“不连续性”“跳跃性”这些乌七八糟的鬼东西从物理学中赶出去,回到温馨熟悉的经典世界。答完收工!

多么美妙的世界啊!这简直就是又一场革命!青年们差点就要被感动得热泪盈眶了。但是,且慢,薛老师在皱眉头。为什么呢?

因为按照波动方程,波应该先是散开,弥漫在空间的。当人们检测时,它们必须立即聚成一个点,动作比光还快!为了避免跟相对论闹矛盾,老薛绞尽脑汁防止波散开。可是这些波不仅非要散开,而且无组织无纪律——思想不统一,步调不一致,速度有快有慢,简直就是一盘散沙!而这样一盘散沙,在合适的时机,必须以超光速在某个点聚成团!你信吗?好吧,即便这样,为了光复经典世界,我们也忍了。

但是,把这个推论应用于有两个电子的氦原子时,这些波要求是六维空间才行,更过分的是,每增加一个电子,就要增加一个三维空间,否则玩儿不转。这样一算,金元素要 237 维空间,铅元素需要 246 维空间!太过分了。这种无理要求,是新旧两个世界都无法容忍的,我们必须坚决抵制!

另外,还有一些让老薛尴尬的问题:即使是波包,也解释不了光电效应和康普顿效应。最简单的,一个高能的光子,可以把电子踢飞,并且有折射角,就像两个台球相撞一样。两个波包相撞,可以做到这样吗?不可以。

还有,波包的电荷是怎么来的?电子可是带电的哦,不然怎么叫电子呢?波包是怎么自旋的?这些问题,一股脑摆在面前,老薛才意识到,自己摊上大事儿了!

但是,摊上大事儿的,又何止是老薛?!搞不懂波函数的,是全世界人民。

现在，大家隐隐约约感觉到，在波函数里，藏着不为人知的秘密！任何一个稍稍有点眼光的物理学家，在这个诱惑面前，都淡定不了。

玻恩

玻恩更淡定不了。他正在后悔。因为，当他看见老薛奇妙无比的波动方程时，一下子想起了爱因斯坦去年的一封来信。老爱在信中兴奋地提醒玻恩，要注意德布罗意的论文。玻恩于是真的看了这篇论文。但是他没往心里去，只是礼貌性地给老爱回信说："物质波可能具有伟大的意义。"

然后，他专心地组织团队建立矩阵力学去了，把德布罗意王子抛在脑后。然后，老薛读到了老爱论文的注脚……

当玻恩从矩阵中抬起头，一眼望见波动方程时，他眼前一亮，有一种走出森林，蓦然回首，看见田野和村庄的幸福感。而当他丢下矩阵，运用波动方程解决问题时，有一种放下屠刀，端起机枪的驾驭感。这么强悍的东西，跟自己失之交臂，连掺和都没掺和上，怎么说也有点遗憾。

不过，据玻恩观察，虽然这个好姑娘被老薛发现了，但是，所有人都读不懂姑娘的心，包括老薛本人。哈哈！"莫道桑榆晚，为霞尚满天"啊！玻恩决定，自己去开采姑娘心中那座金矿！

老薛说 ψ 是波，还说粒子其实是波包。这样，彻底把粒子从宇宙中开除了，以此换取一个连续的、可视的、祥和的世界。但是，正如前面所说的那样，这样一来，就摊上大事儿了，冒出一堆想想都头疼的问题。玻恩当然清楚解决这些问题有多难！所以，他决定放弃老薛的波解释，只要波动方程。

扔掉波，就得回到粒。这是想都不用想的答案。但是，事情真的这样简单吗？当然不是。如果 ψ 不是波，而是粒，那么，怎么解释"弥散的云"（电子云）呢？ψ 很清楚地描述了这朵云，把温馨的经典图像，展现在迷失于蛮荒的我们的面前。现在，玻恩老师要用粒去解释这朵云，从何下手？粒组成的云，沙尘暴？雾霾？

哈哈，玻恩，你是在开玩笑吗？

物理学家们很快就笑不出来了。因为玻恩给出的答案，比沙尘暴和雾霾还可怕：概率。

ψ 描述的那朵云，不是真实的波，而是粒子在某处出现的概率！在不同的点，它出现的概率值不同，并且分布得极具规律美感，就像波那样妖娆地展开。所以，光子在空间出现的可能性大小可以用波动规律来描述，ψ 其实是“概率波”。

What？纳尼？你……你……你说啥？概……概……概率？你确……确……确定自己是一名物理学家，而不是一名赌徒或算卦的？！

又没人憋着标准答案采访你，结……结……结巴啥？就是概率！这不是占星学也不是博弈学，而是真正的物理学！

概率！概率！

概率就像一只狐狸，闯进了鸡窝；又像一颗小行星，撞上了物理星球。整个物理界都炸了锅，还带着冲击波！

是不是物理界的神经太脆弱，反应太夸张？当然不是！概率这次出现，不是来挠痒痒的，而是在挑战物理学的基本宗旨——决定论！

什么是决定论？

想理解这个概念，我们先得搞搞清楚，什么是物理学。

所谓物理学，就是研究物质结构、相互作用、运动规律的自然科学。从一开头，我们就八卦了物理学的兴起，它源于人类对大自然强烈的好奇以及对掌握自然规律的迫切需要：我们为什么会在这里？花鸟虫鱼、山石土木、云天星辰、风雨雷电、春夏秋冬、日升月落、莺飞草长、生老病死……为什么会有这些稀奇古怪的东西？这一切是怎么发生的？东西为什么不朝天上掉？月亮姐姐为什么不会掉到地上？明日此时，太阳、月亮还会在这个位置出现吗？500 年后呢？

带着这些问题，姥姥、村西马大爷、占星家、神学家、哲学家、数学家等纷纷给出了不同的答案，而聪明的我们，靠观测、验证，大浪淘沙，从泰勒斯、毕达哥拉斯、苏格拉底、墨子、柏拉图，到亚里士多德、欧几里得、阿基米德、达·芬奇、托勒密、哥白尼、伽利略、开普勒……逐渐摸索出一套科学方法，终于可以用人类最精确的语言——数学，来描绘万物规律，这就是物理学。它给出的答案明确、具体，绝不模棱两可。诚实、可靠、清晰，是它的标签。是的，这就是物理学！

到 17 世纪，牛顿降世，物理学到达一个最辉煌的巅峰。牛爷以来，人类不仅能解释天上地下万物的种种奇葩行为，还能准确预测它们以后的猫腻，甚至只通过计算，就能找到素未谋面的行星！下一次九星连珠在什么时候？明年中秋节午夜火星在什么位置？1 000 年后的第一次月食将在哪个地区几时几分几秒出现？这些在以前看来，神仙都搞不清楚的问题，物理学家们都可以清晰、肯定地告诉咱俩！这个时期，如果要在地球上评选最牛、最值得骄傲的人群，他们一定是物理学家！

我们相信，世间万物都乖乖地听物理定律的摆布。在相互作用下，事件一个一个发生，前面发生的事，决定后面发生的事。最简单的例子，就像我朝你家玻璃上扔石头，玻璃会碎，你家人会到窗前查看这事到底是谁干的……再好比打台球，从你击出母球开始，球桌上所有球将来的位置，就已经确定了。因为球之间、球与桌之间的相互作用，都严格遵循物理定律。这个结论毫无问题，因为这种实验，是可重复的。

看过"花式台球表演"吧？高手们可以把"同一个"高难度表演重复多次，只要器械条件相同、球的位置相同，表演者把出杆的角度、力度精确地控制在允许范围，就可以重复预定的结果。再说一遍：这个结果，是事先设计好的。这说明什么？说明我们只要掌握了足够多、足够精确的条件、数据，就可以根据物理定律，预测事物的将来。

台球，是一种在比较理想的条件下的运动，因为球是标准的圆球体，球桌是水平的，桌面是平整的，连表面的摩擦力、弹性什么的，都有严格的标准，比较容易计算。所以物理学家们有这个自信：我们可以像对台球那样，对自然界的一切行为进行准确预测。只不过，大自然的条件更复杂而已。而在大自然里，一块石头从山上滚下来，我们只要掌握了相关事物的精确形状、位置、质量、角度、弹性系数、摩擦系数等，就可以准确地预测，这块石头将与哪枝野花相遇，被哪块石头硌偏，撞到哪根树干，最后到达哪里，等等。

这个原理，可以推广到空气、水等更复杂的运动中。我们现在不能精确地计算各个空气分子的运动，那是因为目前，我们还没法精确掌握与之相关的海量数据，还不具备处理那么多数据的计算能力，但这只是能力问题，并不是不可能的事情。即使目前我们不具备这个能力，也能够利用概率，发展出统计物理学，来应付这些海量庞杂的运动，预测复杂运动的整体趋势。所以，物理学家们有理由骄傲！

于是，骄傲的拉普拉斯同志写了一本科普书，在介绍概率这个权宜之计时，

拉普拉斯

他牛哄哄地写道："我们可以把宇宙现在的状态，当成它过去的果，以及未来的因。假如，有这样一个智者，他能知道某一刻大自然的所有精确数据，并且能够处理这些数据，那么，宇宙中所有物体的运动，都会包含在一条简单的公式中。对这位智者来说，没有什么是不确定的，而未来，只会像过去一样，清楚地展现在他面前……"知道现在，就可以倒推过去，预测未来！这番宏论，就是传说中的"拉普拉斯决定论"，文中的"智者"，就是传说中的"拉普拉斯妖"。它代表了物理学的根本宗旨。是的，能够明确地告诉人们，万物何以至此，万物将会如何，这才是物理学，光荣的、骄傲的物理学！

麦克斯韦的电磁论、爱因斯坦的相对论，挑战了牛爷的理论根基——时间观、空间观，但是，他们没动决定论一根毫毛，反而让决定论更加灿烂辉煌、不可动摇：我们搞懂了宇宙最快的光速运动，摸清了来无影去无踪的电磁运动，计算更精准了，水星进动、光线偏折、时胀尺缩……物理学家掌握宇宙深处的天体运动，比心腹掌握上司的软肋还精准！这意味着什么？意味着我们对将来的预测更靠谱了！决定论，是宇宙真理。虽然，这将是一项长期的艰巨任务，是需要几代人、十几代人乃至几十代人长期艰苦努力才能实现的目标，但它是宇宙真理，是物理学的根本指导思想，是发展物理的第一要义，值得把咱们及子子孙孙都豁出去。我们必须牢牢掌握决定论的精髓和核心，坚持下去决不动摇！

而现在，玻恩同志，在全物理界上下玩命学习、拼命领会、死命贯彻决定论的大好形势下，你突发奇想、猛出怪招、疾走邪路，搞出个什么"概率"来，你对得起那些在暗夜中摸索的先驱、在风浪中拼搏的前辈、在荆棘中挣扎的英雄吗？他们，殚精竭虑，用科学把人类从蒙昧引向文明；他们，呕心沥血，让人类的认知突破一个又一个极限，让地球闪烁着智慧的光芒！正是这些天才、伟人，缔造了物理学的无上荣光！而你，玻恩，现在却来告诉我们，世界是靠概率支撑的，上帝这个老顽童在玩骰子，而我们，只能躲在概率的窝棚里胡猜：月亮此时出现在天心的机会是38.38%，明早5点太阳八成出不来，登月飞船发射出去有2.50%的可能性会飞到火星?!大概、可能、也许……这是物理学?这是侮辱物理学!街头摆摊算命的都不好意思这样讲话!

什么?你说麦克斯韦、玻尔兹曼、爱因斯坦、拉普拉斯等牛人也是玩概率的高手?都念叨多少遍了，那是权宜之计，权宜之计你懂吗?只是为了对付那些没法收集、无力处理的庞杂数据所用的一种技巧、一条捷径而已。说穿了，是人类能力不足，并不等于“世界本身就是无法确定的”。这跟玻恩说的概率是两码事。

还记得吧?爱因斯坦鼓捣电子跃迁时，在没动用统计学的情况下，他的公式里出现了“概率”(第十八章“雾里昙花”一节)。于是，老爱郁闷地停下了这个工作，看来不找到消除概率的办法，他是不打算继续了。现在，玻恩却兴奋地跳出来，明确指出，用概率去理解世界，并不是由于我们人类能力不足，而是世界本来就无法确定!

这开的不是国际玩笑，是星际玩笑!

有人问你:“嗨，这位披着物理学家外衣的先生，您能为我预测下一次月食吗?”

“好的，稍等。”你边答边拿工具——不是纸和笔，而是一把骰子。掷出去后，你数了数点数:“呃……下一次月食大概……可能……”

“你确定?”

概率物理

3 不确定

玻恩说，薛定谔的波函数不是具体的、真切的物理现实，而是抽象的、魔幻的概率。他还向经典宣战："在原子世界中，我倾向于放弃决定论。"不过，他依然留恋故土的坚实感，特意强调："概率本身是遵守因果律的。"因果律的事情，我们先放到一边。单说概率，老薛一听玻恩给自己心爱的波函数扣了顶不靠谱的帽子——概率，第一个跳起来反对：你搞不清不要紧，但是你因此说世界"本来就搞不清"，那就是你的不对了！

老薛认为，玻恩是被能级、跃迁这些奇葩概念施了魔咒，才做出如此判断。他说："我没法想象，一个电子会像跳蚤那样蹦来蹦去！"

反对玻恩的，当然不止老薛一个，他的队友里，爱因斯坦是最坚定的一个。按说，把概率这条狼引入量子内室的，老爱应该是第一人，10 年前，他解释光子的自发释放时，引出概率这条狼，虽然它很好地搞定了电子跃迁，但是，为了不伤及因果性，老爱不玩儿了。10 年后，面对玻恩的概率解释，老爱愁肠百转，他认为，新理论绕来绕去，也没让我们离旧理论的未解之谜更近一点。他说："无论如何，我确信，上帝不掷骰子！"就是这句名言，让多数人忽略了老爱维护的核心问题。这个话题我们以后再谈，因为有人比老爱还愁。

前面说过，把薛定谔吵跑后，玻尔顿觉时间和精力充裕起来，于是把空虚寂寞冷的目光锁定在了海森堡身上。

老薛在时，海森堡、玻尔意见完全一致，好像没什么可吵的了。但是，小海的侥幸很快就化为泡影了。跟老薛大战几百回合后，玻尔已经开始相信，波动说也许有一部分是对的——虽然当着老薛的面时他死不松口。小海害怕的事情终于发生了，在量子力学的解释上，玻尔要求，波粒都试试。不要说试试了，在小海面前，波动提都不要提，一提他就急，更别说是他最在乎的玻尔在提，而且与他的矩阵力学相提并论！

所以小海强烈反对。我们知道，面对反对，玻尔的本能反应，就是说服之。"说服"的意思是，说到你服为止。无敌神功再度发作。

这下海森堡傻眼了，因为从此，不论清晨还是深夜，随时会有人敲门，把他从不管什么梦中惊醒。是谁？玻尔。干吗？聊天。

玻尔只要想起来，就会找海森堡聊，毫无节制。你知道，夜半鸡叫虐身，夜半聊天虐心啊！

实际上，就算没架可吵的和平日子，小海处也常有玻尔出没，一聊就是大半夜，只是没这么频繁。当然，在平时，玻尔也不是每次降临都是来谈心的（不然哥本哈根的天才们还不都被聊跑），有时也搞搞文化娱乐活动。总的来说，跟玻尔混，还是相当刺激的。比方说踢足球。

玻尔的足球踢得还是有一定水平的，至少用手接球蛮有准头——丹麦国家队曾经的替补守门员嘛。据说某场比赛中，玻替补被喊上去守门。比赛正酣，对方前锋过五关斩六将威风凛凛直奔球门，而伟大的守门员玻尔先生却淡然无视之，他正直愣愣地盯着门柱！观众、教练、裁判全体疯了，对方前锋自尊心严重受挫，愤而朝玻尔射出一球，在赛场汹涌澎湃的叫喊声中，玻尔惊回首，眼见一球飞驰而过，条件反射一伸手，整个赛场的人心脏骤停——他居然接住了！

踢球耽误学习吗？玻尔这个门将辩论击败爱因斯坦，还拿了诺贝尔奖。

赛后，他给出了一个令人心肌梗死的答案："我当时在门柱上演算一道题。"大家一致认为玻替补还是比较适合搞物理，于是他要建研究所就让他建，要扩研究所就让他扩，在那里算题比较健康、安全、环保。与物理男孩们在一起时，足球就越踢越没劲了，因为守门员在场上无所事事是一件相当无聊的事，还是和大家一起看电影比较 happy。

一次，伽莫夫等一干同学拖玻尔去看西部片。散场后大家一致认为比踢足球还没劲。玻尔这次表示同意。大家险些认为玻尔是同类了。但是这时，玻尔开始对电影进行评价了："那个坏蛋拉着女主跑到桥上，桥就突然断了，这种不可能我也就不当回事了；女主挂在桥上那么久掉不下去，这种不可能不管你信不信反正我也信了；男主赶来枪战那一段假得他自己都不好意思，种种不可能我也忍了。但是，我怎么也不能相信的是，刚好有个人及时路过，并拿摄像机拍下了这一切！”言毕，众皆石化。大家一致认为，跟玻尔还是谈物理比较省心。

不过，玻尔先生的影评也不是每次都错。有一次，轮到伽莫夫抱怨电影太假了：“每次坏人悄悄拿枪想偷袭男主角时，总会惊奇地发现，男主角的枪已经先对准了他。”这回玻尔反对了，他认为，坏人偷袭，是有意识的行为，而主角属于本能反应，本能反应比有意识的行为要快。伽莫夫当然不服气，于是两人各备一支玩具枪，相约实验。不久，趁大家乱哄哄讨论问题，伽莫夫悄悄掏枪偷袭，果然被玻尔秒杀。

接球准，出枪快，是不是已经开始佩服玻尔手脚麻利了？伽莫夫会告诉你，你又错了。证据是开车。玻司机车技不怎么样，大家习以为常；玻司机爱聊天，大家也都知道。但是，一旦你坐上玻司机的车，就会发现，一个爱聊天的蹩脚司机有多可怕——他经常脚踏油门，然后扭过头来，和后排乘客聊到物我两忘，搞得车里车外的人都无比崩溃。但是，你别指望哥本哈根的好事之徒们长记性。

1929 年的某天，伽莫夫跟玻尔去卢瑟福家串门，倒霉的老卢刚买了一辆超拉风的摩托车，伽莫夫一见倾心，极力怂恿玻司机试驾。玻司机禁不住诱惑，一路惊险地表演到闹市，摩托车受不住刺激，果断死火趴窝。一向慈祥友好的老卢赶来，气急败坏地教育伽莫夫：这家伙汽车都开不稳，你敢喊他开摩托车？还好趴窝的是摩托车不是玻尔，否则整个物理界都饶不了你！

总的来看，跟玻尔混，日子还是蛮欢乐的，尤其是玻尔亦兄亦友的关怀和引导，让这些天才们难以拒绝。但是，根据上帝礼物规则，他不可能只把好事快递给你，所以，忍受玻尔无敌神功的摧残，就是天才们要接受的代价了。

现在，小海正在忍受这个煎熬。自从把老薛折磨走后，玻尔越来越像热锅上的蚂蚁，急着弄清真相。他不管逮到谁，都只有一个话题：解释量子力学。而海森堡，是玻尔的重点光顾对象。于是，可怜的小海不得不随时警惕玻尔来袭。聊天的内容，是比聊天本身更让人头疼的事：波粒二象性。

跟老薛吵架后，玻尔越来越感到，必须认真对待德布罗意的波粒二象性了。然后，玻尔和小海悲催地发现，“波粒二象性”说起来挺酷，但是无论如何，你也没法把粒和波两个图像联系到一起——它俩硬件软件都不兼容！就算你能让张飞爱上吕布，也没法让波粒共融。

更不幸的是，玻尔和小海慢慢发现，他俩的观点，也像波粒一样，越来越互不相容。海森堡的出发点很单纯，他用数学去描述可观测的现象，至于数学背后的故事，他不太在乎。而玻尔，更希望摸清数学背后的物理意义。对波粒二象性，海森堡想用粒子主导。但玻尔希望找到一个办法，让波粒和平共处。

所以，在波粒和平共处之前，玻尔和小海之间，爆发了一场残酷的战争。这是一场真正的持久战，一吵就是几个月。小海的悲哀在于，他不能像老薛一样潇洒地走开。当初，玻尔把这孩子拐到哥本哈根时，几乎是对整个物理界一再保证，海森堡不会在哥本哈根待太长时间，但是，一年后，海森堡合同到期时，玻尔做了一件事：给海森堡涨工资，而且力度不小，直接乘以2。这是赤裸裸的诱惑啊！玻恩拿不出那么多工资，也不好耽误小海前途，只好再次“受伤”。

玻尔一定看过《三国演义》，把小海当成荆州了。不厚道啊！小海就这样上了贼船。在这段黑暗的日子里，小海一定很怀念哥廷根的幸福生活。他回忆道：“我们一聊就没完，一直到午夜，双方拼了几个月，也没什么起色。”好在小海年轻力壮，没有累倒。但谁都不是铁打的，俩人都快累散架了。

双方都又累又烦，于是决定分开一段时间，冷静冷静。

玻尔：“我去滑雪。”

海森堡：“Bye。”

……

1927年2月，玻尔去挪威滑雪，假期有4个星期。班主任溜达去了，最开心的当然是被班主任盯死的海森堡同学。一丝无法抑制的笑意从心底浮上眉梢。终于可以静下心来思考问题了，而且想几点睡就几点睡。哥本哈根的天顿时晴朗起来。

1926年4月28日，柏林的天似乎也很晴朗。不过，小海没心情观察天气，他很紧张。因为，他正站在柏林大学的讲台上，讲他刚创建的矩阵力学。让他紧张的不是矩阵，而是台下坐着的某些听众，比方说劳厄、能斯特、普朗克、爱因斯坦等。这也难怪，任何一个25岁的小伙子，面对这么多业内大神时，如果像国足输球一样淡定，那只能说明他见识短，有眼不识珠峰。

课讲得还算清楚。不过这不是重点。重点是课后，爱因斯坦找海森堡聊天。

老爱问：“你假设原子里有电子，却不考虑它们的轨道，即使我们可以在云室里观测到电子的轨迹。为什么？”

小海做梦都想让老爱提这个问题，因为这样，他就有机会拉老爱入伙。因此他热情洋溢地回答:“我们观测不到电子在原子内的轨道,却可以观测到辐射,这就足以推出电子的频率和波长。一个好的理论,必定以可直接观测到的量为基础。”

“只有可观测到的量才能纳入物理理论?”老爱问。

“这不正是你处理相对论的手法吗?”小海反问道。他认为说到这里,老爱应该就是战友了。

“一个好把戏不能玩儿两次。”老爱神秘地笑了。他认为,用可观测的量去建立理论没错,但只用可观测的量去建立理论,就大错特错了。老爱强调:“是理论决定了我们能观测什么。”

“啊?!”这句话的输入,把小海的大脑搞得差点死机。

“理论决定了我们能观测什么。”不管是谁,第一次听到这句话的人,脑子里一定蹦出两个字:荒谬。小海也不例外。但这句话是爱因斯坦说的,所以他本能地认真考虑起来:我们的理论不都是以观测为基础建立的吗? 没有观测,哪来的理论? 理论,是人类对客观现象的主观认识。你见,或者不见它,现象就在那里,不来不去;你爱,或者不爱它,事实就在那里,不变不移呀! 主观认识能决定我们从客观世界中看到什么,如果这是真的,世界也太疯狂了!

老爱当然看得出,眼前的年轻人被这句话困住了,于是继续点拨:“在观察之前,我们就会不自觉地,用已有的理论,对观察对象进行某些假设。”

这个需要解释下。我们的肉眼靠可见光看东西,于是我们得到了“可见光可以用来观测”的理论,根据这个理论,我们制造放大镜、光学显微镜、望远镜、照相机等,于是观测到了更小、更远、更具体的东西。

电磁波被发现后,我们得到了“红外线、远红外线、紫外线、X 射线、γ 射线也可以用来观测”的新理论,根据新理论,我们制造 X 光透视器、红外望远镜、射电望远镜等,观测到了原来想都不敢想的东西:人体内部结构、137 亿光年外的星系、太阳表面活动的清晰图像等等。

这些观测设备,是怎么被设计出来的? 我们按照已知的电磁波的性质,假设电磁波在仪器里怎样被反射、折射、放大、聚焦,怎样变成人类眼睛可以接受的图像信息,等等,综合这些因素,去设计、实验、制造、应用。所涉及的成千上万个技术细节,都是围绕我们已知的理论来进行的。所以说,能看到什么,是“选择怎样去看”决定的,而选择怎样去看,是理论决定的。

"理论决定了我们能看到什么。"现在看看这句话,还荒谬吗?

老爱认为,实际上,观测本身,也是个相当复杂的过程,观测对象发出的信息,比方说振动、气味、声波、电磁波、引力波之类,传到仪器,仪器按照设计要求,发挥各种作用——接收、反射、放大、聚焦等,然后把信息输出给我们的感官,通过一大串神秘的反应,在意识中形成结果,成为我们的认识。这些过程,是我们事先就知道的。这就是说,我们在观测之前,已经对"能看到什么"有了一个大致的预期。这一切,都是我们的理论决定的。

老爱当时没解释这么细,他只是告诉小海,你那些所谓"可观测到的量",都是这样观测来的,观测之前,已经用理论做了假定——尽管不是有意的。老爱强调,如果你掌握的理论完全不同,就会做出完全不同的假定,那么,你观测到的那些量,可能也就不同了!

小海听得目瞪口呆,但他又不得不承认,老爱的观点是有说服力的。

小海本来是想拉老爱入伙的,没想到不但没说服老爱,反倒被老爱灌输了一种完全陌生的观念。这个观念来得太突然,他觉得还是回去慢慢消化好些。于是小海提起另一个话题:说好了给玻尔当助手,兼职哥本哈根大学讲师,现在,莱比锡大学邀请他去当教授,像他这个年纪,接到这样的邀请,是个了不起的荣誉,弃之可惜,怎么办?老爱当场建议:给玻尔当助手。小海决定,听老爱的话,出新成果再说。小海这时还没意识到,这场谈话的两个成果——一个新思想与一个新决定,对他将来的前途产生了多大的影响。

玻尔和海森堡某次外出滑雪时

1926年底,小海在和玻尔的持久战中,也没忘和泡利师兄通信。一次,泡利聊起他的新发现:电子互撞,当动量 p 可控时,位置 q 就不可控;动量 p 有变,则位置 q 必变。

泡利总结道:用 p 眼看世界,或者用 q 眼看世界,都没问题,但同时用两眼看世界,你就看不清了!

泡利总结完就收工了。这厮总是这样，有了新发现，通常是兴致勃勃讨论一番，然后扔到一边，屁颠屁颠忙别的去了。

现在，泡利师兄在干吗？又在跳舞？玻尔先生在干吗？已经在滑雪了吧？这二位的身型，既不适合跳舞，又不适合滑雪，但他们偏偏乐此不疲，勇气可嘉啊！一丝久违的、轻松的笑意，浮现在小海脸上。

没多长时间，小海就 happy 不起来了，因为这会儿，他脑子有点乱。他始终没忘记自己最大的理想——用矩阵力学一统量子江湖。但是，薛定谔搞出的那个方程，在物理界越来越吃香，原来支持矩阵力学的朋友、同事们，纷纷倒戈，连跟他一起建立矩阵力学的队友玻恩都被波动方程迷住了，自己最敬重、最依赖的玻尔，都站出来支持波动说。面对玻尔，小海负隅顽抗了几个月，也无济于事。幸好有狄拉克在。他 1926 年 9 月来到哥本哈根，准备访问半年。前不久，他搞出一个量子力学方程，矩阵力学和波动力学，分别是这个方程的两种特殊情况，小狄的这个成果被称为变换理论。有了这个方程，原来波动方程擅长的领域，现在用矩阵处理起来也很方便了，比方说概率问题。在变换理论的基础中，不连续性占有重要位置，这让小海心里踏实多了。但是，在处理某些问题时，不连续性就露怯了，比方说电子轨迹。

就算电子是个粒，它总要运动吧？它一动，就会有轨迹吧？这个轨迹，总不会是不连续的吧？

还记得威尔逊云室（第十八章“二象世界”一节）不？电子每次经过云室中的水蒸气，都会潇洒地划出一道轨迹，你爱看不看，它就在你眼前。一个粒子，飘过空间，划出一道连续的轨迹，这是它的本分。你能怎么办？

威尔逊云室

现在,小海要独自面对这个看起来很小,其实很大的问题。

上次离开玻尔,海森堡同学爆发了小宇宙。这次玻尔离开,海森堡的小宇宙还能爆发吗?

小海希望答案是:完爆。

所以,他给自己出了一道题:从云室里观测到的那个轨迹,怎么才能和量子扯上关系呢?

于是,哥本哈根的同行们,总是看见小海“飘来飘去”,他的思想在游荡,他的脚步也在游荡。因为,爱因斯坦的那句话,总是在他心中浮现:“理论决定了我们能看到什么。”老爱没想到,这句点拨,引出了自己无比厌恶的怪物。

好吧,让我们忘掉过去。现在,听从量子论指引,重新审视云室中的电子轨迹,我们能看到什么?

如果电子是波,就不会划出什么轨迹。因为波是缥缈的、飞散的,这样的东西在空中飘过,如果能弄出一道轨迹,那真是活见鬼了。

但是,如果电子是粒,就必须有一道轨迹。这不就结了吗?我们在云室中看到的,正是一道轨迹啊!

是吗?你确定?

别忘了,现在是量子论说了算,它来决定怎么看!量子论认为,不应该存在一道连续的轨迹。那么,云室中那条该死的线是什么?

等等,我们看不见电子,却能看见它划出的轨迹!我们看不见车,却能看见车辙一路爬到天尽头!可能吗?不可能!

那,不见电子只见轨迹说明了什么?说明轨迹比电子本身大多了!大多少呢?即使电子扩大几万倍,我们也看不见!什么东西能搞出比自己宽几十万倍的轨迹呢?答案是,没有这样的东西。那么,我们就更该仔细看看,这个“轨迹”,它究竟是什么?

原来,是比电子大得多的一串水珠!一“串”水珠,是连续的吗?当然不是!水珠是怎么来的呢?是电子路过时,电离了亲密接触过的分子,把它们变成离子,吸引周围的水分子,聚成了水珠。所以,我们看到的,只是一串断断续续的水珠。这只能说明电子曾经和这些水珠中心的某个分子亲热过,而不能证明存在一条连续的、完整的路径。

小海已经游荡到了研究所邻近的公园里。午夜,星空暗淡,寒风凛冽。他脚下的轨迹零散模糊，但电子的“轨迹”却越来越清楚。如果电子真的有一道连续的轨迹，那么，我们就可以精确追踪电子的速度和坐标。这个速度和坐标是确定的，所以，可以得到确定的动量 p 和位置 q。p 和 q 一确定，那么，$pq = qp$。矩阵力学就 game over 了。

泡利师兄说什么来着？当动量 p 可控时，位置 q 就不可控。单看 p 很清楚，单看 q 也很清楚，两个一起看就不清楚了！从云室轨迹来看，泡利是对的，因为这条轨迹不是连续的，所以，就没法精确追踪电子的速度和坐标了。但是，云室轨迹没法定位 p 和 q，就代表用其他方法也不行吗？

我的理论说什么来着？$pq \neq qp$。这是什么意思？

pq 不等于 qp，qp 也不等于 pq，这段绕口令难道是说：你“先看 p 再看 q”，跟“先看 q 再看 p”的结果不一样？

观测的顺序，居然影响观测结果？凭什么?！月亮姐姐在天上飞啊飞，我先看她的位置 q，再看她的动量 p，这跟你先看她的 p 再看她的 q 有区别吗？不管咱俩怎么看，她都会像几分钟前、上个月、十几亿年前一样飞！

等等，小海现在考虑的是量子论，不是相对论。所以，他只能去看那些小家伙的 p 和 q。

天地之间，单影孑立。风，是冷的；星，是冷的；夜，也是冷的；整个公园，都是冷的。但小海却没被冻上，因为他的大脑是沸腾的。他在想办法看电子的 p 和 q。

怎么看呢？拿尺子量？猪脑子也不会想出这么笨的办法，电子那么小，你怎么量！当然是用比它更小的东西了！我们平时看东西，靠的是光子，现在看电子，当然也是光子最合适了！

我们想知道电子的动量 p 和位置 q。现在，先测它的位置 q。一个电子没心没肺地飞过，一个光子爱心泛滥地冲了上去……电子只感到它被青春撞了一下腰，一个趔趄，改变了生命的轨迹。光子用它的转折点，得到了电子的位置，但是，这一撞，电子变了方向，这还不算，它的速度也变了！速度变了，动量当然就变了。

原来如此！测量电子之类的小家伙的位置，还真能影响它的动量。进一步考虑这个测量过程，小海发现，根本不可能同时得到精确的位置 q 和动量 p。

我们想要得到 p 和 q，最好的办法，只能是用光子追踪电子的运动轨迹。光子是波粒二象性的，它有频率，电子那么小，光子的波长（频率）直接决定测量的精确度，波长越短（频率越高），测得的位置就越精确。但同时，频率越高，能量也就越大。光子能量越大，撞上电子，对电子速度的改变也就越大，测得的速度就越不精确。如果你想最大限度地保持电子本来的速度，只能降低光子频率。频率降低，对速度的影响倒是减少了，但是，波长增加，测量位置的精确度就降低了！有测量，必有干扰。测一个值，必定干扰另一个值。想把二者一起量个差不多，那 p 和 q 就一样模糊。这就是泡利师兄说的：两眼一起看，你看不清。

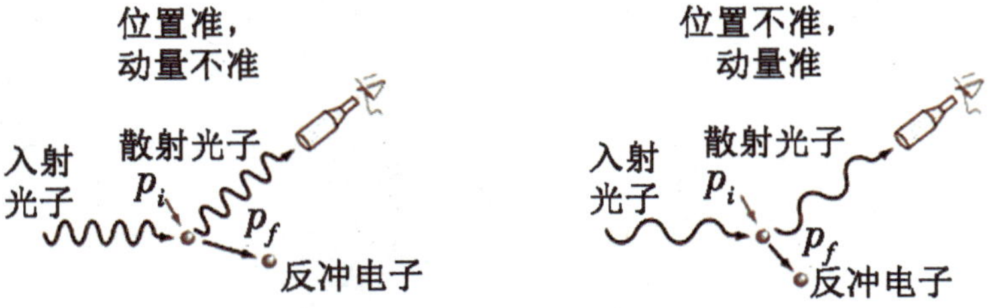

测不准原理

注：左边，光子能量越高，测得的位置越准，但动量越不准；右边相反。

结论：动量测得越准，位置就越测不准；位置测得越准，动量就越测不准。一起测？做梦吧！这正是：

花自飘零水自流，一种测量，两处闲愁。

此情无计可消除，才下眉头，却上心头！

还有比这更别扭的事吗?！理论决定了我们能看到什么，这还不算，它还决定了我们看不到什么！原来，自然在提示我们读它的同时，在最基本、最隐秘的地方，设置了一道底线。想掌控自然？哼，不可能！

摸到了自然的底线，小海激情澎湃，他欢天喜地跑回他的阁楼，一顿方程推导，搞出一个诡异的公式：

$$\Delta p\Delta q \geqslant h/4\pi$$

又是一个不等式！这个奇形怪状的公式是什么意思？它就是自然底线的具体值！

Δ 的发音有种马车飞奔的感觉，念“嘚儿踏”，在这里代表“不精确性”。Δp 就是“动量不精确性”，Δq 就是“位置不精确性”了。“$\geqslant$”以及它后面的 h、π，我们都很熟。所以，这个公式告诉我们，同时测动量 p 和位置 q 到底是有多不精确。

这里的 Δp、Δq，就是一对共轭变量，啥叫"共轭"呢？首先得知道啥叫"轭"。上面提到马车，如果是两匹以上的马拉车，就得让它们速度和方向一样，它们又不考外语，听不懂人话，咋办？就用一个架子把它们连起来，这样，它们就只能共进退了。这个架子，就叫"轭"。所以，"共轭"，就是按一定的规律相互匹配、相互制约的关系。

轭，牛马等拉东西时架在脖子上的器具

$h/4\pi$ 是个常数，它的值铁打不动，雷打也不动，那么，Δp 和 Δq 的变化，就是此消彼长的"共轭"关系了。这就是在告诉我们，你把位置 q 量得越精确（Δq 的值越小），动量 p 就越不精确（Δp 的值越大）。

那么，如果我们人品大爆发，把动量 p 量得绝对精确，也就是 $\Delta p=0$，会怎么样呢？这下坏了，$\Delta q=\infty$，即位置的不精确性是无穷大！这是什么意思？也就是一个粒子，如果你把它的动量搞得 100% 准确，那么这时，它的位置在哪儿？答案很恐怖：它无处不在，整个宇宙任何一点都有可能！天啊！

还记得矩阵力学的基本公式吧：$\boldsymbol{pq}-\boldsymbol{qp}=(h/2\pi\mathrm{i})\boldsymbol{I}$。（第十九章"男孩物理"一节）

为什么 $\boldsymbol{pq}-\boldsymbol{qp}\neq 0$？为什么量子规律不遵守乘法交换律？这个让所有人大惑不解的谜团，现在终于解开了！答案就藏在公式里！原来，是因为 $\Delta p\Delta q\geqslant h/4\pi$。

因为 $\Delta p\Delta q\geqslant h/4\pi$，所以 $\boldsymbol{pq}-\boldsymbol{qp}$ 不等于零，而等于奇怪的 $(h/2\pi\mathrm{i})\boldsymbol{I}$。

这真是一个让人无可奈何的玩笑，p 和 q，就像跷跷板的两头，一头上来，另一头就得下去，不可能两头同时翘起来。如果你是认真的，那你只能要其中一个，两者都要，就绝无可能了。总之，你得到 p，就得不到 q。既想闲云野鹤，又想炙手可热，你咋不上天呢！

不过，用不着担心我们的世界都这么不靠谱，不会出现这种事：你把车速控制准了，你的车就满宇宙乱飞。为什么呢？因为这个误差很小，瞧：$\Delta p\Delta q \geqslant h/4\pi$，前面说过，$h$ 的值是 6.626×10^{-27} 尔格·秒，也就是用 6.626 除以 10^{27}，它等于 6.626×10^{-34} J·s。这个值十分微小，用这个微小的值除以 4π（也就是 4×3.14），就更小了。

一般情况下，我们测量的 Δp 和 Δq，数量级都差不多，在 10^{-17} 左右，10^{-17} m 这个误差，对半径只有 10^{-18} m 的电子来说，大约是它本身大小的 10 倍。10 倍！这个误差不小。如果让你测量长城的位置，测得的误差是它长度的 10 倍，那就是把长城开除地球球籍了。

但是，10^{-17} m，对我们人类来说，这点误差可以忽略不计，因为我们接触的一般都是宏观事物。我们测量月亮姐姐、足球弟弟、米粒妹妹等宏观物体，光子撞到他们身上，基本没什么影响，所以还算测得准。也因此我们能用狙击步枪准确地击中 1 000 m 以外的物体（最远狙击距离目前是 2 430 m），能把千年后月食的时间精确到秒，能把车速精确到小数点后 n 位，车的位置也不会到处飘忽不定。这是大自然留给我们的福利，否则，什么都搞不准，我们还怎么繁衍到今天？

人类繁衍的事，我们以后再讨论。现在，海森堡正忙着整理他的成果，他把新发现叫作“不确定性原理”。为了说明不确定性，他举例说，想探测电子的 p 和 q，需要一个高端大气上档次的显微镜，它发射 γ 射线，来刺探电子的位置。高能光子撞到电子后，返回时报告自己的速度、方向等数据，根据这些数据，我们可以算出电子的位置。为了达到精确，显微镜必须配备大直径透镜或反射镜，它可以将光聚焦到一个点上。这样，测量倒是精确了，但是，有个大问题，光子撞了电子后，光子返回时，我们没法判断这个光子是从哪儿来的。因为，强悍的聚焦能力，让光子严重地改变了路径。但是，如果减小半径，显微镜的聚焦能力——分辨率也按比例打折，你看不清。看不清怎么测得准?!

与此同时，光子踢飞电子的剧情必定继续上演，所以，不可能测得准。

在经典力学和量子力学之间，不确定性原理的金簪生生划出一道银河，鹊桥在哪里？海森堡测不准，就像他测不准玻尔会怎么看他的新发现。

所以，1927 年 2 月 23 日，小海给泡利写了一封 14 页的长信，激动地详述了他的新发现，这一次，又 happy 地得到泡利师兄的盛赞：“量子论的黎明到了！”

当然，小海也给玻尔写了一封信，只是时间稍晚，都 3 月 9 日了。这时，小海已经把写给泡利的信变成论文。准备发表论文时，这才写信给玻尔，并且，信里不包括新发现的细节，只包括新发现的消息：“我应该是搞定了 p 和 q 的精度问题，论文昨天寄给了泡利。”

是的，海森堡想先得到泡利师兄的有力支持，以防不测——新发现被玻尔一枪击毙。

但是，该来的总归会来。接到海森堡的来信，伟大的、无所畏惧的、百折不挠的战士玻尔扔掉滑雪板，急忙杀回哥本哈根。小海心头一凛。

在玻海大战第二波激情上演之前，我们接着说小海的新发现。搞清 p 和 q 这对冤家的关系之后不久，小海又发现另一对共轭的量——能量 E、时间 t。E、t？这对东西怎么会共轭？能量是真真切切的物理现实，时间是什么？难道不是人类用以描述物质运动、事件发生过程的一个概念、一个参数、一个度量衡吗？人类为了使用方便，所发明的一个度量衡，会和真切存在的物理现实发生共轭？这太荒谬了！

其实，一点也不荒谬。记得狭义相对论吧？时空一体，时间跟空间，作为物理量，地位一样，所谓“时空”嘛。而空间，又跟位置 q 有关。再说能量 E，质能可以互换。相对论中也说过，什么速度啊、动量 p 啊，这些东西，都跟能量有关。这样看来，q 和 p 共轭了，那么，E 和 t 不共轭，简直就天理难容。所以：

$$\Delta E \Delta t \geqslant h/2\pi$$

和 p、q 类似，你把 E 搞得越准，t 就越不准；反过来，你把 t 测得越准，E 就越不准。经历了前面的心跳历险，咱俩已经见怪不怪、不怪反怪了，再莫测的现实，也刺激不了我们坚强的内心了！那么，关于 E、t 共轭，要不要继续深入翻译一下呢？要的。

上面那个怪怪的公式是在说：

你把能量搞得无比精确，$\Delta E = 0$ 了，那么，$\Delta t = \infty$，时间的不确定性就纵贯古今！如果你对恋人海誓山盟一辈子的期限还不足言爱，你就给 TA 个 $\Delta E = 0$ 吧，从宇宙诞生到灭亡，无时无刻，皆有可能——表明你们在万年内结束这段感情的概率接近 0。好恐怖的浪漫！

很神奇吗？还有更神奇的。

如果，时间无比确定时，$\Delta t = 0$ 了，会发生什么？聪明的你肯定算出来了，$\Delta E = \infty$！能量的不确定性无穷大，什么意思？

意思已经很明白了:能量从0到∞,皆有可能!这就是说,在时间无比确定的那一瞬,将凭空出现巨大的能量起伏!

这一瞬是多长时间呢?取决于时间有多确定!

确定性越低,这一瞬就相对越长,能量起伏就越小。时间越确定,时长就越短,能量起伏越大。绝对精确,能量起伏就无穷大!时间确定度与能量起伏大小的关系,可以参考相对论的质速关系曲线图(第十一章“质能关系”一节),理解起来容易些。

等等!不对啊大师!这样搞法,你当能量守恒定律是空气吗?守恒定律跟你们哥本哈根有仇?凭空出现巨大能量起伏?凭空?凭空?!

是的,凭空。是的,它触犯了伟大的能量守恒定律!但是,上面说了:时间不怎么确定时,能量就不怎么起伏,其变化微乎其微,我们感觉不到,测不出;时间越精确,起伏越大,但时长就越短——还是感觉不到。重要的是:起伏。翻译一下,就是“起”了还会“伏”。一切尘归尘,土归土,涛声依旧。

我们的时空里,时时处处,沸腾着能量。真空不空。只是,这些能量瞬间生灭,总体平衡。所以听似惊天动地,我们却无知无觉。能量,依然守恒。

但,这丝毫没有降低宇宙的神奇度。我们已经知道,能量和质量是一回事。能量在时空中生生灭灭,翻译过来,就是每时每刻,都有物质凭空产生,又瞬间消失!物质居然可以在我们的时空来去自如,如入无人之境。这就太恐怖了!想想看,你正在窗前对着秋雨想憋出几句诗来,眼前突然出现半颗火星,上面坐着个外星人,然后神秘消失,是不是很崩溃?

恐怖吗?崩溃吗?有人认为,我们的宇宙,可能恰恰就是这样诞生的!但是这位同学问了:物质凭空生灭,尚可接受,但只生不灭,那不就是悍然违反守恒定律吗?这是需要表示强烈谴责和严重抗议的星际大事啊!弄不好要坚持谴责他一万年不动摇的!

这位同学先莫激动,宇宙诞生之类的小事没这么严重,用不着动用外事部。我们知道,有物质,就有引力,而引力,是一种负能量——它是一种吸力。凭空出现的物质,被它们的引力场相互抵消,总能量还是0。举个不太恰当的例子:假设地球刚开始是个绝对标准的球体,每个点的海拔都是0,那么,在它不与外界进行物质交流的情况下,要出现一座山,就必定有其他地方低下去,保持总体平衡。这座山就是物质,低下去的地方就是引力。关于宇宙的诞生,咱以后再关心。

海森堡的不确定性原理，提供了宇宙诞生的一种可能，让我们减轻了对“自己是从哪儿来的”的一些疑惑。但是，他自己摊上大事了。

每当悟空想静一静的时候，唐僧就会及时出现，孜孜不倦地开展教育工作。小海就在面临这个问题。

玻尔先生滑雪时，脑子也没闲着，他在思考一个老问题：波 or 粒。一个想法渐渐成熟，但是，缺少有力的支持。听说了小海的新发现，玻尔心头一动，急忙赶回来看小海的论文。

他要跟小海好好交交心。

法国画家保罗·高更创作的油画《我们从何处来？我们是谁？我们向何处去？》，这个问题值得所有人深思。

4 互补原理

自从搞上了物理，玻尔就始终被一件事纠结着：波 or 粒？

一开始，玻尔相信波，甚至为了波，面对光电效应的无敌战车，他不惜斩杀守恒定律，来捍卫麦爷的王国。对爱因斯坦和德布罗意兄弟相信的波粒二象性，他嗤之以鼻。

矩阵力学建立后，玻尔渐渐转向了粒，面对薛定谔伟大的波动方程，他宁可承担死不认错、悍主虐客的恶名，也要遏制波动的复兴。

老薛走后，他解放思想、转变观念、与时俱进，认清一个残酷的现实：任何抹杀波或粒的企图，都是逆历史潮流而动，都不过是螳臂当车，搬起石头砸自己的脚，必将碰得头破血流，自取灭亡。

于是他试图说服小海与波和平共处，结果两人大战数月，互相折磨得筋疲力尽，却毫无结果。这是他辩论生涯中的第三个败笔——于玻尔而言，没捡到，就算丢了；不胜，就算败了。辩论中，玻尔错过，但从未败过。当然，一旦意识到自己错，他一定会认。

为什么小海死也不服？因为连玻尔自己都不服：波和粒怎么可能和平共处？虽然矩阵力学、波动力学分别表明，粒、波都是必然存在的；双缝实验、光电效应也分别证实，波、粒都是真实存在的。但是，怎么能从物理上去理解，一个又是粒、又是波的世界呢？这将是一幅多么荒谬和不可思议的图像啊！

玻尔的痛，有谁懂？他需要一个解释，给世界。

挪威，童话般的雪山上，玻尔脚踏滑雪板。耳畔，有风掠过。一幅温馨的图像倏然闪现：钱。太俗了！换个说法：货币。如同硬币、纸币都有正反面，物质的一面是波，一面是粒，它们互斥而又互补。你看到一面，就看不到另一面。但是没有另一面，它就不完整。不要玩儿“折弯两面皆可见”之类的脑残急转弯，全世界人民都知道，这只是比喻。玻尔的这套理论，叫“互补原理”。

但这个解释，只是一个哲学式的物理外壳，它缺少一个强悍稳固的物理内核。

而当玻尔看到海森堡的论文时，他知道，这就是他要的那个内核。但是，这个内核与外壳不配套，需要改造。于是，海森堡一直提心吊胆的事终于拉开了序幕——玻尔带着满脸诚意和执着迎面走来。

玻尔提出问题：“为什么不确定？”

小海回答：“因为测不准。”

玻尔：“为何测不准？”

小海：“电子本来就没有什么准确的 p 或 q。你只有测量了其中一个，它才有意义。但只要你一测量，就会因为干扰，丢掉另一个。”

玻尔：“你的结论，是从什么推导出来的？波还是粒？”

海森堡一听“波”这个字就冒火：“波？我讨厌波！好吧，我从来没考虑过什么波。Look，我的显微镜实验，‘聚焦能力（分辨率）提高’与‘路径改变增大’之间的矛盾，导致我们无法知道光子从何而来；光子踢飞电子造成的干扰，导致我们无法同时获得 p 和 q。很明显，这个结论，当然是从不连续的粒而来！”

小海倒霉就倒霉在这显微镜上了。他大概忘了：博士论文答辩时，他的实验题就栽在显微镜上。而且，也是关于分辨率的问题！

玻尔早就看出，这个实验渣的显微镜实验分析中，有一个关键错误。

聚焦导致路径变化，实质上只是折射角的问题，我们知道，折射、反射的计算，早在300年前，就已经被斯涅耳、费马他们搞定了（第六章“光程迷踪”一节）。而显微镜的各类参数，都是已知的，我们可以根据这些数据，倒推光子从何而来；至于动量，根据康普顿效应（第十七章“波粒再战”一节），光子和电子相撞后，也是可以计算动量变化的。

所以玻尔说：“你的显微镜实验是错的。”

小海的反应很果断，他竟然哭了，泪流满面地跟玻尔吵了一架。这场物理学术交流，差点变成江湖恩怨。

玻尔认为，显微镜无法精确测量 p 和 q 的根源是，不可能确定光子是从哪个点入射的。当光子撞上电子，在测量之前，我们没法确定二者的位置，也没法限制光子必须从哪个点入射；同时，不管多牛的显微镜，它的孔径都是有限的，也就是说，分辨率有限。这些，都从理论上一致否定了用显微镜精确测量的可能。

其实，对海森堡来说，显微镜实验分析错误，还不是大问题，改过来就行了。让他火冒三丈的是，玻尔认为，必须动用波函数，来分析漫射的光子，波粒结合，才能完美地解释不确定性原理。

为什么不确定？因为“粒”同时也是“波”，是波粒二象性导致了不确定！

具体来讲，用波来解释不确定性原理，更方便。如果把电子看成波，那么，你想得到它的确定位置，首先得要求它在空间里越集中越好，界限分明，不能飞散。但是，计算表明，你越想让它局部化，需要的波长种类就越多。举个不太恰当的例子：你用一堆大小、形状差不多的石块，砌一个圆球，只能做到形状上大致类似圆球，因为它的表面肯定是起伏不平的，石块之间也不牢靠，想让它更牢、更圆、边界更清晰，必须用更小块的材料，比方说石子、沙粒、水泥来填充、补平、黏结。但是，波长的种类越多，它的动量就越模糊。反过来，你想要一个确定的动量，就只能用单一的波长。波长种类越少，波就越分散，空间局限性越差，位置也就越不确定了。所以，不是测不准，是本来就不确定。

海森堡坚决不接受这种解释。

薛定谔的波动方程问世以来，一直仗着讨喜的外表、广泛的人脉，以压倒性的优势，欺负着长相怪异、性格孤僻的矩阵力学。海森堡强烈不满、强烈抗议、强烈谴责，也无济于事，只能深表遗憾。现在，他终于从不连续的粒子性出发，导出了伟大的不确定性原理。这个新成果，让他信心倍增，尤其是得到泡利师兄的盛赞之后。他本来打算，尽快发表这篇论文，用这个新武器击溃波动力学。但是，半路杀出了玻尔，生生要把不确定性原理分一杯羹给波，让波与粒平起平坐，共同开发！真是岂有此理！不确定性原理自古以来就是粒方的固有领土啊，不可分割啊！海森堡严正交涉，玻尔不为所动。双边关系骤然紧张起来。

互相看着不爽，都想避而不见，以免引发新一轮冲突。但是，这二位的房间门对门，办公室也相邻，低头不见抬头见。不容易啊！

小海情绪很不稳定，玻尔精神高度紧张。改变 or 维稳？这是个问题。整个哥本哈根的空气变得不和谐起来。大家都很别扭。

一直这样别扭下去，谁都不好受。为了打破尴尬局面，敌我双方同时想到一个终极裁判——泡利。玻尔和海森堡纷纷邀请泡利来哥本哈根一趟：我俩闹僵了，赶快滚过来评评理。但泡利这时在兴致勃勃地忙其他事，果断表示他没时间来当裁判。于是这二位只好硬着头皮，继续杠下去。

凭借“粒”起家的海森堡，对“波”有着天然的、强烈的排异反应。但玻尔的互补原理以及他对不确定性原理的解释，都是以波粒二象性为基础的。互补原理不能没有不确定性原理。因此，把“波粒二象性”这个古怪玩意儿，妥妥地植入不确定性原理发现者的思想中，是玻尔大夫必须完成的高难度手术。

玻尔强调：波和粒，虽然是互斥的，看上去不共戴天，但实际上，它们是互补的，谁也离不开谁，就像一个硬币的两面、一块磁铁的两极，我们单看其中任何一面，都是不完整的。

说到这，那个老问题又冒出来了：既是粒又是波的物体是个什么样？我们能见到吗？

玻尔的答案是：不能。不管何时、何地，也不管你前看、后看、左看、右看、垂涎看、批判看，总之无论用什么办法去看，电子或者光子之类的小家伙，只肯给我们展示其中一面，要么是粒，要么是波，绝对不会是二者合体或叠加的“粒状波”或者“波式粒”。

重点来了：它究竟什么时候是粒，什么时候是波呢？

玻尔神秘一笑：“它任何时候都是粒，任何时候也是波，它只是有时看起来是粒，而有时看起来是波。”

好吧玻尔，我们全都被你打败了。现在才是真正的重点：它什么情况下看起来是粒，什么情况下看起来是波呢？

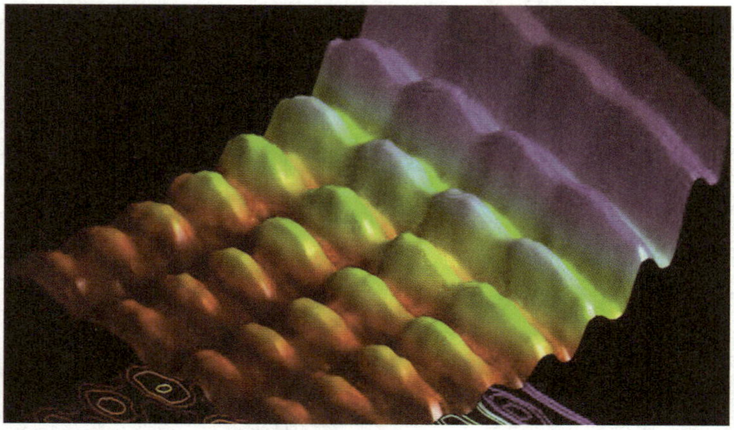

玻尔认为光是波还是粒子,由你的意识决定。

这实在是个好问题,因为用词比较准确:"什么情况下""看起来"。

玻尔诡异地一笑:"这事儿,你说了算。"

啊?!

玻尔:"也就是说,它什么情况下看起来是粒,什么情况下看起来是波,取决于你怎么看。"

啊?!

所有人听到这句话,都会目瞪口呆。因为这句话,出自一个物理学家之口,而不是一个玄学家、神学家或者哲学家之口。虽然玻尔本身也称得上是一个哲学家。但是,他正在说的,是一个物理问题!

民间传说,苏轼和佛印论禅,相对打坐,问对方看到什么。佛印说看到一尊佛,苏轼说看到一坨屎。苏轼以为得胜。传说中的苏小妹评曰:"心中有佛,看什么都是佛;心中有屎,看什么都是屎。"断定哥哥输了。这种论断,在玄学、佛学等领域,作为一种机智思辨,用于谈经论道、心灵鸡汤之类的,我们可以理解,也可以接受,毫无问题。但它经不起类似于哲学式的严格推敲:如果有人看希特勒、东条英机、生化武器、梅毒之类的玩意儿也是佛,那么,TA 脑子里装的是什么呢?应该不是佛,而是水,是吧?这种一较真儿就露馅的话,如果用在科学上,那就让人大跌眼镜了。

现在,玻尔的观点,乍听起来,简直跟苏小妹的禅悟如出一辙,怎不令闻者瞠目结舌、下巴落地!

玻尔当然明白这一点,所以,他解释得相当清楚:你选择什么观测手段,决定了你看到的是什么。就拿光来说吧，在双缝实验中去观测，你看到的就是波的一面；在光电效应实验中去观测，你看到的就是粒的一面。

举两个简单的例子：

在一个平面上，画两个相切但不重合的圆圈。我们来 look 下，它是 8？还是 ∞？还是眼镜？很显然，三者都可以是，你看它是什么，它就是什么。但它不可能既是 8 又是 ∞ 同时还是眼镜。

(^_^)这是什么？这是一堆符号，可是你为什么要把它看成一张笑脸？是的，你在公式里看，它们就是符号；你把它们这样组合起来看，它们就是人脸器官。

所以，你看到的是什么，是由你自己决定的。你选择怎么去看，决定了你能看到什么。

嗯，理是这么个理。可是，怎么听都有法师点化青年的意思。

好吧，上面的例子，虽然够直观、够简单，但说服力不那么强，并且有点诡辩的意思。因为，我们讨论的是世界本质问题，用这些抖机灵式的论辩技巧，说得赢，但说不服、说不清、说不通，不能让人真正地理解问题。

所以，下面，咱俩说点正经的。

实际上，我们看世界，都是借助观测工具去看的，这些“工具”，包括手电筒、显微镜、望远镜这些人造物，也包括我们的眼睛、鼻子等等自然物。

使用不同的工具，能看到不同的东西，也就是能观测到不同的结果。这个，没意见吧？好的，一致通过……这位同学说什么？你有意见？

OK，虽然我们的台词里没有这句，但，既然你说出来了，咱俩就较个真儿。

夜。无月。天，是黑的。地，是黑的。上下都是黑的！

黑夜给了你黑色的观测工具——眼睛，而你，却正在用它寻找光明。

光明未现，一袭黑影，却迎面飘来。悄然无声，仿佛一缕风。

但你心中，却惊雷乱炸！难道……？！

强光乍闪。不是雷电，而是你的手电，射出一道光。

一个美女俏生生地出现在眼前，肤白如雪。

黑影怎么变成了美女？答案很简单：因为夜里光线弱，你只能看见黑影，而月手电筒一照，有了足够的光源，你也就欣赏到了美女。用不同的工具，可以看到不同的东西，没错吧？

这还是诡辩！的确，在夜里，有手电和没手电，看到的东西当然不同。但是，手电只是帮助我们看清了事物的本来面目，并不是改变了事物的形态——她“本来”就是个美女，只要我们看清楚了，就能确定她是个美女，不可能我换个观测工具，她就不是美女了。

“是吗？你通过X光look look她，看看还是不是美女？”

你这是抬杠，不管用什么看，她也不会变成一条鱼！

OK，不要激动。通过美女的例子，咱俩至少可以在两方面达成共识：①工具可以帮助我们看到更多东西；②看到更多东西，会改变我们对事物的认知。就像刚才，对同一个物体，先是被吓死，然后被迷死。

以上没问题吧？好的，继续。

你刚才提到“本来”，是吧？你认为，不管什么东西，它都有一个客观的、“本来”的面貌、特性，不管你怎么看，也不管你看不看，它都是那样，“富贵不能淫，贫贱不能移，威武不能屈”，对吧？而人们要做的，就是用尽各种手段，看清它的“本来”面目，没错吧？

好的，现在，咱俩就来探讨“本来”的问题。

咱俩在前面已经讨论过，不同动物的感官，各有所长：响尾蛇能感应到红外线；蜜蜂可以看到紫外线；大象能听到次声波；蝙蝠和蛾子能听到超声波；老鼠、狗、王蝶等动物的嗅觉比人灵敏成千上万倍；许多昆虫、鱼类、两栖类、爬行类、鸟类和哺乳类动物能感觉地球的磁场，用它来导航……(第二章“我们应该怎样认识世界”一节)看，各路英雄都到齐了，可以公平、公正、公开地探讨事物“本质”了。

题目是：上述那个美女的皮肤“本来”是什么颜色？

颜色，对人类的认知来说，是个直逼“本质”的问题，因为我们的第一感，就是视觉。世界在我们眼里，就是各种颜色的组合。想准确地观测一个物体，如果只能选择一种感觉，首选就是视觉。不信？买一样东西，但不准你看，只让你从摸、听、舔、嗅中选一样，你肯定不干——哪怕是买吃的。而只让看，不准摸、听、舔、嗅，这个还是勉强可以接受的。回想下，你买食物时，在很多时候，是不是只用看，不用摸、听、舔、嗅就可以买？是的！

现在，你我都同意，通过分辨颜色来探讨“本来”，是毫无问题的。所以，回到这个问题：上述那个美女的皮肤“本来”是什么颜色？

这还用探讨吗？咱俩都看见了，妥妥的：“肤色如雪。”

但响尾蛇不同意，因为，在它看来，美女的皮肤是红色的！

响尾蛇话音未落，蜜蜂就笑了，因为眼前这个美女，皮肤明明是紫色的！

扑通！蝙蝠掉下来了，怎么回事？这家伙笑岔气了。在它看来，颜色是没有意义的，因为它既能用眼睛看东西，同时也能用超声波精确地“看”到各种物体，这种“看”法，没有颜色，但能够清晰地分辨出大小、形状、质感。对蝙蝠来说，这样“看”，也足够清楚了。蝙蝠用超声波“看”到的图像是什么样呢？这个目前还不好说，但可以借鉴B超图像去理解。用B超“看”美女，大致就是蝙蝠对美女的印象。

不同动物“看”到的美女皮肤的“本来”颜色

这下坏了，大家意见不一致！搞少数服从多数也搞不赢，这种事还不好集中。那么，谁的意见是对的？谁看见的是“本来”颜色？

这里，我们公平地、客观地、理性地说，大家的意见都是对的，因为，物体其实……没有什么“本来”颜色！

物体的颜色，是什么决定的？是你选择的观测工具决定的。你用蜜蜂的眼睛去看，她就是紫色；用响尾蛇的眼睛去“看”，她就是红色；而用蝙蝠的超声波去“看”，她的表面，跟任何颜色的雕像表面都没啥分别，只是质感有别。追问她“本来”是什么颜色，毫无意义。这一点，我们跟色盲患者交流一下各种颜色的区别，可能会加深理解——谁也不能肯定她“本来”是什么颜色。

可以肯定的是，不管你用哪种观测方法，她的皮肤不可能同时是白的，又是紫的，又是红的。不要玩儿什么“受伤后姹紫嫣红”的脑残急转弯，全世界人民都知道，我们是指同一处的颜色，不可能又白又紫又红，把美女换成一张白纸，这个结论依然有效。

白、紫、红，这几种“互斥”的颜色（光），其实都在，只是，你选择任何一种观测方法，都只能看到其中一种颜色。波和粒也是这样，物质是波，也是粒，波粒二象性是物质的“完整”特性，但，不管你怎么去观测，都只能看到其中一面，要么是粒，要么是波。好吧，这就是玻尔的“互补原理”。

玻尔认为，海森堡的不确定性原理，恰好从数学上表达了波粒二象性。而互补原理，则是从哲学上概括了波粒二象性。

上面的颜色本质讨论，一定让人心有不甘：难道，就没有一个统一的认识？难道，就只能让观测工具说了算？难道，颜色就没有一个客观的、公认的本质？

其实，这个问题，我们可以分两步继续探讨：① 颜色；② 我们眼中的颜色。

① 颜色。

这个问题，我们在前面就已经探讨过。不同颜色，实际上是不同频率的光，刺激视网膜后，反映到大脑中的结果。还记得“一块蓝布”吧？我们之所以看它是蓝色，实际上是因为它“不要”蓝色光波，将其反射（我们忽略掉电子跃迁过程）到我们的视网膜（第五章“晕死人的时间”一节）。它把蓝色都抛弃了，那么，它“本质”上是什么颜色？肯定不是蓝色！

② 我们眼中的颜色。

有多少人想过这个问题：你感觉到的红色，是不是我感觉到的红色？换句话说，我看到红色的感觉，跟别人看到红色的感觉，是一样的吗？如果没认真想过这个问题，人们会自然地认为，如果大家看到的是同一种颜色，那么，在大脑中造成的“映像”，就必定是一样的。相同的颜色，就是相同频率的光波，对每个人都一样。

我们的眼睛能够辨别一部分不同的光波，反映到大脑中，分别形成某个固定的“映像”，就是“颜色”。通过交流，大家能统一认识，一致认定某个波长的光是某色。但是，仔细想想，同一频率的光波，反映在不同人大脑中的那个“映像”——姑且叫“色感”吧——果真一样吗？同样是国旗红，你感觉到的，会不会比我感觉到的淡一点？或者干脆，你感觉到的那个“红”，其实跟我感觉到的“绿”是一样的？你说不可能？那我们只好不厚道地请色盲患者出山证明。

有的色盲患者完全分辨不出红色和绿色，认为它们是同一种颜色。那么，他对这“一种颜色”的感觉，是和你的“绿”感觉一样，还是和你的“红”感觉一样呢？至少有一种颜色，与你的色感不同，或者，和你的这两个色感都不同。

这就出现一个问题，有没有这样一种可能：我们这些所谓“视力正常”的人所认为的一种颜色，在某种动物看来，其实是两种完全不同的颜色？

答案是：完全有这种可能！

因为，所谓“色感”，本质上是不同光波刺激视网膜，反射到大脑中形成的“映像”。不同的动物，视网膜结构不一样，对光波分辨的敏感程度也就不同，色感当然就不一样了！最直接的证据就是，红外线和紫外线，在我们“视力正常”的人看来，是“无色”的，但在蜜蜂和响尾蛇看来，那可是浓浓的、绚丽的色彩哦！那么，你怎么知道，你看来的“纯”红色，在其他动物看来，是不是两种甚至两种以上完全不同的色彩呢？

瞧，这就是观测工具不同，造成了观测结果不同。

现在回头想想看，那个美女皮肤的“本来”颜色是什么？

玻尔说，脱离了“观测”去谈事物的“本质”，是毫无意义的。

观测，就是一个相互作用的互动过程，谁和谁互动？观测工具跟观测对象呗！你看，仪表指针的摆动，接收屏上的小点，计数器的声音，监视器上的数据，都是观测对象发出的光啊、电啊、波啊等等，触发了观测工具引起的。有的观测工具，还主动向观测对象发射光、电什么的，引起反应，用来帮助观测。所以，在观测对象和观测工具之间，至少要进行一个粒子的能量交接，才能完成一次观测。没有互动，就没有观测。互动作用产生的信息，被观测者截获、处理，变成观测结果。

由此看来，观测行为，不可能不影响观测对象。这些影响，对月亮、沙粒之类的大家伙，倒没什么，可以忽略不计，但对电子之类的小玩意儿，那可是要了命了。所以，观测行为必然影响观测结果，造成“测不准”，导致我们对量子行为“不确定”，这是无法改变的事实。

但是，玻尔认为，这样去认识“不确定”，还不够深刻。他指出：波粒二象性，才是“不确定”的根源。物质是不断运动的，量子行为在粒运动的不连续性、波运动的模糊性之间摇摆不定，这才是“不确定”的本质。你观测也好，不观测也好，它都是不确定的。这句话翻译过来，很恐怖：

量子“本来”就没有什么确定的位置、动量。

结合刚才对颜色“本质”的探讨，结论更恐怖：

离开了测量，我们认识的所有自然量，包括动量、时间、质量、位置等这些物理量，都是毫无意义的。电子的质量是多少，动量是多少，它的位置在哪……这个，没人能告诉你。你必须先确定一个测量方式，从这个测量方式出发，去探讨这些量，才是有意义的。

上述翻译过来，主要有三方面的意思：

① 离开观测谈物理量，完全无意义。

② 完全不可能观测到的量，完全无意义。这样的量，理论完全用不着。

③ 观测之前，电子没有什么动量或者位置，只有你观测了，才会有一个结果，也就是说，观测后，它才具有这些量！

经历了前面的几个广告，第1、2条，我们都不难接受。唯独第3条，简直让人忍无可忍！

什么叫"观测之前，电子没有什么动量或者位置"？难道，你不去看它，它就没有动量？连位置也没有？！

什么叫"观测后，它才具有这些量"？难道，你看了它一眼，它才突然生成一个动量，或者位置，供你赏玩？！

你以为你是谁？

自从盘古开天辟地、女娲造人补天时起，我们不管观测什么，从来都是不考虑，也不需要考虑观测者自身的。你看，或者不看，山就在那里，不来不去；你测，或者不测，云就那样飘，不徐不疾。是吧？滚滚红尘，浩浩宇宙，会因我们人类看或不看而改变？太自作多情了吧！

"古人今人若流水，共看明月皆如此。"人啊，生生死死，已经换了不知多少茬了，但是，星星还是那颗星星哟，月亮还是那个月亮，山也还是那座山哟，梁也还是那道梁。物，是客观存在的，不会因为你我眼里有没有它，而改变性质。就算你是村长，星星也不会对你抛媚眼；就算你是皇上，月亮也不会对你笑一个。

"花自飘零水自流"，它才不管你有没有"一种相思，两处闲愁"！在自然规律面前，所有人的最终结局，就是"物是人非事事休"，面对生命的脆弱和无奈，我们只能"欲语泪先流"。现在，你却说出"电子本没有动量和位置，我们观测后才有了动量和位置"这种话来，你还是物理学家吗？！

玻尔和海森堡一起点头："是的，我们当然是物理学家！其实，俺俩也很困惑，但，事实如此，俺俩也没办法！"玻尔说："如果谁不为量子论感到困惑，那么，他就是没理解量子论。"

你俩？上述观点，海森堡全盘同意？你们的架吵完了？

是的，小海接受不了的是波，对于观测行为与物理量的关系，他跟玻尔意见一致。经过两个多月的大战，小海终于投降了，他同意波粒和平共处，共同开发不确定性原理。他在论文中承认，是玻尔让他注意到了"不确定是波粒二象性的结果"，在论文结尾，他对玻尔表示了感谢。这篇论文终于在1927年5月底发表了。

玻尔和海森堡

玻海大战也终于结束了。但直到这时，玻尔和小海的感情也没能回到从前。唇枪舌剑太激烈，两败俱伤，伤神伤身伤感情，搞得大家很不爽。后来，泡利同志专门去了趟哥本哈根，总算是消除了误会，平息了这场风波。

对自己在辩论中的一些表现，年轻气盛的小海又羞又悔。6 月份，他专门给玻尔写信道歉。

不确定性原理论文发表后，各个大学对小海的邀请如约而至。小海这次接受了莱比锡大学的邀请，成为德国最年轻的教授。这时，他还不满 26 岁。

论文发表前，应小海的要求，玻尔给爱因斯坦寄了一份副本，还顺便谈了一下他的互补原理。这时，他俩还在吵架。把论文寄给老爱，是希望老爱能给个意见。

但他俩失望了。老爱没有回音，原因不详。也许，老爱看到论文后，感到很忧伤，不想回复吧。

这也难怪，纯粹、优雅的物理理论中，突然闯进了“观测行为”这个怪胎，一出场，就挑战物理的根基——物理量的客观性，这不是革命，这是夺命！

本来，搞测量，只是我们取得客观物理量的手段，测量固然重要，但在物理学中，它只是一个必不可少的辅助行为，物理量、物理理论才是主角。怎么搞来搞去，“测量”这事儿就喧宾夺主了？这下可好，谈物理，必先谈测量。今天，你测量了吗？不谈测量，物理学家都没法和人打招呼。凭什么啊?!

5 尘埃未定

玻尔滑雪归来后，主要做了两件事：拼命说服小海改论文，拼命改自己的论文。这两项工作都相当辛苦。一个作文超烂的人，一边要改自己的论文，一边还要劝别人照自己的想法改论文，容易吗?!

海森堡让了一步，论文发表了。天才就是这样让人羡慕嫉妒恨：只讨论看得见的东西，得到矩阵力学；讨论看不见的东西，又得到不确定性原理。难道上帝是你家的小时工?

而玻尔，还在奋发图强地改自己的论文。入我相思门，我在改论文。曾经沧海难为水，我在巫山改论文。洛阳亲友如相问，就说我在改论文……

和往常一样，内容改了又改，题目也换了又换，这可苦了助手克莱恩：大师，您就不能想好了再写吗？干吗一个劲儿地改？折腾来折腾去，已经完全跑题了！本来，是想写《量子论的哲学基础》，干净利落地推出互补原理。现在倒好，改来改去，不知啥时变成了《量子假说和量子理论的近期发展》，谬以千里啊大哥，你把整个新量子论都绕进来了，互补原理只是其中一部分！你是在侃物理史吗?

其实玻尔也不想跑题的。他是没办法。这篇论文耗时太长，写着写着，发现离 9 月不远了——9 月中旬，在意大利科莫，要召开国际物理学大会，纪念电池之父伏特逝世 100 周年，会期 10 天。玻尔打算在这个会上报告量子论的新成果。反正也要写一篇报告，恰好手头这篇没写完——这篇都费劲，再加一篇还不要了命！于是笔锋转了几转，就跑题了。

玻尔认为，量子论的主体结构已经完成，他要给整个量子论一个说法。这很重要。

矩阵力学和波动力学建立后，新量子论有了相当成功的运行内核，功能强大，但始终没有一套合适的理论框架，也没有基本原理。就像一支强悍的军队，已经实质上掌控了一方疆土，攻无不克，四海宾服，却没有一套科学的建国理念，没有一个有效的政府组织，全仗蛮力维生。这种场景，有点像攻陷了京城，却一时不知干点啥好的农民军。

现在，终于到了收拾河山、整纲肃纪、结束混乱局面的时候了。

光阴似箭。1927 年 9 月 11 日，科莫，大会胜利召开。而玻尔，还在紧张地改论文。直到 16 日，才不得不定稿。因为这天，轮到他讲演，他要读这篇报告。

这是互补原理的首次公开亮相。在互补原理的框架下，玻尔梳理了新量子论的基本脉络，把不确定性原理、观测的离奇作用、概率诠释混搭在一起，构成量子力学的理论基础，这套混搭，史称量子力学的“哥本哈根解释”。

准备了几个月，玻尔的讲演思路清晰、结构严谨、语气柔和，但大家听起来，却是字字惊雷，如坠云雾，饱受了一场思想过山车之苦——这些新观念太奇特、太疯狂、太不可思议，个顶个的不省心！互斥又互补啊！不确定啊！概率啊！观测逆袭啊！一下子搞这么多古怪，谁受得了?!

看看吧：物质既是粒，又是波；波是连续的，但粒是间断的，所以世界既是连续的又是间断的；波粒互斥又互补，缺一不可，但从不同时出现；你看到的是粒还是波，取决于你怎么看；物理量这东西，你测则有，不测则没有；世界是不确定的，在我们穷追微观世界的路上，这是一道不可逾越的红线，所以它是概率的；概率和不确定性说，因果律靠不住，而不确定性和互补原理说，客观性靠不住……想知道结果？请用波动方程或矩阵！

不管是谁，第一次听到这种话，都会认为说话的人神志不清。如果台上讲演的不是玻尔，台下一定会有很多物理学家联系精神病院。

在物理界的一片哗然声中，量子论三大核心原理——玻恩的概率诠释、海森堡的不确定性原理、玻尔的互补原理，携手强势登场了。

概率，是量子世界的客观表现；互补性，是量子世界的哲学框架；而不确定性，是整个量子论的核心。这一切，都来自波粒二象性。

300 年来，当波粒大战风起云涌，各路英豪逐鹿正酣时，谁曾想到，势同水火、不共戴天的波和粒，有朝一日竟然双剑合璧，催生了疯狂的量子巨人，它尚未站稳脚跟，便摧毁了经典物理王国的根基。

这位同学问：“说得这么热闹，有实验支持吗？”

当然有！不然的话，这个神神叨叨、无数牛人欲诛之而后快的哥本哈根解释，早就灰飞烟灭了！

实验名叫“单电子双缝实验”。经过 n 次的波衍射、干涉实验，咱俩已经知道，衍射、干涉的发生，跟波长与缝的宽度、缝的间距，有密切的关系。由于电子波长太短，想让它发生衍射和干涉，它所通过的缝的宽度、间距必须十分微小才行。前面提到过，也是在 1927 年，戴维逊、小汤姆逊搞成了电子衍射实验（第十八章“二象世界”一节）。他们利用金属晶格，花费了一年多时间，只得到了衍射图像——也就是只解决了缝宽的问题。而干涉，不仅需要合适的缝宽，还需要缝间距合适的双缝，可见，想要得到电子的双缝干涉图像有多难。当然，除了尺寸问题，还有许多技术难题，比方说，你怎么保证每次只发射一个电子。

所以，这个实验一搞就是几十年，直到 2013 年，才算完成了全套动作。为了验证哥本哈根解释的预言，全套动作包括：

① 让单电子过双缝，看它怎么过，过去后会怎么样；

② 两缝任意开关，看电子的反应；

③ 监控某缝，看看电子究竟走的是哪条。

实验发展的大概历程：20 世纪 60 年代初，实现了电子束的疑似双缝干涉；70 年代中期到 80 年代末，用电子双棱镜、晶体层间距等代替双缝，取得了单电子双缝干涉的统计结果；从 2008 年开始，在纳米加工技术的支持下，实现了第一个真正的、可供电子进行干涉的双缝，但不能随意开关双缝；2013 年，完成整套规定动作。

过程太琐碎，就不细说了。但是为了满足咱俩的好奇心，下面聊两个技术问题。

足够细微的缝宽、缝间距，先是利用晶体的层间距实现的。晶体的原子排列够规则，间距也够小。但是，不管你怎么弄，原子排列是纯天然自动的，在尺寸等各方面不那么尽如人意。后来，纳米技术的兴起，为制造标准双缝提供了技术可能：用聚焦离子束在 100 nm 左右厚的氮化硅薄膜上，成功开了两个 60 nm左右宽的窗口——这是真正的“狭缝”，还镀了层金！两个窗口的间距为 270 nm 左右。

为吗要镀金？当然不是为了扮土豪，而是因为氮化硅是绝缘体，电子打在上面，会带负电，电荷积累到一定程度，会骚扰路过双缝的电子。金子性质稳定，导电性强，镀上金，就有了一层绝佳的导电膜，电子打到上面，随时导走，免除了拦路骚扰。

电子发射，还不能做到像手枪那样，把子弹一发一发打出去。但是，可以减少发射量，就像机枪那样，虽然子弹也是连发，但分得出先后，而不至于像水枪

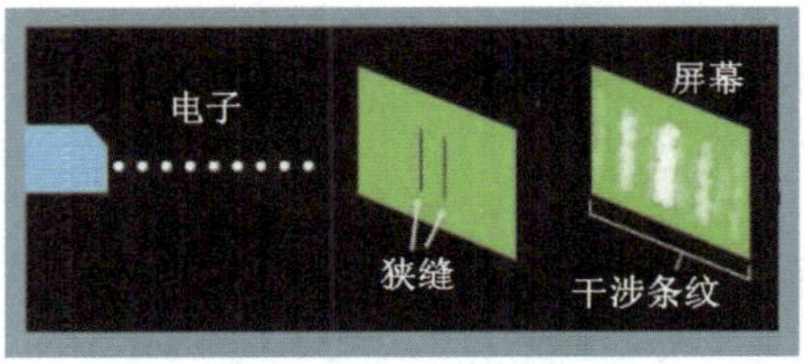

单电子双缝干涉实验

喷水那样,无数水分子一泻而出,搞不清谁是谁。这样,在发射的间隔时间内,只要保证屏上只能接收到一个电子,就 OK 了。

接收方面的技术难题,包括接收屏的感应(电子能量的检测)、精确计时等,就不细说了。对了,实验中,电子的速度大概是 12 000 km/s。

由于对实验设备要求十分高,所以,目前国内还做不了这个实验。不过,在国外一些高端实验室,这个实验是想做就做,立等可做,可随便重复。所以,实验结果相当靠谱。下面,轮到咱俩做这个实验了。整套实验设备虽然相当的高端,但基本原理,跟托马斯·杨当初玩儿的差不多(第六章“波光再起”一节):电子经过双缝,投射到接收屏上,over。整个实验过程,咱们相当熟悉。下面做个经典的实验,就当热身复习:

一束电子,经过单缝,投射到屏上,会怎么样呢?我们知道,屏上一定会出现衍射图像。这个实验,就是戴维逊和小汤姆逊抢挖的那座金矿:电子衍射实验。那么,电子还是那束电子,经过双缝,投到接收屏上,又会如何呢?我们知道,被双缝衍射后的两束电子,相互干涉,一定会出现那熟悉的、美丽的干涉条纹。

量子围栏

这说明,电子真的是波。实际上,电子是波这件事,已经被“直接观测”证明。1993 年 5 月,美国人克罗米和他的同事,在温度 4 K 时,用电子束把铜表面的铁原子排列成一个圆圈,这个圈很小,只用了 48 个铁原子,半径才 7.13 nm,铁原子之间的距离,只有 0.95 nm。所以,这个圈有一个很酷的名字,叫“量子围栏”,它能围住铜表面的电子。围栏里,可以观测到“同心圆柱状驻波”——它就是传说中的电子。

OK,热身完毕。现在,我们要搞的是单电子双缝实验。朝双缝发射一个单电子,在接收屏上,会出现什么?

对不起,让大家失望了,是一个小点。没错,只是个小点,而不是一摊模糊的“波晕”。小点,这事儿,只有粒才干得出来。看来,电子又变回了粒!那为什

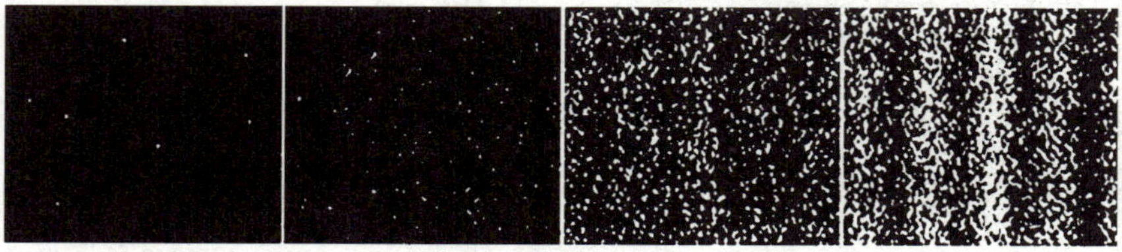

单电子双缝干涉实验图样

么一束电子打上去，就能看见条纹呢？

为了看清楚条纹是怎样炼成的，我们一个一个电子来发射，一直发，一直发……发现，电子并不总是打在同一个地方，而是弄得到处都有。照这样下去，接收屏上的每一处，似乎都有可能打到。不过，随着电子越打越多，你会发现，虽然每一处都可能被打到，但有的地方电子多，有的地方电子少，疏密有致，打着打着，图像就慢慢显现出来了——那个干涉条纹神一般地浮现在屏上！

原来，干涉条纹，是由无数小点组成的！宛若像素，打得多的地方亮，打得少的地方暗。这说明，电子还真是按照“概率”落脚的！虽然不知道它一定落在哪儿，但可以算出，它落在各点的概率是多少。这一轮实验，得出两个结论：①电子行为果然是概率的；②至少从显示屏上的小点来看，电子本质上还是粒啊！

But，同学们，好像有点不对劲：电子束穿过双缝，被衍射成两束扩散的电子，然后相互干涉，搞出条纹，这很好理解。可是，现在，咱俩每次只发射一个电子。单电子出发后，发现前面有两条缝，它会怎么过？要过，只能过其中一条缝，顶多发生衍射，它不会发生干涉。干涉这件事，从来都是团队合作，它一个电子，孤孤单单的，跟谁干涉去？以此类推，不管是哪个电子，单独上路，它只能通过其中一条缝到达接收屏，是吧？所以，单电子双缝实验，屏上应该出现两个差不多的衍射图像才对，怎么会出现干涉条纹呢？

可是，屏上偏偏就出现了干涉条纹！问题出在哪儿？刚才的分析，思路清晰，逻辑严谨，内涵深刻啊！实践告诉我们，当严谨的逻辑，得出与事实不符的结论时，八成是前提出了问题！

上述有两个前提：①单电子打到屏上，只能经过某一条缝；②单电子没法发生干涉。

实验结果是：出现了条纹。

下面我们开始反推。

① 条纹是干涉造成的，而我们每次只发射一个电子，所以，每个电子一定都发生了干涉。

② 如果电子只经过了其中一条缝，它就只能衍射，而不可能干涉。所以，每个电子都经过了两条缝！

然后……它自己和自己发生了……干涉！因为当时没别人，只有它自己！电子自我解决问题的能力，值得广大群众学习。

啊？一枚电子，在屏上只能砸出一个小点的电子，会“同时”经过两条缝？！穿越这条缝时，也在穿越那条缝！这句话翻译过来就是：在同一时刻，电子可以既在这里，又在那里。

“喂，你在哪儿？”

“我在北京和纽约。”——这是人话吗？

这事儿，连孙悟空都做不到，老孙分身，那是化身。而电子玩儿的，到处都是真身！

这怎么可能！可是，不管这事儿看上去有多么荒唐，它就是发生了，一如你我所见所闻的那般神奇。所以，咱俩强悍的心脏顶得住，可以继续。

上面这些个推论，让我们不得不接受一个残酷的事实：电子可以自己和自己发生干涉！

好吧，就算这样，也不能证明，电子一定是同时穿过了两条缝！

那么，亲，它怎么做到干涉呢？你必须注意，干涉条纹，是由缝宽、缝间距、电子波长相互影响决定的。缝间距不同，条纹也不一样，缝间距过大，就没条纹了。如果电子不是同时经过了两条缝，而是经过了一条缝，比方说 *A* 缝吧，那么，它是怎么知道，另一边还有一条 *B* 缝，并且，它又是怎么知道两缝的间距，从而计算出自己应该按照某个概率砸在哪儿呢？

咳咳……没错，电子它是个粒子。但是，不是说好了“波粒二象性”吗？那，伴随着它的，必然有一种波，就像物质都会有引力，带电物体运动都会伴随着电磁场一样。薛定谔方程也显示有波相伴，玻恩说是概率波。这个很自然是吧？那么，电子前往双缝时，这个概率波也伴随着它，虽然电子的真身最终只经过了一条缝，但它的波在空中弥漫，完全可以探测到还有另一条缝，并且可以探知两缝的间距。这样，它就知道了应该以怎样的概率砸到屏上！

概率波嘛，对概率当然“门儿清”……咳咳，俺知道，这话听起来不是很靠谱，但是，它一点也不比“单电子同时过双缝”更荒唐！

听君一席话，差点雷趴下。如君所言，电子是个驾着筋斗云飞来飞去的孙猴子，它还是个数学不错的测绘师。电子落脚的概率，不是通过干涉来决定的，而是通过自己的探测和计算来决定？！它为什么要探测旁边有没有缝？探测范围是多少？有统一标准吗？

好吧，就按你说的办：电子驾着概率波，一个筋斗翻到 A 缝，与此同时，它的波探测到远方还有一条缝，有多远呢？两缝距离是自己身高的 270 亿倍（电子半径约为 10^{-18} m，缝间距为 2.7×10^{-8} m）！如果把电子增高到1.7 m，缝间距按比例应扩大到地月距离的 120 倍！距离虽远，但毕竟有另一条缝在，不干涉下，也过意不去，于是迅速算出落点概率，准备以一个风骚的走位上屏。

OK，就在它刚要进入 A 缝、走位、上屏时，咱俩关上 B 缝，电子会怎么做？是按照算好的双缝间距走“干涉位”，还是按照单缝走“衍射位”？如果它还是走干涉位，那它走错了。因为现在只有一条缝，该衍射才对，干吗要干涉呢？如果它走衍射位，那它违反了相对论。因为它必须在 B 缝被关的同时，立即得到消息，才能做到立即改走衍射位。如此遥远的距离，做到这一点，没有超光速信号是万万不行的！

啊？这个……世界上最遥远的距离，不是我就站在你面前，你却不知道我爱你，而是 27 nm 远的那扇窗，它是开是关，无论我知道与否，都会做错！好吧，我承认，我刚才的解释有问题。不过，你有更好的解释吗？

当然！最简单的解释是：电子砸到屏上之前，它是一缕波——概率波。只有波，才会飞散在空中，同时经过两条缝，自己和自己发生干涉！你关上一条缝，就少了一条路，它就没法干涉，只能衍射了！是不是又简洁又合理？

好吧，你的概率波穿过单缝走衍射位也好，穿过双缝走干涉位也罢，然后呢？

咳咳……然后嘛，概率波就来到屏前，按照相应的概率……落到……屏上……突变成了一个小点。

听君一席话，十分想撕书！说着说着，你自己就底气不足了吧？一缕幽灵般的概率波，在空中按照波函数飘移，穿过狭缝，来到屏前，那一刻，它在想什么？是三生石畔的月影，还是五行山下的年轮？以至于一触屏，便立即决绝地坍缩成一个小点？！凭什么啊？那缕旖旎的波哪儿去了？传说中的七十二变？

这个……出于某种不为人知的原因，也许，将来会搞清楚……

这下坏了，不管电子怎么做，都会得出一个荒诞的推论。但是，单电子双缝实验的干涉条纹，已结结实实地摆在我们眼前，不容置疑，谁质疑我跟谁急！电子究竟是怎么做到的？干涉条纹的出现，到底是电子的测算结果，还是分身过缝的干涉结果？电子过缝风骚走位的背后，到底隐藏着怎样不为人知的秘密？砸上接收屏之前，电子到底是驾着概率波的粒，还是纯粹飘渺的概率波？敬请期待终审裁决：观测实验！

实验很简单：看看电子到底是走双缝还是单缝。如果走双缝，那么，在上屏前，它就是概率波，上屏后才突变成了粒。如果走单缝，并且产生了干涉条纹，那它就是驾着概率波的粒。

可是，有一个大问题：电子那么小，怎么"看"呢？最早提出要窥视双缝的费曼说，用光子观测之！所以这个实验也叫光子窥探。这个实验的原理就是：将仪器（这里就叫"监视器"吧）安在两缝，发射光子，撞上路过的电子，检测光子的散射角，就能判断电子行踪。

但是，这样搞，会遇到一个解决不了的问题：测不准原理。前面说过这事儿，因为电子太小，想搞准电子的位置，就得用高频光子，用了高频光子，位置倒是搞清楚了，但也把电子踢飞了，严重干扰了电子的正常走位，就好比跳水健将起跳后，到半空被一条大汉凌空一踹，预定落点、动作全废。电子遭此一踹，什么干涉、衍射，就都别提了。所以，这样搞法，与其说是"观测它路过哪里"，还不如说是"不管它路过哪儿，一律踢跑"，改变了监视对象的正常行动，就达不到"窥探"的目的。

怎么办呢？造成这种尴尬局面的原因，是光子能量足以踢飞电子。咱俩找不到更小的东西替光子去踢，却可以找到更大的东西替电子挨踢，体型大到让光子不那么容易踢飞它。于是，就有了"原子双缝窥探实验"。原子是"质子＋中子＋电子"的混搭，这些小东西都有"波粒二象性"，所以原子过双缝，也能搞出干涉条纹来。是的，这个替身非常完美。

注意，原子来了！它像一缕清风，又像一支无影箭，迎着双缝大步来！它会经过哪儿？守在双缝旁的两个监视器，纷纷射出娇小敏捷的光子，Yes！有的光子撞上了原子这个庞然大物，螳臂当车的光子惨遭散射，横冲直撞的原子行踪暴露了！它路过了这条缝！终于……咦？

干涉条纹不见了！

这是怎么回事？就连最小的氢原子，也比电子质量大 8 个数量级，也就是

1 亿倍以上,何况是光子? 光子撞上原子,就像皮球撞上卡车,单从这一撞的能量上来看,对原子的预定动作产生不了决定性的影响。

但,干涉条纹神秘消失了,就像从未存在过! 见鬼!

关掉监视器,让原子自由自在地飞,干涉条纹又诡异地出现了,就像从未离开过! 见鬼见鬼见鬼!

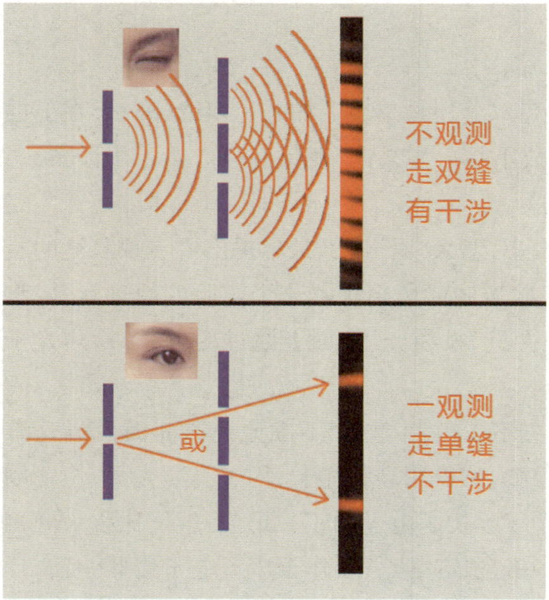

电子到底走双缝还是单缝的实验

究竟发生了什么事? 单粒子过双缝,会产生干涉条纹,为了弄清楚条纹到底是“过双缝自我干涉”还是“过单缝自我测算”产生的,咱俩需要“看”清楚粒子究竟路过了哪些地方。于是就“看”。然而,只是在人群中多看了你一眼,知道了你路过哪儿,你的条纹就消失了。这就是说,你路过这儿,就不会产生条纹了! 搞了半天,我们还是不知道,在可以产生条纹时,粒子是怎样路过的!

你不看它,它就把游戏玩儿得鬼泣神惊,你看它,它就把 pose 摆得爱岗敬业,粒子把人类当老板耍?! 本来是想拿这个实验做终审裁决的,没想到,终审本身扯进了案中案!

这让我们产生了一个新的疑惑:导致条纹消失的,到底是“观测”,还是“泄密”?

这里要解释下:所谓观测,是指“看”的过程,比方说通过发射光子等方式,去探测观测对象的行踪;所谓泄密,是指“可看”的结果,也就是观测对象的行踪信息被泄露出来,这个信息可以被我们看见。

二者的区别是:

“观测”,你去看,不一定看得见。比方说,你用波长过长的光子去探测,光子被散射后,你还是搞不清楚粒子的行踪。当两条原子路径的差,小于光子波长的一半时,就完全搞不清原子到底路过哪条路径。

“泄密”，不去测，也可以看得见。比方说，原子飞着飞着，掉了“钱包”。咱俩捡到“钱包”，就看到了它的路径。

总之，你“观测”，不一定得到信息；你得到信息，不一定非要靠“观测”。

概念搞清楚了，那么，现在回到这个问题：导致条纹消失的，到底是因为我们去观测，干扰了它，还是因为我们得到了它的信息——哪怕没干扰它？

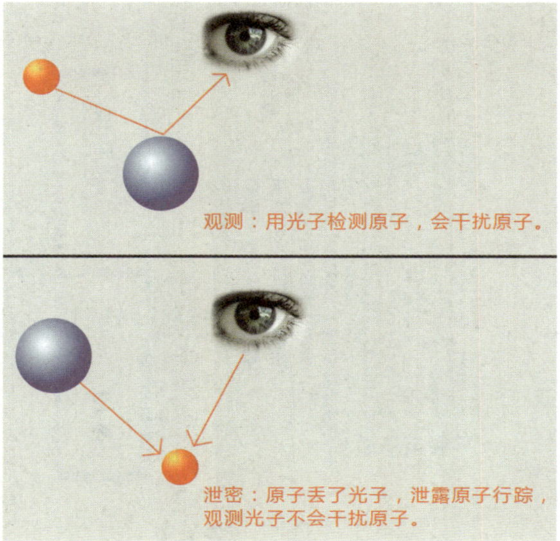

观测和泄密

这个问题，引出两个实验：观测实验、泄密实验。

先是观测实验。重点在“测”。发射波长很长的光子，让它撞击原子。由于光子波长太长（能量太小），被原子撞飞散射后，我们还是测不出原子行踪。但是，这一撞表明：观测行为已经对原子造成了干扰——尽管这个干扰特别轻微。猜猜看，干涉条纹还在不？

竟然还在！这说明什么？

说明，我们也测了，也看了，也造成干扰了，但是没看准，干涉条纹就没消失！

下一个实验：泄密实验。这个稍微麻烦点：既要知道原子行踪，又不能干扰它，怎么办呢？聪明的实验物理学家还真想出了办法！咱俩都知道，原子得到能量后，成了土豪，处于很能嘚瑟的激发态，一嘚瑟，就会掉“钱包”——发射光子，跌回基态。我们要做的是，守住两个狭缝，只要捡到“钱包”，就能确定它究竟走了哪条路。

用来捡“钱包”的设备是一种“空腔”，每缝配备一个，双缝当然就配备俩空腔。激发态的原子路过 *A* 腔，就会从 *A* 缝飞到屏上，路过 *B* 腔，就会从 *B* 缝飞到屏上。

这项实验，有个技术细节：要让原子保持激发态的时间长一点，以免刚出发，还没进入空腔，就把“钱包”嘚瑟丢了。

瞧，一个个土豪原子穿过空腔，越过狭缝，撞向接收屏。这一路走来，“钱

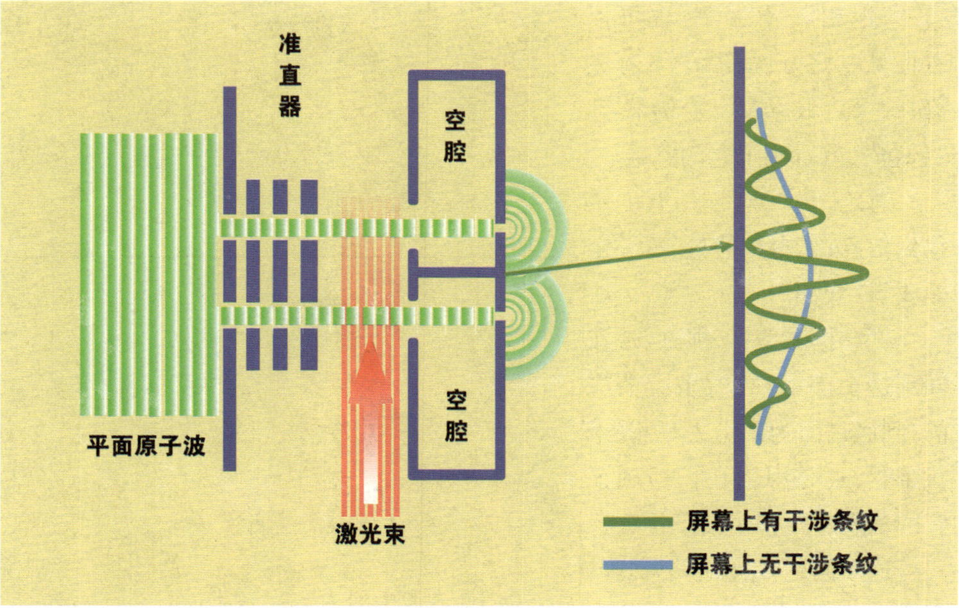

泄密实验

注:有兴趣的话可以了解一下“量子擦除实验”。图中左边是原子波发射器,原子被发射出来后,激光束令它们受激并保持激发态,激发态的原子经过空腔后到达双缝(空腔右侧边线上的两个断点表示双缝),经过双缝后到达图右侧竖线表示的屏幕。双缝和空腔之间并不存在激光。

包”纷飞。这回,我们想知道这些土豪路过了哪条狭缝,就简单多了:*A* 腔捡到“钱包”(接收到光子),原子就是路过 *A* 缝;*B* 腔捡到“钱包”,原子就是路过 *B* 缝。我们没测,原子一路上丝毫也没受到干扰,那干涉条纹还在不?

竟然不见了!干涉条纹神秘消失了!为什么?还不赶忙看看,不用空腔,结果会怎么样?

尽管经历了那么多,咱俩还是会被这个实验结果吓到:不用空腔,干涉条纹又神一般地出现了!

为什么?面对这个实验结果的人,只有两种情况不会抓狂:他没看懂,或他不在意。

同样是土豪原子,同样是边走边掉“钱包”,同样是在泄露信息,同样是一路丝毫没受到观测者的干扰,但是,一个实验有干涉条纹,一个实验没有干涉条纹。而两个实验的唯一区别是:是否可以通过“钱包”判断它的行踪!

“钱包”掉在空腔里,我们可以推断原子走了哪条缝,于是干涉条纹消失;没有空腔时,我们即使捡到“钱包”,也没法判断土豪原子究竟走了哪条路,于是干涉条纹出现了。

看来，只要泄露的信息对我们有用，干涉条纹就消失，泄露的信息我们没法用，干涉条纹就出现！

问题是，原子是怎么知道，它所泄露的信息，哪个对我们有用，哪个对我们没用?!

在两个实验中，土豪原子掉了“钱包”后，在“钱包”还没“落地”时，原子都是继续往前飞的，它不可能停下来看看，“钱包”到底掉在哪儿，并且也没时间分析掉在哪儿对人类有用，从而做出干涉或者不干涉的决定。但，它做到了：只要你能判断我的行踪，我就不干涉；在你没法判断我的行踪时，我才肯干涉。

它是怎么做到的？说到这儿，是不是感觉后脊梁一阵发凉，一种毛骨悚然的感觉倏然袭来？

实验的结果：

① 当我们知道粒子的行踪时，不管用的是啥招，也不管有没有干扰到它，干涉条纹都会果断消失。“知道粒子的行踪”，也就是确定它穿过了哪一条缝。翻译过来就是，当它确定地穿过一条缝时，就没有干涉条纹。它在什么情况下会确定地穿过一条缝呢？在它的信息可供我们了解其行踪的情况下。这句再翻译一下：不管是你测来的信息，还是它自己泄露的信息，只要你可能通过这些信息了解它的行踪时，它就立即给你一个确定的行踪。

② 在出现干涉条纹时，我们完全不能确定粒子走了哪条路。这句话翻译过来就是，在出现干涉条纹的情况下，我们完全不能确定“粒子不是同时穿过了双缝”。那么，根据①，只要它确定路过一条缝，就不干涉。而不干涉，就不会有条纹。所以，我们只好承认这个假设：出现条纹，是因为粒子同时经过了两条缝。

什么东西能同时经过两条缝？波。

综上，在我们没可能了解其行踪的情况下，物质表现出波动性，没有什么确定的动量和位置，或者说，它处于所有可能性的叠加态，各种可能性的概率不同，但不为0，它“无处不在，又无处在”；而在有可能了解其行踪的情况下，这些可能性立即集中到一个点上，在这个点上的概率为1，物质表现出粒子性，你可以观测出位置、动量之类的物理量。

再翻译一下：你不看它，它是虚无缥缈的波，呈叠加态；你一看它，它立马坍缩成粒给你看！这就是让你抓狂、让你神伤、令万千牛人披靡、刺激无数心脏的

“波函数坍缩”！

一缕波怎么知道自己何时应该变成粒子呢？它是怎么变的？坍缩的过程和机制是什么？上帝，你是在考验人类的承受能力吗?！

薛定谔方程与这些诡异的实验结果，神迹般地保持一致，那个莫名其妙的波函数，不仅在方程里排布迷阵，而且竟然还真的游弋在空间，一本正经地演给你看，好让你开窍：这个世界是有多么的不可思议！

哥本哈根解释如果真的是荒诞的，那倒没什么，古往今来的荒唐事儿多了去了，也不多这一个。令人发愁的是，实验表明，面对这个荒诞的世界，不信荒诞的哥本哈根解释，倒显得荒诞了。

咱俩紧跟物理学家们踉踉跄跄的脚步，兴致勃勃地攀爬到今天，却发现前方的路越来越奇诡，路上的风景越来越让人抓狂。让人稍感安慰的是，物理学家们一点也不比咱俩好过（这是啥心态！）。

玻尔：“如果谁不为量子论感到困惑，那他就是没理解量子论。”

薛定谔：“如果最终，量子力学被证明必然导向这种结果，我将后悔我的名字竟然会和它联系在一起。”

爱因斯坦：“我像鸵鸟一样把头埋在沙子里，就是为了不看到量子论那丑恶的面容。”

海森堡：“我们正陷入极为困难的境地，都要崩溃了。”

费曼：“没有人真的理解量子力学。”

克拉默斯：“量子力学很像这样一种理论，它先让你笑俩月，然后让你哭一年。”

它毁的不只是三观，还有人类千百年来积累的知识自信。我们的每一个新发现都在说“你原来的认识是错的！”还有比这更令人发愁的吗？

好吧，就算识尽愁滋味，我们也无怨无悔。只有让思想点亮追寻真理的道路，生命才有意义。所以，就算是为哥本哈根解释做个小小的总结，我们也要“为赋新愁强填词”：

江城子·哥本哈根解释

物质谜云量子说。它是粒，也是波。互斥互补。演化时间河。函数本征概率波。一观测，便坍缩！

人机测量影响多。是什么？凭观测。不等共轭。不确定为核。挑战客观抛因果。二象性，作俑者。

尼尔斯·玻尔研究所，先后有多位诺贝尔奖获得者受益于这个中心或在这里工作过。

哥本哈根解释后来成为量子力学的主流解释。所谓“哥本哈根”解释，它的知识产权并不归哥本哈根，因为它的成果不全是哥本哈根的人做出的，只是以玻尔研究所的学术群体为代表。不管你是研究所的、卫生所的还是派出所的，也不管你是哥本哈根的、哥廷根的还是阿根廷的，只要你拥护哥本哈根解释，就被归为“哥本哈根派”。这不是一个具体的组织。不是哥本哈根成员，也可以是哥本哈根派的主力，比如玻恩；在哥本哈根访问学习并做出贡献的，也可以反对哥本哈根解释，比如狄拉克。

既然提到这两位了，那就接着聊聊他们的事儿吧。

有了矩阵力学、波动力学的数学基础，又有了概率诠释、不确定性原理和互补原理这三大核心原理，新量子力学就算是建立起来了。但是，打下了江山，并不代表这个国家能正常运转起来，要做的事儿太多了。放眼物理世界，量子王国内外形势都不容乐观。

从内部来看，虽然有互补原理拉关系、和稀泥，但矩阵力学、波动力学两大军阀还是互不搭理，仍然各占山头、各展所长，矛盾不断，亟待协调统一；从外部看，相对论对量子论作冷眼旁观状，似乎并没打算支持量子论的建国大业。

虽然旧量子论和矩阵力学引入了狭义相对论的部分思想，但整个新量子论并没有得到相对论的支持。这可不是什么好兆头。要知道，相对论似乎已臻化境，独步天下，把宏观世界治理得服服帖帖，小到沙尘粒，大到银河系，无不令行禁止，尽在掌握。政通人和，源于相对论体系的完整自洽。对于一个如此完美的体系，最好的办法是与之并肩携手，而不是与之不共戴天。即使你要建设有量子特色的物理理论体系，也犯不着执意与其他理论体系为敌。毕竟，和平与发展才是主题。是吧？

所以，把量子论与相对论结合起来，引入先进思想，让矩阵力学和波动力学统一起来，做到外部和平、内部和谐，成了量子群英角逐的下一个目标。干这种大事，除了得是卓绝的天才，还需要具备完美的逻辑、透彻的理性、稳健的作风，以及广博的知识。最佳人选，当然是倾倒众生的狄拉克先生了。

没错，狄拉克是一个彻头彻尾的理性主义者，他超强的逻辑思维能力，常常令天才们赞叹不已。别看小狄平时不爱说话，但你只要听过他的演讲，就会立即被他的神逻辑折服，那美妙绝伦的理性精髓，一环紧扣一环，每一环都那么诱人，你只要跟着他走一步，就会不知不觉地融入他的逻辑，再也无法逃脱——你也不想逃脱，然后，他给出一个离奇的结论，让你由衷拜服，从此成为这个离奇结论的拥护者。

前面说过，小狄借助泊松括号，单枪匹马搞定矩阵力学，在时间上只比玻恩、海森堡、约当三人团队晚了 5 天，并且他的成果在数学上更杰出，逻辑上更清晰，堪称神作（第十九章“男孩物理”一节）。实际上，小狄出品，除了偶有败笔之外，神作颇多，常令天才们艳羡不已，自愧弗如。

聪明绝顶的海森堡早就发现，每当自己的研究跟狄拉克撞车时，狄拉克总是能拿出不一样的东西来，思路完全不同，自己比来比去，最后不得不跟着小狄走，他看问题，总是正中要害，深刻简洁，透彻得令人惊叹。小海搞不懂小狄的思路是从哪儿来的，他写信向泡利诉苦，称自己“一直被狄式想法不可理解的神奇烦恼”。所以，小海总是有意识地避开小狄的工作，以免撞车受伤。

话说自旋被鼓捣出来后，配套的理论却不见踪影。小海就和小狄打赌，赌这个理论啥时出现。乐观主义者小狄赌三个月之内出现，悲观主义者小海赌三年内也不会出现。

好事之徒泡利听说这事儿后，羡慕小海有外快赚，于是找克拉默斯打了个类似的赌，克拉默斯哪是泡利的对手，被骗去 10 块钱。泡利很得意。

但小海和小狄的赌搞砸了。三个月过去了，小狄希望的小鸟一去不回来，他后悔，要是多说一个月就好了。可是一年过去了，还是没动静。两年过去了，小狄 45° 角低头找原因，而小海已经 45° 角远眺，开始寻找胜利的曙光了。小狄见小海一副即将得志的欠扁相，决定不给他机会。1928 年，小狄亲自操刀，引入相对论思想，一统矩阵力学和波动力学，并神奇地实现了简化和升华，鼓捣出了名震物理江湖的“狄拉克方程”。简而言之,这个方程基本就是薛定谔方程的洛伦兹协变式,狭义相对论和新量子力学的思想,在这里水乳交融。

这东西好用不？相当好用！首先就拿氢原子开练,得出的精细结构跟实验结果十分符合。妙不可言的是,从这个方程能自然而然地导出电子自旋,还得出自旋量子数是1/2。此前,自旋都是硬塞到公式里的,咋看咋不搭,而狄拉克方程导出的自旋,一切浑然天成。好像从宇宙诞生时,它便蛰居在此,坐等你来唤醒它。整个框架优雅自然,连细节都精准妙曼。有关自旋磁矩、角动量的性质,原来是由实验分析总结出来的,一没出处二没依据,现在,由狄拉克方程导出了同样的结果。

自旋就这样找到了根基。在狄拉克方程里,它的理论基础雄厚、数学基础坚实,再也不是昔日那个来路可疑的异类了。

其实,狄拉克方程不光是解决了自旋的根基问题,它还解决了量子论的所有主要顽疾,比方说矩阵力学、波动力学与生俱来的矛盾,被狄拉克方程用优美的数学统一起来,妥妥的。看到这个方程,饱受折磨的物理学家们顿时激动得泪流满面,就像迷失在撒哈拉沙漠中央的驴友见到一泓清泉。玻恩一激动,毫不犹豫地说了一句:“咱现在的物理学,用不了六个月,就走到头儿了！”他可能忘了,以前有n个前辈说过这话,无一例外地沦为物理史上最不准的预言。

自旋找到了组织,小狄和小海的那个赌怎么办？算平手？赌的时候秀逗了,赌约设计有bug,竟然留了两年零九个月的真空地带！只好不了了之。

不过,小狄的工作并没有不了了之,他还在继续。1930年,小狄辍笔收工。是什么工作这么宏大,能花掉狄拉克两年多的时间？

这是一本书:《量子力学原理》。书名依然简洁而有威仪。是的,从那时起,直到现在,这本书一直是量子力学的经典教材。这是狄大侠的又一神来之笔,增一分则太肥,减一分则太瘦,它拉拢了狭义相对论,整编了矩阵力学和波动力学两大军阀,搞掂了量子力学的理论体系和数学基础,毙掉了许多让人头疼的问题,安插了狄拉克δ函数,后来又植入了狄拉克符号,集量子力学之大成,是物理史上重要的里程碑——你没看错,不是量子力学史,而是整个物理史上的重要里程碑。

1932年,狄拉克成为剑桥大学第十五任卢卡斯数学教授,就是牛顿曾任的那个席位。1933年,狄拉克与薛定谔同获诺贝尔物理学奖。小狄却忧郁地对卢瑟福说，他想拒绝这个荣誉，因为他不想出名。卢瑟福心想，你 30 岁时就霸占了卢卡斯数学教授的席位，怎么低调得起来?！于是哄他说:“如果拒领诺奖，你会更出名，只怕人家更要来麻烦你。”于是，1933 年 12 月 12 日，狄拉克满脸诗人气质地出现在斯德哥尔摩的诺奖领奖台上。

狄拉克方程的出现，让量子论向前迈出了重大的一步。但是，像以前一样，伴随着胜利的同时，问题很快就出现了。一天，玻尔的助手克莱恩同志把玩狄拉克方程，让 n 个电子扑向一个高能势垒(势能较高的空间区域)，结果反弹回来的电子不仅一个没少，反倒比去时还多！克莱恩很想找块豆腐撞上去，和手里的计算结果同归于尽——能量守恒定律那受伤的眼神让他心碎。

自己的方程惹了祸，狄拉克当然不能坐视不管，他告诉克莱恩，你用不着撞豆腐，只要把方程里的负解算进去，就可以抵消多出来的电子，你假设那个负解的能量正好跟电子的相等并且相反就行。

泡利一听急了，什么？要是那个负解是真实存在的，就会得出无穷大的能量解，除非，它放弃能量变成反电子！什么叫“反电子”？它也是电子，只不过，人家带的是正电荷。

“狄拉克之海”的比喻

狄拉克索性一不做，二不休，假设道，我们的所谓真空，其实不是什么真空，而是充满了反物质——正电子海。这就是充满魔幻色彩的“狄拉克之海”。事情搞大了，狄拉克方程导来导去，导出了一个魔幻传说:在数学上还存在一个“反世界”，跟我们所在的这个世界完全相反。这还不算太恐怖。恐怖的是，这两个相反的世界，并不像照镜子那样，以镜面为界，两边泾渭分明，互不干扰，而是相互包含，你中有我，我中有你，纠缠不清。

我们的世界，电子都带负电，而真空中的正电子海，就像是充满宇宙的蜂窝，这一个个空洞，是怎么来的呢？原来，当一束高能光子从真空中激发出一个电子时，“狄拉克之海”中就出现一个洞，这个洞对于那个反世界来说，是一个电子，也就是刚才说的反电子。当电子遭遇反电子，就像蜜蜂回巢，正好填上那个空洞，放出能量。光、正负电子相互湮灭，世界清静了。

听了狄拉克的解释，大家只是认为很有趣，你懂得。不料，1932 年 8 月 2 日，那个“反世界”的电子——正电子还真被发现了！发现者是美国物理学家卡尔·戴维·安德森，他研究宇宙线时，在云室的轨迹中发现了这家伙。由于发现了正电子，安德森斩获1936年的诺贝尔物理学奖。

实际上，早在1929年，就不止一个人见到了正电子的魅影。德米特里·斯科别利岑用威尔逊云室看γ射线路径时，发现某种东西形迹很像电子，但在磁场中，它的路径弯曲方向与电子正好相反，斯科别利岑摸了摸脑袋，没有深究。同年，在加州理工学院，一名黄皮肤的研究生也发现，有个家伙很像电子，只不过它的电荷为正。他甚至还观测到，这家伙可以和电子相互湮灭，释放出能量，他管这个现象叫"γ射线通过量子物质时的'反常吸收'"。1930年，他在《硬γ射线在物质中的吸收系数》和《硬γ射线的散射》等论文中，记录了这些发现，但他没有继续追查下去。

反物质是正常物质的反状态，当正反物质相遇时，双方就会相互湮灭抵消，发生爆炸并产生巨大能量。

此人叫赵忠尧[①]，中国人，安德森是赵忠尧的同学，他觉得赵忠尧的发现可能是个大发现，于是接着研究，他把电子诱入一个强磁场中，发现它们分裂成方向相反的两伙——不是不想靠近你，而是一靠近你，你我就会在闪光中消弭痕迹，不留一丝回忆。他发现这个发现确实是个大发现，因为这个很像电子的家伙正是电子——狄拉克说的那个反电子，它带正电荷，于是起名"正电子"。诺奖到手了。

正电子是第一个被发现的反物质，它就是反物质存在的证据。

"狄拉克之海"虽然是个枯燥无聊的物理概念，但由于这个名字很奇幻很拉风，所以经常用于科幻文学、被各种炫技。比方说，在著名科幻小说《狄拉克之海的涟漪》中，它有实现穿越的功能；在系列小说《舰队》中，它能为某武器提供

---

① 赵忠尧，1902年生于浙江绍兴。1927年赴美留学，在加州理工学院师从密立根。1931年获博士学位后，赴德国哈勒大学任职。1932年回国，先后在清华大学、云南大学、西南联合大学（清华、北大、南开合并而成）、中央大学任教。学生有王淦昌、钱三强、钱伟长、王大珩、杨振宁、李政道、朱光亚、邓稼先、赵仁恺、冯端、朱清时等人。1946年再次赴美，在加速器实验室、地磁研究所、核反应实验室工作。1950年回国，主要工作是：把核物理学实验室、加速器之类的新鲜玩意儿在中国建设起来；把真空、高电压、离子源等高端大气上档次的新技术引进来，发展中国高技术工业；抽空搞搞教学。他是中国核物理、中子物理、加速器和宇宙线研究的先驱和启蒙者。

能量；在《新世纪福音战士》中，它是可吞噬物质的神秘空间（有点像黑洞）……

“狄拉克之海”模型虽然成功预言了反粒子，但它的缺陷很明显，也很狗血，说起来比较绕，就当绕口令听吧：想让“狄拉克之海”存在，真空中必须充满无限多的负能量态电子，那么，想要得到“绝对真空”，还需要无限多的正能量态电子！同时，由于有了无限多负能量态的电子，真空中的能量密度无限大。并且，这是不可测量的。可测量的，只有密度的变化！是不是很迷糊？迷糊不要紧，因为咱俩可以不去管它。

1934 年，泡利等人证明，即使不存在稳定的负能粒子海，也会存在反粒子。于是大家就兴高采烈地去找反粒子。仰仗加速器的功能越来越强大，反粒子还真被找到了，反质子、反中子一个一个浮出“海”面，记不记得我们的物质是啥构成的？是原子，原子是啥组成的？质子、中子和电子。反质子、反中子、反电子都齐了，反物质也就板上钉钉地存在了。还真有个“反世界”?!

根据自然“对称美”的规律，有物质，也有反物质，是情理中事。但是，除了加速器中撞击出来的反物质，自然界中的那些反物质在哪儿呢？当然不会和我们的物质在一起，否则就同归于尽了。

2011 年，有报道称，《天体物理学通报》中的一篇论文描述到，在地球附近，发现了一条狭长的“反质子带”，是由高能宇宙射线打碎了大气分子形成的，跟加速器制造反质子是一个道理。只不过这些反质子被地球磁场跨国追捕，囚禁在一条狭长的带状空间，有的没的全招了。这些反质子，随时产生，遇到物质随时被湮灭。我们现在纳闷的是，在宇宙诞生之初，产生物质时，也该产生一样多的反物质，这些反物质哪儿去了？难道，上帝是个偏心眼，只喜欢制造物质，而不喜欢制造反物质？

上面说的什么反电子、反质子、反中子，都是“反费米子”。后来，反光子、反胶子之类的“反玻色子”也被找到了。这是一件可喜可贺的事，但狄拉克犯愁了，因为他的“狄拉克之海”不能解释“反玻色子”。直到量子场论兴起，重新诠释了狄拉克方程，这才让“反玻色子”的存在显得不那么尴尬。这个解释允许有“绝对真空”，但消除不了真空中无限大的能量。反正按下这个问题，就会冒出那个问题。不管怎么搞，总是里出外进的。所以，玻恩整的那句“六个月走到头儿”的豪言壮语，就只当口号来处理吧。

量子巨人从此站起来了，看似四肢健全，甚至有点衣冠楚楚。它一成形，便统治了半个物理世界，不可谓不强悍。但是，这个强悍的家伙不仅没有征服所有人，反而立即受到质疑，其中包括它的缔造者。

第二十二章

量子论四 世纪论战（下）

1 巨星际会

玻尔在科莫会议上发布“哥本哈根解释 1.0”时，台下各路大神云集，洛伦兹、普朗克、索末菲、玻恩、海森堡、泡利、德布罗意、康普顿等等，阵势不小。随便拽出一个，都比如今走路要铺红地毯的那些人含金量高。但是，大家都注意到，有两个重量级人物没来：爱因斯坦、薛定谔。老薛大叔当时刚接替普朗克的职位，正忙着安顿自己。老爱是因为对法西斯深恶痛绝，坚决不踏入他们的地盘。所以，我们永远也无法想象，如果有老爱和老薛在，“哥本哈根解释 1.0”首发式上会发生什么。

历史的精彩之处，正在于它永远无法预料和无法操控，换个更恰当的说法，正在于它的“不确定性”。过去的憾事，往往铺垫了如今的美事；此处的喜剧，或许造成了彼处的悲剧。这不，索尔维会议还在一期一期地开。第一次世界大战后，骄傲的德国人成了瘟神，既招人恨，又招人烦，各种国际活动大家都不带德国小伙伴玩儿，索尔维会议也不例外。但在那时，有一个德国人，你不带他，就没法玩儿，就算你自顾自地玩儿起来，心里也没底。咱俩都知道，此君只能是爱因斯坦。

有人问了：“老爱不是早就扔了德国国籍，变成瑞士人了吗？”老爱也是这样想的。所以，1922 年，当德国大使出现在 1921 年度诺贝尔物理学奖的颁奖现场时，老爱大吃一惊：“俺怎么依然是个德国人？”有人科普道：“你接受了在柏林的这个职位，就接受了一个超值附赠——德国国籍。这是买一送一。”但对老爱来说，这是强制搭售，是甩不掉的小烦恼。

老爱是德国人，索尔维会议筹委会心里明白，但他们以国际化为借口，每次开会都请老爱。但老爱是个有原则的倔脾气的人，他讨厌用政治影响科学，更讨厌把种族主义的东西掺在科学活动中。虽然他不想是个德国人，但既然已经是了，就要遵守“规则”：“你不带德国人玩儿，却要带我玩儿，是啥意思？我也不玩儿了！直到你带德国人玩儿为止。”

1926 年，洛伦兹发挥“不答应我就烦死你”的聪明才智，争取到了比利时国王的批准：1927 年第五届索尔维会议，可以请德国科学家。

布鲁塞尔，1927 年 10 月 24 日，星期一，张罗了快一年的索尔维会议终于顺利召开了。但老天不给面子，阴着个脸，它其实是在正告大家：这个会，绝不是那种打个嗝也有掌声、打个喷嚏都拍手叫好的盛会。

不过，这是一次真正的巨星争辉的盛会，爱因斯坦、普朗克、玻尔、洛伦兹、海森堡、狄拉克、薛定谔、泡利、德布罗意、玻恩、居里夫人、郎之万、康普顿、埃伦费斯特、德拜、克拉默斯……在这群人里，手里没个诺奖什么的，你都不太好意思跟人打招呼。这么多在人类发展史上影响深远的重量级人物凑在一起，还一本正经地照了张合影，应该是空前绝后的。有人说，地球上人类的三分之二的智慧都在这张照片里了。从某种意义上来讲，这并不夸张，我们现在对世界的全部认识，以及基于这些认识的现代文明，依然建立在他们搭建的框架里。

第五届索尔维会议合影（本杰明 · 库普里拍摄，彩色为后期技术处理）

盖世巨星，荟萃一堂，顶级智慧，交织碰撞。如果不发生点故事，那就奇怪了。幸运的是，故事还真就发生了。实际上，期盼这个故事的，不光是我们这些围观群众。故事的主角，也都各有期待。一切都源自会议的主题：新量子力学及其相关问题。

说白了，这场会议，就是为了解决量子论的各种闹心问题。量子力学在数学上很美、很强悍，但在哲学上让人抓狂：它到底什么意思？世界的本质是什么？

玻尔认为，哥本哈根解释，就是答案。他的追随者已经统一了思想。对他们来说，现在，答案不是问题，问题是让人接受这个答案，尤其是让爱因斯坦接受这个答案。把老爱拉进队伍，量子论就有了精神领袖。这是哥本哈根派的想法。“老爱，你愿意，或者不愿意，我都会拉你上船！”这是玻尔的想法。

那时，多数物理学家和咱俩一样，属于不明真相的围观群众，围观着一个匪夷所思的事件，不敢相信自己的眼睛和耳朵，急切地想知道意见领袖的想法，那个意见领袖还能是谁呢？当然是爱因斯坦。

对老爱来说，别人怎么看他，都不重要，重要的是，他怎么看眼前的量子论。量子论的数学基础，他没意见。对概率的数学结果、不确定的数学结果，他也能接受，但是，概率、反因果律、反客观性的解释，他无法接受。在他看来，物理学如果搞成这样，那是物理学家的悲哀。世界是不确定的，我们只能用概率来描述世界——这不是物理学的进步，这是物理学的耻辱。所以，我不能因为你的期待，就背上良心债。对不起，亲爱的，无论你如何爱我，我都要做你的敌人！

会议日程很简洁：一是宣读5篇报告，二是讨论。这5篇报告分别是：布拉格的《X射线反射的强度》、康普顿的《辐射实验与电磁定理间的不一致》、德布罗意的《量子的新动力学》、玻恩与海森堡的《量子力学》、薛定谔的《波动力学》。日程安排相当精当，这一套报告下来，新量子论的简历和标准照就历历在目了。组委会曾邀请老爱做报告，但老爱找来一堆理由拒绝了。

第一天。布拉格、康普顿报告后，所有重要人物都发了言，除了老爱。

第二天。德布罗意王子提出了“导波理论”：电子是一种既是粒又是波的存在，就像浪里浮萍，浮萍要去哪儿，浪说了算。这和哥本哈根解释正好相反。首先，不管王子描述的这个画面有多荒唐，毕竟有个经典图像让你去想象，甚至可以画出来；而哥本哈根解释的波粒二象性，是没有经典画面的，在人类脑子里能冒出来的画面，都是经典画面，想象力再丰富，也离不开对现实经验的改装。其次，小德认为，电子在你观测之前，也是以波粒二象性存在的，你观测它，会看到其中一面；而哥本哈根派认为，在观测前，电子无所谓是波是粒，它什么都不是，只有你观测了，才由观测方法决定它以何面目出现。所以，德布罗意刚把观点亮出来，就遭到泡利的强烈炮轰，玻恩和海森堡还在旁助阵。

吵架，小德哪是泡利的对手，何况对方还有帮手，遂寡不敌众，用忧郁的眼神瞟向山一样沉默的爱因斯坦，脸上写满 SOS。但老爱坚持沉默是金的本色，脸上写满麻木不仁。王子一看，没戏了，就很绅士地宣布放弃观点，跳出阵外，加入了围观团。

第三天。上午，海森堡、玻恩发布了"量子论联合声明"，包括数学体系、物理解释、不确定性原理、量子力学的应用。他们表示，新量子力学，实际上是普朗克、爱因斯坦、玻尔"三教父"所创老量子论的"直接延续"。最后，他俩骄傲地宣布："量子论已经搞定了，它相当完整，它在物理上、数学上的基本假设，都用不着再做任何修改了！"听了这句话，老爱脸上浮现出一丝笑意。埃伦费斯特读出，这是一个嘲笑，于是写了张纸条给老爱："别笑……"老爱回条曰："我笑，是因为它太幼稚……"会上，老爱依然沉默。

下午。薛定谔发布"波动力学声明"，给出了回归经典的观点，算是围魏救赵地声援了德布罗意。但他亮出来的，还是老掉牙的电子云图——尽管他引入了抽象的多维空间。这回，连德布罗意都觉得不给力。果然，薛定谔被哥本哈根派群起攻之，玻尔、玻恩、小海主攻老薛，上演了一场欧版的"三英战吕布"。老爱表示：我是一个木头人，不会说话不会笑……

第四天。法国科学院举办纪念菲涅耳逝世一百周年的活动，索尔维会议休会一天半，爱因斯坦、玻尔等 20 人赴巴黎向菲涅耳致敬。

第五天。下午，索尔维会议复会。大神们都很亢奋，纷纷用不同的语言申请上台发言，主持人兼翻译洛伦兹被英、法、德、丹麦等各种语言的混合立体声搞得头大。埃伦费斯特决定维护秩序，他走到黑板前，写下一行字："上帝让地球人语言不通。"这是《圣经》里的一个传说：勤劳、勇敢、有理想的人类团结奋斗，搭建通天塔，也就是巴别塔，上帝一看不得了，于是设计破坏，让人类说不同的语言，大家相互说话听不懂，一时又没人能过外语四级，无法沟通，于是计划失败，遂作鸟兽散。

天才们见字会心一笑，绅士起来。洛伦兹点名玻尔发言。玻尔强调了哥本哈根观点：在观测之前，没有什么"客观现实性"。所谓客观现实性，不能独立于观测者。也就是说：从来就没有什么速度，也没有质量和位置。要创造伟大的世界，全靠我们观测！在你测量电子的位置之前，电子不存在于任何位置。翻译一下则为没观察到的电子是不存在的！

啊？！先别忙着诧异，因为接下来，玻尔得出一个更让人忍无可忍的结论：物理学的任务，不是要找出自然是什么，而是对于自然，我们能说什么。

玻尔，你是在开玩笑吗？你知道自己现在的言论使得你更像一个神棍吗？你观测之前，电子不存在；只有你观测了，它才有动量、质量和位置？你拿自己当上帝，俺们忍忍也就过去了，可你现在连物理学家的神圣使命也给改了！不去探索自然是什么，不去追问客观世界的本质是什么，那还要我们物理学家干吗？

什么？你说不存在什么“客观”，不存在什么“本质”，甚至不存在什么“真实的”基本粒子？！这些虚无缥缈的所谓粒子，只是构成“可能出现的世界”，至于究竟出现什么世界，取决于我们怎样观测？！

天啊！太不像话了！不是上帝疯了，就是你疯了！我必须出手了！爱因斯坦朝手里一看，既没拿柿子，也没拿鸡蛋，于是走到黑板前，画出一款模型：一个电子穿过一个小孔，冲向屏幕。老爱指出，现在，有两种解释。

根据哥本哈根解释，电子穿过小孔后，冲向屏幕的，不是所谓电子或它的分身，而是一团概率波，呈各种可能的叠加态。别看只是一个电子的概率波，它占的空间可不小，覆盖了整个屏幕。电子会选屏幕上的哪个点落脚呢？波函数告诉我们，任何一点都有可能成为落脚点，只是各点的概率不同而已——它落在屏幕上任何一点的概率都大于零。

OK，现在电子决定，落在 *A* 点。那么，此刻，重点来了：电子落在 *A* 点的概率一下子变成了 100%，与此同时，落在其余无数个点的概率立即变成了零！这就是所谓“波函数坍缩”。其他各点的概率波瞬间消失，是因为 *A* 点中奖——问题是，别处的概率波怎么能立即知道 *A* 点的信息呢？难道有超光速信号？这可是违反相对论的！也是违反“局域性”要求的。所谓局域性，通俗点说，是指在一定时间内，事物的影响范围都是有限的，而不是无限的。所以说，哥本哈根派认为的“完整的”量子力学，其实是不完整的。

另一种解释是，电子穿过小孔打到屏幕上，存在诸多可能的路径，而电子实际上走的是其中一条路。但是，现在的量子力学方程，不能精确地描述这条路，只能描述这些路的集合，并给出概率，这就是波动函数描述的所谓概率波，也是老薛所说的电子云。它说的是，电子出现在某处的可能性有多大。所以，这是一个统计分布的函数。这跟处理布朗运动的算法差不多，都是一种统计手法，权宜之计。从这个角度看，现在的量子力学，也算不上是终极版。

玻尔和他的小伙伴们表示，不太明白老爱在说什么。但他们觉得，“波函数坍缩”的猥琐形象需要被洗白一下：波函数只是一个抽象的概率波，而不是真实飘荡在空间的波，所以，它在 A 点坍缩时，不需要把消息传给其他各点，也就是说，其他各点的波函数，不需要接到 A 点通知，就能在同一时刻把概率集中到 A 点，不管离 A 有多远。但是，这套含糊不清的说辞，又怎么能让老爱心悦诚服呢？所以，玻尔感到很受挫，他伤感地说：“我不知道什么是量子力学。我想，我们是在耍些数学手段，这些手段适合描述我们的实验。”

对老爱的这款思想实验，玻尔和他的小伙伴们当时没有正面回应。不过后来，这个实验不断改进，由单孔衍射变成双缝干涉，又变成自由开关双缝（没错，就是咱俩前不久做过的那个系列实验），进化出 n 个升级版、加强版，衍生出许多精彩绝伦的分析、匪夷所思的假设、不可思议的结果……这些话，我们在前面说过，这里按下不表。

这个思想实验，虽然在会上没有结果，但它拉开了世纪论战的帷幕，两个幕后主角由此亮相台前，短兵相接，针锋相对，为我们留下一顿精妙绝伦的精神大餐。

2 爱氏光盒

索尔维会议开着开着，就变成了一场激烈的量子论战，场上阵营对峙，泾渭分明：

正方：玻尔、玻恩、泡利、海森堡。

反方：爱因斯坦、薛定谔。还有一位，但是大家都没有留意，倒不是因为分量不够，而是他不怎么说话——狄拉克。他始终对哥本哈根解释不感冒。“老爱，我在精神上支持你！”

无所谓方：德布罗意。怎么都好，不凶我就行。但这个和平主义者内心还是偏向老爱的。

这里似乎有个规律，集团军都偏向玻氏，而独行侠都倒向爱氏。

裁判组：布拉格、康普顿等。他们只相信实验结果。好吧，其实他们是酱油组，因为这里没实验可做。于是，酱油组的阵容顿时强大起来，其他那些叱咤风云的牛人，在这里基本插不上嘴，只能用迷茫的眼神围观。

实际上，围观的又何止是酱油组，正反双方的成员后来也加入了围观团，因为场上变成了主帅的单挑。

老爱和玻尔的论战，不分时间和场合，会场上、餐桌旁、房间里，随时过招。爱因斯坦步步紧逼，花样迭出，招招奇绝，令人目不暇接；玻尔一一化解，沉稳老到，式式精妙，让人眼花缭乱。海森堡、泡利、埃伦费斯特等一干好事之徒这下可饱了耳福，却苦了德布罗意，因为他只懂法语，只能眼巴巴地看着小伙伴们兴奋地凑热闹。

其实听得懂论战的，也不比德布罗意舒坦。比方说洛伦兹老先生，会场里的每一种语言他都听得懂，但量子的新思想，让他困惑不已，这还不算太折磨，更折磨的是，他还要时不时地把这些毁三观的东西翻译给别人听，以至于他常有这种错觉——这些胡话是从他自己嘴里说出来的。洛老师在这种双重折磨下度过了索尔维会议的主持生涯。

小海和泡利在休息时，常常试着去拆老爱的招，玻尔会找他们交流，再次见到老爱时，玻尔就有了化解老爱攻击的新招。

值得一提的是，虽然老爱攻击的目标是哥本哈根解释中的哲学认识，但他提出的思想实验本身，完全是从纯物理的角度出发，而玻尔拿来应对的招数，则借助了更多的哲学思想（埃伦费斯特语：玻尔总会从哲学的迷雾中找到工具来粉碎一个又一个例证）。玻尔的无敌神功在索尔维会议上又一次大展神通：在与老爱 PK 的同时，玻尔锲而不舍，逐个击破，说服酱油党接受哥本哈根解释——至少不提出过多的质疑。他成功了。但他最想争取的目标却毫无进展，两人一直争论到散会。结果是：没有结果。

“上帝是不掷骰子的！”老爱说。

“别指挥上帝该怎么做！”玻尔说。

“爱因斯坦，我为你感到羞愧。你反驳新量子论，就像你的对手反驳相对论一样。”埃伦费斯特说。

潮流是任何人也挡不住的，哪怕他是爱因斯坦。第五次索尔维会议之后，玻尔研究所逐渐成为世界的量子物理中心。玻尔认真考虑了老爱的质疑，把他

智商巅峰的碰撞

在科莫会议上发布的“哥本哈根解释1.0”打了些补丁，减了些赘肉，升级成了“哥本哈根解释1.1”，用英、德、法三种语言发布在物理期刊上。虽然玻尔对老爱讨厌哥本哈根解释这事儿很不爽，但他承认：爱因斯坦的关心和质疑，促进了新量子论的改进。

玻尔把新版本给了薛定谔一份。老薛建议，对新量子论，最好是创造一套新概念，用来描述它在时间、空间、因果性等方面的认知。但玻尔认为，用不着劳什子新概念，旧瓶儿完全可以装新酒，把“观测”搞清楚就OK了。玻尔还建议老薛，他可以跟普朗克和老爱讨论下。老爱听了，直摇头，认为玻尔和海森堡在偷懒，在掩耳盗铃，这瓶新酒是一项能安神催眠的发明，“它给信徒提供了一个舒服的枕头，让他们沉睡，很难叫醒，就让他们躺在那儿吧。”老爱不无气恼地写道。

但老爱并非反对量子力学。相反，他认为量子力学在形式上、应用上都是非常成功的。他说：“我无比羡慕新生代物理学家的成就，这些物理学家的名字将与量子力学永远联系在一起……”老爱多次向诺贝尔奖委员会推荐海森堡、薛定谔、狄拉克、泡利、玻恩、约当、乌仑贝克和古兹密特等新量子论的主要建立者，并提出了十分中肯的授奖建议。但他同时认为，目前的量子力学，是“一个局限于统计规律的理论”，它是“一个暂时的理论”。正如他认为相对论也是暂时的一样。很多人说老爱反对量子力学，实在是冤枉了。他极力反对的，只是哥本哈根解释指向的一个根本问题。看清楚这个问题的，只有一个人——泡利。具体是什么问题，咱们以后再说。

世界上溜得最快的，就是时间，尤其是在你思考的时候。

三年的时间，很短，但也可以发生很多事。对本文而言，第五届索尔维会议之后的这三年最大的一件事，是洛伦兹于 1928 年 2 月逝世。索尔维会议上，从此少了那个兢兢业业、德高望重的伟大物理学家的身影。

但是，历史仍在阔步前进。以量子力学为基础的粒子物理蓬勃发展，新发现大量涌现，新成果竞相迸发，科学走到了人类思想成长之路的最前端。

1930 年很快就到了，第六届索尔维会议如约而至。爱因斯坦、玻尔、狄拉克、海森堡、泡利、索末菲、克拉默斯等 34 名物理学家到会，其中有 12 个诺奖得主（有的是后来获奖），精英数量仅次于上次索尔维会议。

军号已吹响，钢枪已擦亮，大幕已拉开，不上也得上！既然非上不可，要打，就打个漂亮仗！老爱意识到，在边边角角搞旁敲侧击，在边城远塞玩战术骚扰，对于强大的哥本哈根派来说，都是隔靴搔痒，不解决问题，只能陷入没完没了的哲学纠缠。擒贼先擒王，诛敌先诛心，老爱犀利的目光盯向了新量子论的核心——不确定性原理，手中宝刀寒光凛凛。

这三年，磨刀霍霍的当然不只是老爱，玻尔也没闲着。他系统分析了上次的战况，把老爱提出的思想实验一一重演，整理思路。与此同时，玻尔自己站在老爱的角度，设计出各种精巧的思想实验来攻击量子论，然后自己化解，左右搏击之术炼得炉火纯青。没问题了！他对自己的攻防策略十分满意。

不过，当他见到爱因斯坦时，心里又开始打鼓了：老爱似笑非笑，一副帐下埋伏了刀斧手，只等摔杯为号的倜傥神情，难道小宇宙又爆发了？

还是那个季节，落叶在寒风中舞动着火一般的色彩，回顾着短暂生命的绚丽，一如物理学的昨天。10 月 20 日，两个老对手再次面对面。会议的主题是"物质的磁性"。

显然，玻尔没被磁性吸引。因为，对手神秘的微笑让他有点小紧张，又有点小期待。好奇害死猫，却成就了智慧。这才是最致命的吸引。他没失望，因为老爱终于开口了：

"你想象一个盒子，盒上有小孔，给小孔配个快门，用计时器控制快门，可以随便设定开、关小孔的时间。盒里有物，可射光子。称出盒子的重量。然后把计时器调到你喜欢的时间，开关一下快门，在快门打开的时间 t 内刚好放出一个光子……"

剧本图像简洁，节奏明快，随着老爱的叙述，剧情在玻尔脑海里同步放映。

听到这儿，玻尔的小紧张跟着光子飞走了，表情顿时轻松起来。因为，不确定性原理只对共轭变量——也就是玻尔所说的互补变量（动量与位置，能量与时间）起作用。老爱所述剧情对哥本哈根解释来说，绿色环保无污染，完全无害。于是，玻尔脸上愉悦的表情仿佛在讲述一个简洁的单词：So？

爱因斯坦光盒

“再次称盒子的重量。”这句话从老爱微笑的小胡子下轻轻飘出，他的眼里笑意更浓。

然而，玻尔却似遭到重重的一击。作为绝顶高手，他立即掂量到这句话的分量——这是一场凶猛的冲锋，有了这次冲锋，前面的剧情就成了十面埋伏！他苦心经营的哥本哈根解释，现在身陷重围。但是，作为一个身经百战的高手，他明白，在论战中，探明敌情，确定其最终意图，是绝地反击的关键——哪怕这时刀已架在脖子上。于是，他稳了稳神，把爱因斯坦的结论一字不漏地收入耳中：

① 用计时器控制开关，时间 t 是确定的。

② 光子飞走前后，两次所测盒子的质量之差，就是光子的质量 m。

③ 因为 $E=mc^2$，所以，光子的能量 E 也确定了。

老爱借助知识产权归自己所有、名满天下的质能公式，亮出老辣更兼雄浑、刁钻益加精准的一招。Look：E 和 t 都相当确定！$\Delta E\Delta t \geqslant h/2\pi$ 这公式也就不成立了，不确定性原理是错的，以此为核心的哥本哈根解释还有脸面对江东父老吗？回去收拾收拾，像 BKS 理论一样（第十九章“天降神童”一节），找个台阶，体面地离开吧！

玻尔和他的小伙伴们这回真的都惊呆了。比利时物理学家罗森菲尔德赶到会址见玻尔，恰巧目击了玻尔的败状，他回忆当时的情景：玻尔呆若木鸡，瞠目结舌，面如死灰。老爱形象高大威严，含笑不语，从容前行；玻尔亦步亦趋，一路小跑跟在老爱身边，激动、绝望、徒劳、无力地辩称：“如果你的光盒真管用，物理学就完蛋了！”

似乎是为了留下证据，在这个节骨眼上，好事之徒埃伦费斯特按下快门，拍下了这个千载难逢的场景。只见老爱满面春风，一派胜利回朝的王者风范，浓密的小胡子掩盖不住嘴角的微笑。玻尔的脚步和神情一样急切，脸上写满懊恼、不甘和失落，却又执着地想挽回点什么。

罗森菲尔德“缺德”地给了一个形象的形容：那晚，玻尔看上去就像“一只刚被暴打了的狗”。

那晚，索尔维会议的所有物理学家都不得安宁，因为面前随时会出现内心受伤的玻尔。他不停地游说各个物理学家，企图施展无敌神功，说服他们相信，如果爱氏光盒实验是正确的，那将是物理学的末日。但是，他又做不出任何有效的辩驳。在玻尔的辩论生涯中，从未发生过这种事：没词儿了。是的，这是唯一的一次！

第六届索尔维会议时爱因斯坦和玻尔在回大都会旅馆的路上（埃伦费斯特摄）

不开心更不甘心的玻尔度过了一个不眠之夜，孤灯、只影，愤懑、忧伤。空乏其身、苦其心志之后，一道灵光终于撕破了玻尔头顶无边的愁云。“物理学得救了。”罗森菲尔德笑道。

第二天一早，人们惊奇地看到一个神采飞扬的玻尔，与昨晚忧郁颓废的玻尔判若两人。他找到了克敌制胜的神器：测量。这是新量子论的重要支柱。

玻尔画了张“爱氏光盒”图，给老爱设了个埋伏：你不是要测量光子飞出前后盒子的重量差吗？那就必然涉及测量方法。怎么测量呢？Look：用一根弹簧吊着盒子，盒子上有一根指针，指向刻度0。飞出一个光子后，盒子变轻 Δm，获得动量，指针位移 Δq，我们再把盒子下面的砣换个大点的，让指针回到0，砣需要增加的质量，就是光子的质量。这个测量方法，大家都没意见吧？

现在，关键来了：根据广义相对论，盒子在引力场中的位置发生改变，测量用的时间 T 的快慢也要随之改变。在本案中，盒子丢了一个光子，变轻，就向上升，时间变快了 ΔT。

这个变化是多少呢？当然不能靠猜，只能靠观测到的指针位移 Δq 来计算。而根据测不准原理（老爱承认），要想把指针位置 q 搞得绝对确定，是不可能的，因为那样的话，动量 p 就得无穷大！所以，这个 Δq 也不是一个确定值。玻尔用公式导来导去，导出一个讨厌的公式：

$$\Delta T > h/(\Delta mc^2)$$

这个公式好像在哪儿见过，但又的确没见过！别急，玻尔用完老爱的独创神功广义相对论，又把老爱的独门神兵质能方程 $\Delta E = \Delta mc^2$ 代入上面那个公式，得到一个简洁的公式：

$$\Delta T \Delta E > h$$

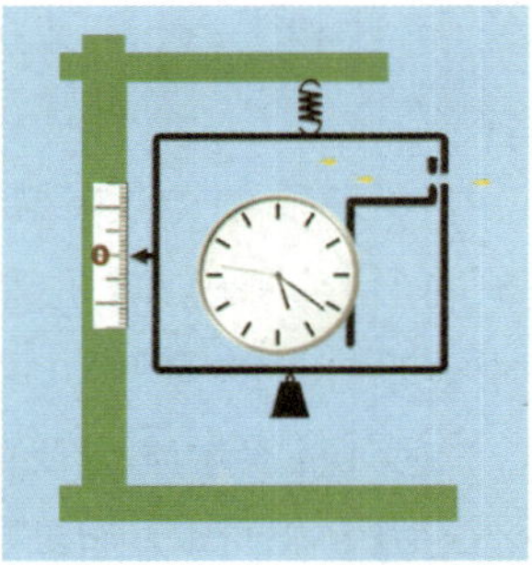

玻尔版“爱氏光盒”

这个公式真的很眼熟，是的，它正是海森堡的测不准原理！海森堡在 1927 年那篇著名的论文里，给出的公式是 $\Delta q \Delta p \approx h$；不久，他改成 $\Delta q \Delta p \geqslant h$；后来，经肯纳德等人的证明，发展成 $\Delta q \Delta p \geqslant h/2\pi$ 以及 $\Delta q \Delta p \geqslant h/4\pi$ 等形式。

老爱承认，想同时去测能量和时间，一定得到不确定的结果。于是，他设计出这个光盒，把“测 T”和“测 E”两个动作分开来做，用可控的快门搞定 T 后，再用反复测量去搞定 E。没想到，玻尔利用广义相对论证明，你没法把这两个动作完全分开——盒子扔出光子、质量变轻的同时，快门的时间就被广义相对论效应改变了。

高手啊！这招“借力打力”，玩儿得炉火纯青。老爱发出的致命一击，眼看无人能挡，却被自创的独门武功顷刻间化于无形，并以排山倒海之势反击回来！奄奄一息的玻尔逆袭成功，场上形势惊天逆转——爱因斯坦忘记了广义相对论！

匪夷所思的一幕骤然出现，令在场的所有人大跌眼镜，甚至忘记了呼吸。最遗憾的是，埃伦费斯特忘记了拍照。绝顶高手巅峰对决，没有眼花缭乱的架式和缠斗，只有深厚的内力和奇绝的谋略，沉稳老辣的一招一式令围观的同道们拍手叫绝，峰回路转的刺激剧情更是让广大观众的小心脏兔奔鹿撞！

这下，轮到爱因斯坦自己目瞪口呆了，他一声叹息，嘀咕了几句，被哥本哈根派胜利的欢呼声淹没。爱因斯坦精心打造的超级武器“爱氏光盒”被哥本哈根派当场夺走，作为量子正宗的明证。似乎是嫌文字资料不给力，所以他们还做了个光盒的实体模型，存放在玻尔研究所，以供观瞻。哥本哈根解释就像春天的柳絮，飞舞在量子江湖中，在多数物理学家心中生根发芽。是的，世界是随机的、不确定的，因果律已死，宇宙自由了！

浩瀚壮美的大自然看上去仍然因果明晰、严守章法、秩序井然、分毫不爽。但是，在最隐蔽也是最安全的地方，上帝留了一张底牌，圈了一片禁区。在这里，它摆脱了牛顿铁腕的禁锢，逃离了麦克斯韦圣手的摆布。爱因斯坦很痛苦，拉普拉斯很幸福，因为他没赶上这惊心动魄的一幕。（第十一章“四维时空”一节。有了确定的“因”，必然导致确定的“果”，这是拉普拉斯的决定论。）

老爱口头上承认，量子力学是自洽的，它的内部没有矛盾。但这绝不代表量子力学就是全部真相，量子论也只是盲人摸象，摸到了很大一部分，甚至摸到了象的整个轮廓，然而，这头大象的内部机制还没被搞清楚。你只看到象在溜达，却摸不清它的方向和目的，但这不代表它真的没有方向和目的。所以，量子力学是不完备的。爱因斯坦相信，在我们的量子力学没看见的地方，一定隐藏着某种因果性的机制，它还没被我们揭秘，所以，量子世界的行为才显得如此风骚、怪异。搞清楚这个机制，那个循规蹈矩的、客观的世界，就会乖乖地回到物理学家面前——是的，我们的目标是“找出世界的本质是什么”，任重而道远，绝不接受“对于世界我们能描述什么”这种没出息的懒汉思想！

争论中的爱因斯坦和玻尔

人的耳朵总是习惯跟着强者转，也就很少对准其他声音。实际上，哥本哈根派宣布胜利后，与会人员的观点并不是一边倒，有人当场对玻尔提出了质疑：“你不是主张实验设备应该按传统方式来处理吗？怎么今天在处理指针、标尺、光盒时，用的都是量子化的手法？”这个质疑无疾而终，因为连玻尔自己也没搞清楚，微观和宏观的界线在哪儿，这是一笔糊涂账。爱因斯坦的那几句嘀咕也无人关注，他认为，盒子里的时钟变化，是可以利用盒子外面的标准时钟修正的（第十四章“精益求精”一节讲过，塔顶、塔底两座时钟由于在引力场中的位置不同，所以时间不同步，但可以根据塔底的时钟读数，用广义相对论来精确计算、比较出塔顶时钟究竟变快了多少），所以，盒子里的时间是可以确定的。

老爱没有玻尔的无敌神功，耐心地向每一个物理学家广而告之，他只把这个想法告诉了埃伦费斯特。埃老师已经完全接受了哥本哈根解释，他半开玩笑地劝老爱："你不要再试图制造'永动机'了。"老爱闻言，一笑而过。随后，埃老师把老爱的看法转告给玻尔，玻尔不以为然，他认为，根据量子论，对一个孤立的粒子来说，不可能同时拥有精确的能量和时间。

小链接

在熵增原理还没有被提出、被接受的时候，许多极富想象力的人尝试制造永动机，他们花费了巨大的精力，每一个永动机的设计都有相当的美感，然而，并没有什么用。永动机的设计大致分为两类——第一类永动机和第二类永动机，它们分别违反了热力学第一定律和第二定律。

无论如何，玻尔在这场辩论中都算赢得漂亮。光盒实验之后，爱因斯坦不再找量子力学"不自洽"的碴，把目标转向了量子力学的"不完备"。老爱对哥本哈根解释的态度，让诸多量子物理学家怅然若失，玻恩说："我们失去了我们的领袖。"不过，老爱并没有站在量子力学的对立面。1931 年 9 月，他再次推荐海森堡、薛定谔获诺奖，在推荐函中写道："这个理论毫无疑问包含了某些最高真理。"

第六届索尔维会议结束后，10 月 28 日，老爱溜达到伦敦，出席了由罗斯柴尔德男爵主持的为东欧穷苦犹太人募捐的晚会。时年 74 岁的萧伯纳也出席了晚会，他是英国杰出的现实主义戏剧作家、世界著名语言大师、1925 年诺贝尔文学奖获得者，擅长用三句话总结任何事。在演讲中，老萧对到会的差不多 1 000 人说："托勒密造了个宇宙，保持了 1 400 年；牛顿也造了个宇宙，保持了 300 年；现在，爱因斯坦又造了个宇宙，我不知道这个能保持住多长时间。"所有人都被老萧逗乐了。老爱也笑得很大声，却抹不掉眼中淡淡的忧伤，为物理，也为欧洲。

不久前，纳粹党在国民议会选举中得到 640 万张选票，是上次选举赢得选票的 8 倍。老爱知道，这不是好兆头，欧洲将面临的灾难，并不比因果律面临的灾难小。

爱氏光盒一役后，物理江湖风云突变，不确定性的凯旋门在因果律的废墟中拔地而起，伴之而来的，是新发现的大爆发，1932 年更是出现了第三个“奇迹年”，前两个分别是牛爷和老爱个人创造的，而 1932 年的奇迹，则是全体科学家智慧的结晶：中子、质子模型、液滴模型、人工放射性、正电子、物质产生和湮灭……诺奖委员会傻眼了，物理学奖只有一个，掰成几瓣也不够发啊！并且，海森堡、狄拉克、薛定谔、玻恩、泡利这些大神还没来得及打点，于是委员会痛苦地决定，1932 年不发了，拖到 1933 年再说！这才有了老薛大叔和两个男孩一起领诺奖的剧情。

不确定性原理带来的新思潮席卷了整个物理江湖，但它自身也面临着不断的挑战。2003 年，日本名古屋大学教授小泽正直提出“小泽不等式”：

$$\Delta q \times \Delta p + \Delta q \times \sigma(p) + \sigma(q) \times \Delta p \geqslant h/4\pi$$

其中，$\sigma(p)$ 为测量前动量涨落，$\sigma(q)$ 为测量前位置涨落。

我们知道，海森堡不等式 $\Delta q \times \Delta p \geqslant h/4\pi$ 是说：$\Delta q = 0$，q 绝对确定时，Δp 无限大。而小泽不等式在说：当 Δq、Δp 都等于 0 时，$\sigma(p)$、$\sigma(q)$ 才会无限大。意思很明白：Δq、Δp 可以同时量得相当精确。这一点，已被小泽团队的实验表明。他们测量中子自旋的相关值，精度突破了海森堡测不准原理关系式的极限值，服从“小泽不等式”。然而，不管你怎么精确，它也不完全确定，因为，这个新公式依然是个不等式，而 $\sigma(p)$、$\sigma(q)$ 也不是无穷大，所以，不确定性依然成立。这篇论文于 2012 年 1 月 15 日发表在英国的《自然 · 物理学》杂志上。

福无双至，祸不单行。同年 9 月 7 日，美国《物理评论通讯》上又发表了一篇论文，多伦多大学的罗泽马团队利用他们的新式武器“弱测量技术”对付光子，海森堡测不准原理再次遭到无情的摧残。

但是，不确定性原理仍然坚挺，被粒子内秉的量子性质顽强支撑的它，继续接受着前赴后继的无情拷问。是的，在真相面前，没有哪个理论是天然神圣不可侵犯的。你符合观测，就是王；不符合观测，就是寇。没商量。

3 量子纠缠

时光如水，无关落花。1933 年，第七届索尔维会议召开，主题是如春花般怒放的原子物理。爱因斯坦没有出席。因为西方乐、太阳热，德国出了个希特勒——这厮火了！他成功扮演了德国"大救星"的角色，迅速掀起了"爱党爱国爱民族"的新高潮，举国统一思想：异见、异族、异国者亡德之心不死。被纳粹党整治、驱逐的人不计其数，别的不说，光学者就 1 600 多名，其中包括已经获诺奖和将会获诺奖的 20 名科学家，"慷慨"得令人瞠目结舌！老爱哪受得了这般大手笔，于是再次扔掉德国国籍，辞掉在柏林的职务，开始了一次说走就走的旅行，后来，辗转到美国普林斯顿研究所。

爱因斯坦普林斯顿故居（摄影：@没有 1999）

然而，爱因斯坦仍然接到一个噩耗：1933 年 9 月 25 日，埃伦费斯特朝 16 岁的智障儿子瓦斯里开了一枪，然后饮弹自杀。他留给爱因斯坦、玻尔等挚友的遗书表明，他的崩溃，不仅因为社会、家庭的风雨飘摇，也因为物理学的冲突动荡。他已无法理解这个世界。

埃伦费斯特选择离开，而爱因斯坦却只能选择留下来。爱因斯坦的心，又何尝不是饱经风雨！一直以来，不论是在生活上、三观上还是学术上，他都是一个不入主流的局外人，从离群索居的习惯、世界公民的三观，到光电效应、波粒二象性、狭义相对论、广义相对论，都没人理解他，他的每一个新观念，不管是物理的还是人文的，都得不到主流认同。他的身影，总是疏离在人群之外。但是，经过实践后，人们慢慢发现，你不得不朝那个孤单的身影走去，这个局外人，原来是领路人。

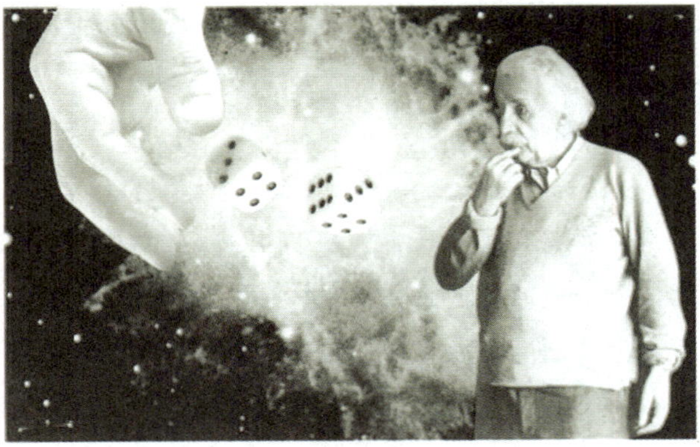
爱因斯坦拷问量子力学

又逢物理江湖的乱世，老爱选择了继续战斗。须发已白，赤兔已老，征程坎坷，夕照如歌。他，还会是那个开路人吗？

多数新生代的物理学家没兴趣讨论量子力学，他们认为，东西好用就行了，八卦它的本质干吗？那些老头子争论量子力学的意义，其实没啥意义。这也不怪年轻人，因为要忙的事情太多了，在那个奇迹频发的年代，讨论那些本质问题实在是浪费时间，不说别的，单说“用加速器撞碎原子核”这一项，就是一座挖不完的金矿！狄拉克说过，自海森堡取得突破以来，理论物理迈入空前的黄金时代，任何一个二流的学生都可能在其中做出一流的发现。在一弯腰就能捡到金子的时代，放着金矿不挖，却去讨论金矿的来路，这种费力不讨好的傻事谁干？

只有老爱干，并且是两件傻事一起干：构建统一场论，拷问量子力学。这两件事，一个是不可能的任务，一个是讨人厌的任务，但终须有人去做。他的选择，总是远离人群。

然而，这次，他有了两个伙伴：一个是他的同事，俄国出生的美国籍物理学家波多尔斯基；另一个也是他的同事，以色列裔美国籍物理学家罗森。

1935 年 5 月 15 日，他们联名发表了一篇论文，论文由爱因斯坦提供创意，波多尔斯基撰文，罗森运算，史称“EPR 论文”，论文的题目是一个问句：量子力学所描述的物理实在可以认为是完备的吗？对这个问句，论文给出的回答很干脆：“No！”

这次攻击的目标，是哥本哈根解释的两大概念：观测、波函数。我们来复习一下，对这两个概念，哥本哈根解释是怎么说的。

观测：你能看到什么，取决于你怎样去看。观测行为，会不可避免地干扰观测对象。也就是说，观测行为本身，就是观者与被观者的相互作用，这是一个互动过程。如前文《江城子·哥本哈根解释》所说，“人机测量影响多。是什么？凭观测”嘛。

波函数：它描述了粒子的量子态和量子行为，它是一缕抽象的概率波，而不是真实飘荡在空间的波。在你观测之前，波函数描述的那个粒子没有任何物理量，它不在任何地方。它是不确定的。

那么，你去观测概率波，会怎样呢？

答：它会坍缩。你不看它，它是虚无缥缈的波；你一看它，它就立马随机选取一个值，确定下来——坍缩成粒子给你看！

真的是这样吗？EPR 论文建议，我们假装观测一下，然后大家来猜猜结局：

有两个粒子，一个叫小小，一个叫圆圆，它俩亲密接触，互动了一下，然后以光速各奔东西。我们知道，作为一个粒子兼青年舞蹈艺术家，自旋是必须的。前面说过，粒子的自旋只有两个量子态：向左转，向右转。学名一般叫上旋、下旋（第十九章“纠结的自旋”一节）。但叫啥都无所谓，只要二者方向相反，就没错。为了方便，我们记住“左”“右”就 OK 了。问题的关键是，它俩分开后，如果你向左转，我也跟着向左转，思想上行动上高度统一，那，这个世界就失衡了。

世界没有失衡，是因为守恒定律这根定海神针还在。于是，只要其中一个一路向左，另一个就必须一路向右。平衡，才是稳定之本。

背景资料介绍完毕，现在，我们请新、老两代大侦探“哥本哈根解释”“经典解释”来分析一下：这个美妙的平衡是怎么实现的？

哥本哈根解释：在观测之前，没有什么小小和圆圆，它们的状态是不确定的，什么位置啊、动量啊、速度啊、方向啊……这些都是胡扯，你可以说它们在这儿，也可以说它们在那儿，反正它们哪儿也不在——咦，我是在胡扯吗？当然不是，它们现在只是一缕抽象的概率波。什么？你说它俩应该是两缕波？不，就是一缕。观测之前，它们没有物理量，说“两缕”？太可笑了！

哦，你说观测之前，情况很乱很狗血，不如观测一下？好的，那就观测。前面那首《江城子·哥本哈根解释》怎么说的来着？“一观测，便坍缩！”波函数坍缩之后，它们就现出原形，变成粒子真身了。那，它是左还是右呢？这个不好说，因为观测之前，它的状态是不确定的，既是左，又是右，呈炫酷的叠加态，在这种状态下，你去观测，不论是小小还是圆圆，它选左或选右的可能性都各占一半，好吧，说句术语：左、右概率各 50%。

现在我们来观测小小，它随机选了一个风情万种的左旋，果然花气袭人、婀娜多姿啊！恍然间，差点忘了圆圆！它那边是什么情况？哇，右旋！万种风情的右旋！果然是个有责任敢担当的奇粒子！那一刻，正义女神灵魂附体，小小向左的同时，圆圆果断向右，世界守恒了，宇宙平衡了！

经典解释：等等，哥大侦探，你观测小小时，圆圆已经离小小十万八千里了，小小又是“随机”选左，也就是提前无暗箱无内定无剧本无串供，圆圆怎么知道自己在那一刻必须“同时”选右呢？就算它俩用光信号沟通，也来不及啊！发超光速信号之前，麻烦你先推翻相对论！

哥本哈根解释：愿聆听大侦探高见。

经典解释：按照哥大侦探的解释，你得解决两个问题。一是解决超光速信号问题，这个违反了相对论。二是解决圆圆的坍缩问题。观测小小时，圆圆的状态只有两种可能：坍缩了，或者没坍缩。那么好，我们按照哥大侦探的说法，来分析下：

① 坍缩了。你不是说“一观测，便坍缩”吗？你观测的是小小，小小从命坍缩便是，可圆圆凭什么也去坍缩？难道“不观测，也坍缩”？若果真如此，你说的“观测之前，它们没有物理量”就是瞎话了。现在你没观测圆圆，圆圆也坍缩了，并且坍缩得如此真切如此具体，那它算不算真实、客观的存在？

② 没坍缩。如果你说小小坍缩后，圆圆坍缩与否不确定，或者根本没坍缩——总之一切不确定，你得去观测，使它坍缩了才能确定，那就更不对了，小小左旋，而圆圆处于不确定状态，即所谓左右叠加的状态，你是不要守恒定律了吗?!

要解释“你瞄到小小左旋的同时，圆圆必然右旋”的问题，很简单：没有什么坍缩，也不用什么超光速信号，不管你观测还是不观测，谁左旋、谁右旋，它们在分开的那一刻，就已经确定了。此后，不管你啥时候去观测，你只能得到这个早就确定好的结果。总结：两粒子亲密互动后，从分开的那一刻起，就是一个左旋，一个右旋。这个解释简约明理有内涵。再看看哥大侦探你的解释，把剧情搞得如此曲折离奇，你当奥卡姆剃刀是削土豆用的？

……

EPR论文让新、老两代大侦探打了一架，史称“EPR佯谬”。实际上，EPR论文原版要测的，是动量、位置，但是它俩涉及的物理量多，情况变化多端，数值也千奇百怪，解释起来很麻烦，容易绕晕。于是，爱因斯坦的追随者、美国物理学家戴维·玻姆把EPR佯谬改成了测量自旋，自旋只有两个量，要么左，要么右，讨论起来简明酣畅，效果毫不逊色，实在是融精简版、升级版为一体的精品设计。当然，这已经是 1951 年的事儿了。

话说 EPR 论文发表后，引起了哥本哈根派的一阵小恐慌，声称爱因斯坦又一次抨击量子论——他们早就把哥本哈根解释与量子论画上了等号，却不知老爱的目标是给量子论找到一个新解释。泡利得到消息，立马写信给海森堡，准备组织反击，但他自己不打算出手，因为这事儿挺麻烦。小海一向最听师兄的话，立即提刀跃马，冲到阵前，却拎起了酱油瓶只顾围观——文章写好了，却压在抽屉里不发。因为，主帅出马了。

玻尔乍见 EPR 论文，如遇晴空霹雳，家事国事天下事，事事皆扔，专心应付老爱扔过来的一对诡异粒子。一开始，当玻尔冷静下来时，他惊喜地发现，EPR 论文的问题不难解答。但当他更冷静时，他惊奇地发现，问题并不那么简单……这个过程重复 n 次，搞得他时而欣喜，时而郁闷，时而沉思，时而激动，让研究所的小伙伴们着实领略了表情帝的倾情巨献。

10 月 15 日，也就是在 EPR 论文发表 5 个月后，玻尔的答复也发表在同一论坛，连题目也复制了 EPR 论文：量子力学所描述的物理实在可以认为是完备的吗？对这个问句，玻尔给出的回答也很干脆："Yes！"

但他答复的内容，却一点也不干脆。这次，他忍痛让了一步，承认 EPR 论文中成功地偷窥了圆圆——既"观测"了，又没造成力学干扰。同时，他又认为，通过观测小小，去判断圆圆的情况，怎么说也是间接的，只有对圆圆进行"实际的"观测，你才能说圆圆"真的"右旋了。但是，这样就说不清"观测小小之后、观测圆圆之前，守恒定律怎么办"的问题——小小确定左旋，而圆圆不确定，左右叠加的状态，不守恒啊！

EPR 佯谬

于是，玻尔做出了一个连自己也不太容易接受的判断：对小小的窥视行为，虽然不会立即对圆圆产生力学干扰，但还是会对圆圆的行为预测产生某种影响。也就是说，虽然你没直接观测圆圆，但也是通过间接干扰，才搞到圆圆的情报——它右旋了。所以，不存在没有相互作用的观测。你搞到了谁的情报，就一定对谁造成了干扰，至少是间接干扰。所以，“是什么？凭观测”，以及“一观测，便坍缩！”还是没错。玻尔强调，这种间接的信息干扰，不是物理上的真实的超距作用，所以并不违反相对论。但这个神秘的干扰究竟是什么呢？玻尔没给出谜底。不是力学干扰，不是真实的超距作用，却又产生了作用，这种神奇的解释让人抓狂，于是，爱因斯坦称之为“玻尔的妖术力”“幽灵般的相互作用”。玻尔自己也感到，这个解释不给力，没有对爱因斯坦形成有效反驳，顶多算是反对。

于是，玻尔把注意力放在详解互补原理上。他说，没有什么量子世界，只有抽象的量子力学描述。你要是跟一个实在的粒子图像认真，你就输了。在观测之前，不存在什么自旋，甚至不存在什么粒子，小小和圆圆不是亲密接触过吗？从那一刻起，不管它们是形影不离还是天各一方，在观测之前，它们都是一个整体，这个整体，你也不要看成是个双倍大的粒子，因为观测之前，它们只是一缕抽象的概率波，而不是一个实在的系统。只有当你观测了，这个虚无的系统才变成了小小和圆圆这对绝代双娇。正因为它们是一个整体，所以，你观测了小小，也就干扰了圆圆——虽然是间接干扰。

双方立足点不一样，所以吵起来，就是鸡同鸭讲，说不到一起去。

老爱认为，两个粒子亲密接触后分开，它们依然是两个实在的、客观的粒子。分开后，你观测其中一个，就知道另一个的情报，那么，如果没有超光速信号，就只有一种可能：它们分开时，各自的状态就已经确定了。粒子是客观的、实在的，它本就如此，而不是你观测了它才变成这样。

而玻尔认为，两个粒子亲密接触后，就成了一个虚无的整体，不管它们分开不分开。既然是一个整体，就用不着超光速信号，你观测其中一个，自然就干扰了另一个。观测前，不存在什么客观、实在。你看到什么，都是观测方式决定的。

这次交锋，谁也没说服谁，双方都很苦恼，尤其是玻尔。玻尔也知道，自己的这次回复不太给力。1949 年，他承认，当初的回复“表达不充分”，还有含糊不清的地方。他强调，EPR 佯谬问题论战的重点是，搞清楚哪个是事物本身的行为，哪个是它们与观测者的相互作用。

双方的论战本身,倒是十分符合哥本哈根解释中的“观测”:你看到什么,取决于你怎样去看。双方站的角度不同,对论战胜负的判断也不一样。论战伊始,狄拉克认为老爱给了量子论致命一击,而哥本哈根派宣布玻尔胜利了,但薛定谔却兴奋地宣称,老爱揪住了对方的尾巴。

老薛在与老爱讨论 EPR 佯谬的信中,用到一个词:纠缠。这个词后来成为量子论的一个术语:两个粒子发生了亲密接触,分开后依然保持纠结不清的暧昧关系,就叫“量子纠缠”。

EPR 论文的目的是挑战哥本哈根解释,却在不经意间打开了一扇门——这个副作用的意义似乎更大,因为对 EPR 实验的较真,物理学家们不知不觉走进了神秘的量子纠缠世界:天各一方的两个粒子高度协作,到底受谁摆布?波函数的神秘坍缩究竟因何而起?“玻尔的妖术力”到底是真是假?超距作用的背后究竟谁是幕后黑手?对它的刨根问底,挖出了又一座学术金矿,引发了无限可能。欲知后事如何,咱俩以后再说,因为,现在论战还没有结束。

4 薛定谔的猫

玻尔感觉自己对 EPR 论文的回复不够给力,其实爱因斯坦觉得 EPR 论文写得也不够给力,关键点没表达清楚:此处某物的状态,不能取决于对彼处另一个物体的观测。身在天狼星的圆圆是否右旋,不是靠我们偷窥地球上的小小是否左旋来决定的,就算它俩是闺密也不行。这个要点就是:分离原理。

物理学是在描述现实,这没错。但是,我们的描述可能是完整的,也可能是不完整的。为了把这个简单的道理说清楚,老爱又提出一个思想实验:

这回是两个盒子——1 号和 2 号,都是密封的。其中一个盒子里有个球——真的有个球。打开盒子看有球没球,就叫“观测”。OK,现在你打算观测 1 号盒,在开盒之前,它有球的概率是 50%。但是当你开盒之后,球在,概率就是 100%;球不在,概率就是 0。两个盒子,球在其中一个里面,对这个“现实”,有两种描述法:

第 1 种描述:球在 1 号盒的概率是 50%;

第 2 种描述:球在 1 号盒里,或者不在 1 号盒里。

很显然,第 1 种描述是不完整的。开盒之前,如果不做第 2 种描述,那你只能老老实实地说“两个盒中，有一个没球。球在哪儿？打开一个才知道”，而不是一句“球在 1 号盒的概率是 50%”就万事大吉了。至于 2 号盒里，有球就是有球，没球就是没球，那是 2 号盒自己的事，跟 1 号盒里有没有球完全没关系。

你事先知道两个盒子里只有一个球，从数学上，可以用“一个盒里有球的概率是 50%”来描述，打开 1 号盒，就知道 2 号盒有没有球，这时，2 号盒有球的概率就是确定的 100% 或者 0。但是，你不能说这就是完整的描述。

假如你事先不知道这两个盒里是否有球、有几个球，那么，你再怎么观测 1 号，也没法知道 2 号的情况，因为这时，2 号有球或没球的概率依然是不确定的 50%，至于有几个球，就更不确定了。所以，回到那个结论：2 号盒的情况，不是由观测 1 号盒来决定的，跟你是否观测、如何观测 1 号，都没一毛钱关系。这就是“分离原理”。

为了进一步搞好哥本哈根解释的拆迁工作，老爱搞来一桶炸药：不是说“观测前，各种可能呈叠加态”吗？那好，这桶炸药将在下一年某时自爆。一开始，我们的波函数描述得很好——这是一桶未爆的炸药。但是一年后，波函数是这样描述的：这桶炸药，处于已经爆炸和没爆炸的叠加态！在我们的真实世界里，存在这种呈癫狂状态的炸药吗？哼，还说这种描述是完整的，什么“观测之前，小小和圆圆处于不确定的左右叠加态”，这不就等于在说，这桶炸药既爆炸了又没爆炸吗？

老爱虽老，但这套动作要起来也是行云流水，一口气扔出两个粒子、两个盒子、一桶炸药，动作优雅，威力惊人。饶是这套强力组合拳，老薛犹嫌不够给力，他融汇物理学、生物学、哲学三大神功，一举练就爱氏炸药的疯狂升级版、物理学的超级怪兽——薛定谔的猫！

又是一个盒子，盒子里关着一只无辜的猫咪，还配置了魔鬼装备：一丁点放射性原子，放在盖革计数器中，盖革计数器控制一个锤子，锤子下有一瓶剧毒气体。原子一小时内“可能”发生衰变，射出一个中子，盖革计数器收到中子，就用锤子打碎毒气瓶，毒死那只猫咪。

根据哥本哈根解释，在观测之前，原子处于暧昧状态，那个中子射还是不射、什么时候射，完全是不确定的，你不观测，它就处于射了、没射、秒射、第n 秒射……各种可能的叠加态，你一观测，它就随机选一个确定的剧情给你看，比方说在第 5 秒坚持不住，射了，锤落瓶碎，毒溢猫亡。

好吧，对于原子这种看不见的东西，你可以用所谓概率、叠加态之类的神器

薛定谔的猫

来应付我们，反正只凭想象，眼不见心不烦。现在好了，原子的叠加态直接导致了猫的叠加态：中子射出，猫死；中子没射出，猫活；中子处于射与未射的叠加态，那么，猫也处于死和未死的叠加态！

薛定谔嘴角现出一丝神秘的微笑："亲爱的，在观测之前，这只猫既是死的，又是活的，是吗？"

老薛的意图很明显，生物学上不可能存在"有的猫活着，它已经死了；有的猫死了，它还活着"的恐怖景象。所以，要么，你就改哥本哈根解释，要么，你就背起违反生物学常识的罪名，承认存在又死又活的生物！

太歹毒了吧？一个解释而已，大家随便聊聊也就过去了，用不着玩得这么大吧?！哥本哈根派幽怨的眼神有些受伤。

"好吧，算你狠！"哥本哈根派权衡利弊后，强咽一行苦泪，咬牙切齿地答道："是的，观测之前，这只猫确实既是死的，又是活的！"我的痛，你永远不懂。

薛猫一出世，没等炒作，就火了，在物理学界精灵圈里如日中天，风头压过了麦克斯韦妖、拉普拉斯妖等老牌明星。在薛猫咄咄逼人的瞪视下，几个恼人的问题再也捂不住了，它们被迫来到你面前，用手撑开你的眼皮做自我介绍，你再也没法假装看不见了。现在，我们就在眼前随便抓几个问题假装探讨下。

最现实的问题：猫真的既死了又活着吗？

不管是根据方程，还是根据哥本哈根解释，在观测之前，原子发射了中子、没发射中子、发射到哪儿、何时发射这些项目的所有可能性都叠加在一起，混搭成一缕幽灵般的概率波。而猫的命运，的确捏在这个叠加态的原子手中，所以，猫的死活，也只能处于叠加态。因此，哥本哈根派就算咬碎钢牙，也得胸有成竹地发布“此猫死了，它还活着；此猫活着，它已经死了”的消息。于是，我们不得不面对第二个问题。

最纠结的问题：观测仪器和观测对象的关系问题。

我们这些观测者，以及我们依仗的这些观测仪器，不管是加强版的还是袖珍版的，都属于宏观世界，而我们观测的那些粒子，属于微观世界。老薛强迫微观的原子和宏观的猫同呼吸共命运，让人不得不追问：微观世界和宏观世界有分界线吗？说“没有”，应该不对，因为量子论解释不了宏观现象，而相对论又搞不定微观现象，很显然，有一条鸿沟横亘在此；说“有”，那就相当纠结，这个分界线在哪儿？究竟几个原子以下是量子论说了算，几个原子以上是相对论说了算？这个问题，就像“多少粒沙子可以算一堆”一样不好回答。

于是，接下来的问题就更纠结了：观测仪器和观测对象之间的界线在哪儿？咱俩派一个光子去撞原子，原子受激发射一个光子（在我们看来是“反射”），被我们的仪器接收，于是我们挖出了原子的隐私。那么，这个光子，是仪器的一部分还是观测对象的一部分？对这个问题，玻尔给了个不算答案的答案。他说，宏观世界和微观世界之间，没有明确的界线。

观测者和被观测者的关系就更模糊了，它们不仅界线不清，关系更是密不可分。就好比盲人拄拐，他通过拐杖“观测”世界，那么，你来说说看，他的“感知”是从拐杖尖开始的，还是从拐杖柄开始的？但是，对提问者来说，你如此回答，只是在应付问题，而不能解决问题。不管是多么宏观的物体，都是由微观粒子组成的，你搞不清分界线，就只好乖乖地回答第三个问题。

最狗血的问题：月亮姐姐在哪儿？

你不观测它时，它就是各种可能的叠加态，按照波函数展开，它是不确定的、非客观、非实在的。面对这个解释，爱因斯坦愤慨地揶揄道：“难道我不看月亮，月亮就不存在吗？！”没想到哥本哈根派认真地点了点头，是的！因为组成月亮的，说到底也是一个一个粒子。

粒子嘛，我们大家都知道，你不看它时，它是不确定的，不确定的粒子不是粒子，只是概率波，按照波函数演化弥漫在空中。既然组成月亮姐姐的每一个粒子都是不确定的，那么，月亮姐姐本身也就是不确定的了，她是无数个粒子的无数可能的叠加，你不看她时，她是无数抽象的、虚无的波函数，不存在一个客观的、实在的月亮姐姐。但是，只要你一观测，她就立即坍缩成一个星球，无辜地挂在那儿给你看。

“青天有月来几时，我今停杯一问之。人攀明月不可得，月行却与人相随。”如果李白知道，自己挚爱的明月只是一团概率波，他还会跳水去捞它吗？当然，李大诗人的问题相对于宇宙生命的问题“地球是怎么来的”还是小问题。

在观测之前，地球也应该是不确定的概率波，不是客观的、实在的，在一团非客观、非实在的概率波中，生命是怎么产生的？难道非要有个外星生命一通观测，才有了一个地球，然后才有了生命？好吧，就算真的是这样，解决了地球生命的问题，可是，那个外星生命又是从何而来？要知道，观测之前，宇宙里都是不确定的概率波啊，哪有什么星球！

好吧，扯远了，再扯回来：你看她，她才出场，那么，究竟谁才有资格命令她出场呢？这就是我们不得不硬着头皮面对的第四个问题。

最抓狂的问题：猫可以是观测者吗？

在观测之前，猫处于死和活的叠加态。问题是，“谁”观测之前？你？我？物理学家？凭什么啊？不是谁都行吧？那么，有条件？年满 16 周岁，身高不低于 160 cm，小学以上文化程度？你说这种条件太荒唐？是的，我也同意，大自然不应该有如此势利眼的限制。那么，婴儿行不行？婴儿行的话，猫凭什么不行？难道盒子打开之前，猫在里面没观测？它也有眼睛啊！并且很犀利。它在盒子里观测自己，让自己的波函数不停地坍缩、确定，就没有什么“死和活的叠加态”的猫了，是不？答案居然是“不”？因为猫不能观测自己的生命状态，说白了，就是它没有判断自己是死是活的意识。

什么？“意识”？太扯了吧?！波函数要不要坍缩，竟然是观测者有没有“意识”决定的？你还真别不信，实验表明，如果你只是放一个设备在那儿，不去观测，波函数是不坍缩的，比方说，你在双缝实验中，把一个监视器放在其中一条缝上，不启动它——让它处于非工作状态，像石头那样闲置在那儿，那么，条纹依然存在，一旦你启动它，并且能够观测粒子究竟通过哪条缝时，干涉条纹就不见了——波函数坍缩了！

苍天啊……好吧，就算是这样，波函数又是怎么知道，哪个观测者有“意识”，可以坍缩，而哪个观测者没“意识”，不必坍缩呢？

……

薛定谔的猫那欲生欲死的鬼魅身影，不死不活的邪魅眼神，消蚀着哲学家敏感的大脑，啃噬着物理学家脆弱的神经，不管你怎么去讨论它，最后都会被你自己的思路逼疯，就连把全部生命都用来思考的霍金都受不了，他说：“我一听到薛定谔的猫，就跑去拿枪。”不知死活的薛猫还在我们眼前晃来晃去，让你焦虑，让你好奇，让你抓狂，让你着迷。

真正的科学理论，就是不怕辩驳。越是害怕辩驳的理论，越是容易“破产”。不自信，才会反复强调“不容辩驳”。这场论战的发起者早已随时光逝去，但论战仍在继续。伟大的世纪论战动用了最强悍的智慧，也没有挖到那个理想的、清晰的、唯一的答案，却挖出无数神秘的暗道，通向未知的远方。这让我们愈加清楚地意识到，量子论不是我们以为的那样不可思议，而是比我们以为的更加不可思议！

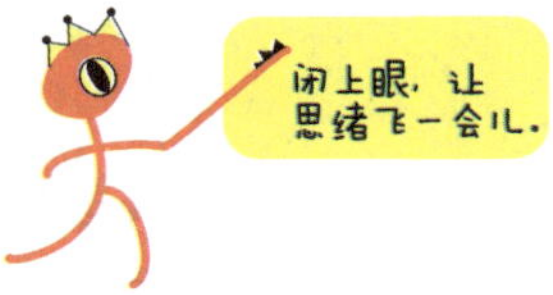

第二十三章

量子论五　何去何从

1 第六根手指

“最终，我们必须能将这一切解释给玛格丽特听。”玻尔在话剧《哥本哈根》中如是说。很显然，玻尔的梦想要落空。因为，薛定谔的猫带来的每一个问题，都是挑战人类智慧承受极限的重磅礌石，把物理江湖的顶尖高手都砸得晕头转向，何况是玛格丽特！

物理学对开启人类智慧的作用，怎么说也不为过。遥想物理当年，拿破仑翻完拉普拉斯的整本《天体力学》后，纳闷儿地问小拉：“你说你的大作里包括了宇宙所有的东西，但是，上帝在哪儿？”小拉狂傲地答道：“陛下，我不需要这个假设。”这个无比硬气的回答，不仅是物理学家的荣光，更是人类智慧上升到一个巅峰的骄傲宣言！

是的，我们不再向龙王求雨，不再恐惧彗星出现，不再害怕天狗食月，不再沉迷于无法证伪的花言巧语，不再相信某颗恒星代表某人的命运……这一切，得益于物理学及其带来的科学方法！

我们经历了多少蒙昧与挣扎，走过了多少思考与恐惧，才把神从自然规律中请出去，创造了一个规则简洁、因果明晰、运转有序的美丽世界，一切尽在优雅的物理定律的掌控之中。

更重要的是，这个世界是客观的、实在的，它不以任何人的意志为转移，也不因任何人的行为而存在。

而眼下，量子论，准确地说是量子论的哥本哈根解释，却把“观测、意识、非客观、非实在”这些主观恶魔引入了自然。这也太不自然了！难怪爱因斯坦生气。估计牛爷和麦爷听说这事儿，也免不了吹胡子瞪眼。

为了搞定这些让人吐血的问题，物理学家们不得不寻找理想的理论——它既能解释量子世界的诡异行为，又能让大家心里舒坦些。于是，各种稀奇古怪的理论如雨后春笋，呼啦啦地钻出地面，迫不及待地脱袍举竿，甩枝摇叶，一时间热闹非凡。

一马当先的，当然是听起来最舒坦的“隐变量理论”。因为这个理论的种子，早在世纪论战之初就种下了。还记得德布罗意在 1927 年第五届索尔维会议上的发言不？他提出了“导波理论”：电子是一种既是粒又是波的存在，就像浪里浮萍，浮萍要去哪儿，浪说了算。那个“浮萍”，就是粒子。这个“浪”，就是“导波”，也就是控制粒子运动的“变量”。但是目前，我们搞不清楚导波丞相究竟是怎么做到挟天子以令诸侯的，这让粒子陛下的运动看起来像是一种“有规律的随机行为”，所以，这个看不清的变量就叫“隐变量”。因此，“隐变量理论”是在说：粒子运动“本来”不是随机的，只是我们还没搞清楚那个隐藏的变量究竟是怎么回事儿。

是的，一切的根源，就在于那梦幻般的波函数，什么叠加态，什么坍缩，什么与观测者相互作用，都是因为我们搞不清其中的具体机制，只能描述它的行为概率，所以，才捅出那么多幺蛾子。搞定隐变量，就搞定了物理，就可以让脚下不再绵软，让头顶不再虚幻，让内心不再飘摆，让世界充满爱。

然而，当梦想照进现实，我们才知道，现实并不爱梦想。德布罗意的这颗隐变量种子刚撒到地里，就被泡利伙同玻恩和海森堡冲上去一通狂踩，深埋在地下不能呼吸、不见天日。当薛定谔的猫飞沙走石，搅得周天寒彻时，物理学家们自然而然地想到这颗希望的种子，准备松松土，浇浇水，让它生根发芽，成为量子大厦的栋梁。可还没等动手呢，一座山突然砸下来，山上还贴了一条封咒，上书：唵嘛呢叭咪吽。

压下这座大山的佛祖，就是鼎鼎大名的约翰·冯·诺依曼。

冯·诺依曼是匈牙利裔美国人，神级天才，在多个领域都是大腕，是 20 世纪最伟大的全才之一，他是物理学家、发明家，他搞经济学，是博弈论之父；搞数学，成为 20 世纪最杰出的数学家之一；发展计算机，成为现代电子计算机之父。

虽然天妒英才，只给了他 54 年生命，但他的传奇，从童年时代就上演了，他对各个领域的学问都充满了爱，可以说是见一个爱一个，爱一个就搞定一个，读过的书过目不忘，多年以后仍能准确复述。据说，他 6 岁就能心算 8 位数乘法，还可以用古希腊语和老爸闲聊，一生熟悉 7 门外语，不到 18 岁就和老师合作发表了第一篇数学论文，不到 23 岁成为布达佩斯大学数学博士，28 岁时与爱因斯坦一起，成为普林斯顿大学的首批终身教授，一生载誉无数。他的贡献太多，清单拉出来太长，所以我们就不一一列举了。

冯·诺依曼

在高手云集的量子论领域，冯·诺依曼照样战功卓著，抢了一席之地。1932 年，冯·诺依曼写了一本书——《量子力学的数学基础》，给了量子力学一个严格的、统一的数学体系，这本书成为量子物理的“圣经”。不过，在这里，它的历史地位不是重点，重点是，书中有一个有趣的探讨：是否可能通过引入隐变量，把量子力学变成一个确定性的理论？小冯的答案是：否。他知道，空口无凭，于是顺手甩出一个数学证明，熄灭了隐变量理论逆袭成功的希望之火。

小冯也承认，量子力学在数学上与实验匹配得很好，但它只是最好的经验总结，而不算已经被证明了的理论。尽管如此，也没有谁怀疑冯大师给出的那个数学证明。人们一看，这个证据是冯·诺依曼给的，就全盘接受——当代最伟大的数学家之一嘛！

然而，还真有不信邪的——又是两个年轻人：一个叫玻姆，另一个叫贝尔。他们是爱因斯坦的追随者。

戴维·约瑟夫·玻姆，1917 年 12 月生于美国宾夕法尼亚州，犹太血统。企业家父亲想让玻姆继承父业，搞好家具生意，但玻姆迷恋自然规律，好学不怠。1939 年，玻姆取得宾夕法尼亚大学科学学士学位，又到加利福尼亚大学伯克利分校，成为奥本海默（曼哈顿工程的主要领导者之一）的博士生。1947 年，玻姆到普林斯顿大学任助理教授。

玻姆早就迷上了相对论和量子论，而来到普林斯顿大学，相对论的缔造者和量子论的奠基人爱因斯坦就成了他的同事。玻姆对哥本哈根解释也不感冒，尤其是对 EPR 实验的解释。他相信，一定是某个隐秘的机制没搞清楚。在研究中，他把 EPR 实验升级成了简洁明快的自旋版。玻姆把自己的想法跟老爱聊了聊，老爱鼓励这个年轻人，多多研究哥本哈根解释。

玻姆

玻姆想要搞清楚的那个隐秘机制，也就是所谓隐变量。玻姆也知道，小冯大师早就给隐变量判了死刑。但是，跟老爱聊过之后，玻姆感到很振奋，决定完成这个不可能的任务：复活隐变量理论。最终他做到了。

实际上，隐变量这东西并不稀奇，还记得布朗运动吧？花粉微粒的运动，就是由看不见的液体分子撞击导致的，它们来回折腾，冲撞花粉微粒，让微粒看起来在做莫名其妙的运动。如果我们得到液体分子运动的翔实数据，就能计算出花粉的运动路线。但是在布朗时代，人类不知道有液体分子这码事儿，那么，液体分子就是“隐变量”。后来老爱用统计方法，搞定了布朗运动，这个统计方法，也用于推出了量子论的数学公式。它很好用，但没有完整描述每个微粒的精确运动，只是描述了它们的运动概率。

另一个类似的例子是，波义耳发现了气体定律：温度一定时，气体体积与压力成反比。虽然公式很好用，但他不知道为什么会这样。后来，麦克斯韦发现，气体压力是分子运动撞击容器壁引起的。对波义耳来说，分子运动就是隐变量，他的“体积与压力成反比”的公式，就相当于量子力学的数学公式。它与实验相符，但所描述的不是事实的全部。

这样的例子还有很多，比方说，牛顿发现了万有引力，然而，引力是什么，他不知道，但这并不代表引力是无源之水，那么，引力子（传递引力的假想粒子）、时空弯曲对牛顿来说，就是隐变量，他给出的万有引力公式，就相当于量子力学的数学公式，而牛顿力学解释，就相当于哥本哈根解释。再比如，希格斯粒子曾经是质量的隐变量，原子能量层级曾经是光谱的隐变量，等等。

隐变量理论

玻姆为量子力学量身打造的隐变量理论,实际上是德布罗意导波理论的升级版。在这个升级版中,粒子陛下还是那个粒子陛下,然而,导波丞相却已变身为"量子势"丞相。量子势继承了波动的性质,按照薛定谔方程演化,却有着波族望尘莫及的手段,波的影响力随着传播范围的扩大,强度逐渐衰减,而量子势完全不用考虑强度问题,因为它可以弥漫到整个宇宙而毫无衰象,其势力范围令人匪夷所思。但是我们都不用担心被浩瀚的量子势挟持,因为量子势虽然霸道,却并不滥情,每个量子势丞相只掌控自己的那个粒子陛下。宇宙中任何一个时空角落发生了什么,量子势丞相都会实时掌握消息,并即时做出反应,控制粒子陛下的行动。

一个经典粒子发出一个神通广大的量子势,并受控于它。在这个基本原理的指导下,玻姆玩儿起了他的拿手好戏——数学,巧妙、精密地建立了隐变量理论系统,试驾了下,运转自如。1952 年,玻姆的新版量子力学——隐变量理论赫然矗立在原版量子力学面前,耍了一套量子神功,用实力宣示:"你能做到的一切,俺全能做到;哥本哈根派能解释的,俺全能解释! 俺们的口号是:一切为了取代原版,为了取代一切原版,为了取代原版一切!"

原版一看,不得了,你这是要跟老衲死磕啊! 仔细一看,可不是! 隐变量的这套量子神功招法精到,内力雄浑,不管从哪方面看,都毫不逊于原版! 就说高难度动作“单粒子过双缝”吧，用量子势来对付，就显得游刃有余：当粒子陛下浑浑噩噩地朝双缝溜达时，量子势丞相已然探明前方有两条缝，以及缝宽、缝间距等情报，于是启动干涉模式；而当有人搞破坏，堵上其中一条缝时，量子势丞相也会立即得知，并随时调整粒子陛下的行程，启动衍射模式。至于让大家纠结的 EPR 实验，就更好解释了：两个粒子的量子势即时联络，随时调整配合，不存在什么诡异的“完全随机”与“高度协作”的矛盾共同体！

另一位不信邪的年轻人贝尔看了玻姆的隐变量理论，欣慰地写道：“我看到不可能的任务完成了。”

贝尔

约翰·斯图尔特·贝尔，1928 年 7 月生于北爱尔兰的一个工人家庭，由于父亲的工作变动很大，时有时无，所以家境窘迫。苦孩子贝尔从小就定下了一个不切实际的目标——当个科学家。为了实现他的理想，全家都喊他“教授”，但是光喊外号是不解决问题的，于是家人又做了第二件事：举全家之力供他上中学。这让他的一个姐姐和两个弟弟丧失了上中学的机会。贝尔没让家族失望，他中学毕业后，靠自己打工和奖学金完成了贝尔法斯特女王大学的学业，捧回了实验物理、数学物理两个学位。

量子论的深邃、神秘、不羁和瑰丽，都让贝尔痴迷。然而，量子论的哥本哈根解释，贝尔一点也不喜欢，这就像给心中的女神穿了一件僧衣，怎么看怎么别扭。贝尔相信，世界是实在的、客观的、确定的，而不会是“你去观测它，它才根据你的观测方式，随机甩给你个结果”那样不着调、不踏实。

贝尔憧憬爱因斯坦理想中的世界。所以，他也考虑过隐变量的问题。然而，他不幸地读了玻恩写的一本书，在这本书里，玻恩提到，隐变量已经被小冯大师判了死刑。冯·诺依曼的书是德文的，贝尔不懂德文，所以没法看原著。不过，冯·诺依曼何许人也！他不是人，是神！何况是数学控玻恩在书里介绍的，谁还会怀疑那个数学证明呢？于是，贝尔断了隐变量的念头。

所以，当他看见玻姆的隐变量理论时，一种他乡遇故知的感觉油然而生。不可能的任务完成了，这说明什么？说明这个任务不是不可能的！恰好，

1955 年,冯·诺依曼著作的英文版出版了,于是,贝尔用狐疑的目光重新审视小冯大师的那个证明。真是不看不知道,一看吓一跳。

我们知道,所谓概率波,就是所有可能的叠加,换言之,这些概率分布是可以叠加的。那么,你多次观测波函数坍缩的结果,把每次观测的结果叠加起来,计算一下,就可以得到波函数坍缩后的平均值,或者叫期望值。下面举个例子。

大家都知道,扔硬币得到正、反面的概率各占 50%,扔 1 枚得到正面个数的期望值是 0.5。那么,我们 1 次扔 3 枚,可能得到几个正面呢?有 4 种可能:0、1、2、3。平均起来是 $(0+1+2+3)/4=1.5$ 个。这个平均数,就是扔币总数的 50%,也是扔硬币单面出现的概率。那么,我们 2 次共扔 6 枚,得到正面的期望值就可以这样算:$1.5+1.5=3$ 个。以此类推,扔 100 次(300 枚),得到正面的期望值就是 150 个。

现在,咱俩就来玩儿这个无聊的游戏:扔硬币。规则是:每一轮,我扔 1 次,每次扔 3 枚;你扔 3 次,每次扔 1 枚。你我每轮都是扔 3 枚硬币,每轮得到正面的个数都包括了 0、1、2、3 这 4 种可能,很公平。

好,游戏开始,每扔一轮,就自己观测自己扔出了多少次正面,并记录下来,强调一下,这些结果当然是完全随机的。咱俩分别把自己记下的结果叠加起来,算一下,就会发现,扔的轮次越多,正面个数就越接近扔币总数的 50%,也就是越接近期望值。这是什么意思呢?就是说,我 1 次扔 3 枚,你 3 次每次各扔 1 枚,得到正面的概率是一样的,换句话说,我 1 次扔 3 枚所得正面的期望值,等于你 3 次每次各扔 1 枚所得正面的期望值。所以说,完全随机的结果的平均值可以叠加。那么,你我扔币的统计结果,就有线性叠加的关系:

$$(A+B+C,\psi)=(A,\psi)+(B,\psi)+(C,\psi)$$

等号左边是我 1 次扔 3 枚所得正面的期望值;等号右边是你 3 次每次各扔 1 枚所得正面的期望值。A、B、C 就是对各硬币的一次观测,也就是观测 A、观测 B、观测 C;那个 ψ 咱俩都认识,它是 0、1、2、3 这 4 种可能的叠加,我们扔币后观测的结果,就相当于波函数坍缩的一个随机结果。

这个式子换成具体的期望值,看起来就清楚了:$1.5=0.5+0.5+0.5$。

OK,冯·诺依曼给出的数学证明,一共 5 个假设,其中,第 5 个假设给出的数学形式大致是这样的:

$$(A+B+C,\psi,Y)=(A,\psi,Y)+(B,\psi,Y)+(C,\psi,Y)$$

那个 Y，就是传说中的隐变量。咱俩刚才玩扔币游戏，是没有隐变量的。现在，冯·诺依曼考虑了隐变量。这个式子在说：即使有了隐变量，这个系统依然是可以叠加的！

贝尔惊奇地发现，这个假设摊上大事儿了，问题就出在 Y 身上：隐变量 Y 的结果是确定值。ψ 是概率的，你观测它，会得到一个随机结果。这些随机结果，按照波函数的概率分布，而波函数，是所有可能的叠加，其中自然包括了 Y 的可能分布。也就是说，ψ 和 Y 不是并列关系。更重要的是，Y 导致的是确定值。确定值是不能线性叠加的。

还是刚才那个游戏，我 1 次扔 3 枚，得到一个确定的正面数：3 个。你 3 次每次各扔 1 枚，得到 3 个确定的正面数：0、0、1。很显然，$3 \neq 0 + 0 + 1$。再扔一轮，我得到 1 个确定值 1，你得到 3 个确定值：1、1、0。$1 \neq 1 + 1 + 0$……按照概率，如果一轮一轮累加下去，等式两面的值会越来越接近，问题也不大。但是，冯·诺依曼上面给的式子在说，你我每轮扔硬币得到的确定值必须相等！这可玩儿砸了！

贝尔简直不敢相信自己的眼睛，但他不得不相信自己的眼睛，白纸黑字，毋庸置疑啊！这个错误好像很幼稚，但的确是数学大师冯·诺依曼犯下的！

冯·诺依曼卓绝的天赋曾经惊呆无数牛人，不说学识，单说他闪电般的思维，就可以用“恐怖”一词来形容。他的周围常常是诺奖获得者之类的牛人，但冯·诺依曼仍然可以鹤立鸡群。一次，美国诺贝尔物理学奖获得者塞格雷和另一位诺奖获得者为解一个积分冥思苦想，却毫无结果。一筹莫展之际，他俩发现冯·诺依曼正好在走廊，于是把他拖来办公室请教，那个难题就写在黑板上，冯·诺依曼来到门口，瞟了一眼黑板，立即给出了答案，然后飘走了，留下两个目瞪口呆的诺奖获得者，他们被另一个问题难住了：俺们俩奋战了一小天都没解决的问题，冯·诺依曼是用什么办法在 3 秒之内解决的？

冯天才类似的故事一抓一大把，在这里就不多说了。总之，大家都怀疑他不是地球人，所以叫他“外星人”。然后，圈子里出了个“冯·诺依曼公式”：

① 冯·诺依曼可以证明任何事。

② 冯·诺依曼所证明的任何事都是正确的。

然而，他的第五假设这个公式是错误的。前面说过，2 300 多年前，欧老就被他的第五公设折磨得寝食难安（第十三章“超级武器”一节），而如今，冯天才干脆直接栽在他的第五假设上。真是造化弄人啊!

事实又一次有力地证明,小沟翻船莫骂娘,高手失足更坑爹!慑于冯·诺依曼的威名,30年来,从来没人怀疑这套数学证明会有错误,尤其不敢想象竟会有如此低级的错误。所以后来大家怀疑,这套证明根本就没人仔细看过,估计大家只关心这是冯·诺依曼的结论,反正这套证明已经告诉我们隐变量不靠谱就OK了,相信他,没错的,管他怎么证明的!发现这个错误后,贝尔说,这个证明不仅是错误的,更是愚蠢的!

对不起,佛祖,你的封咒写错字了!孙猴子已经上天了!

宣判无效,隐变量是合法公民。世界还是那个世界,熟悉、亲切、踏实、温暖,爱因斯坦的梦想要实现了!好像有两个字要跳出来了:完美!

不过,等等,经验表明,每当我们以为问题已经完美解决时,就要出大事!果然,有人在反对,并且很大声。谁啊?爱因斯坦。为什么呢?玻姆是在支持老爱,老爱为什么要反对?

很简单,作为一个孤独的探路人,爱因斯坦始终是在寻求真相本身,而不是在寻求支持者。表面上看,玻姆的隐变量理论可以替代哥本哈根解释,光复实在和客观的美好世界,但是,他付出的代价和使用的手段,都是爱因斯坦所不能忍受的。

首先,玻姆扔掉了经典世界的一项重要属性:局域性,或者叫定域性——前面说过,这是指在一定时间内,事物的影响范围都是有限的,而不是无限的。因果关系也是一样。而玻姆的量子势完全不拿局域性当回事儿,不论远隔天涯海角,还是宇宙洪荒,量子势都能随时把消息传给粒子,并左右粒子的行动,视相对论的禁令为无物。想想看,浩瀚宇宙中有多少个粒子啊!每个粒子的量子势都能即时刺探和通报宇宙任何一个角落的消息,所有粒子都知道其他粒子的隐私,整个宇宙通透无比,多大的屏障也不是屏障,多远的距离也不是距离,这是一个多么恐怖和荒谬的世界啊!

其次,这款理论虽然马力强悍,转向平稳,外壳厚实,操控性强,但是,多了一样东西,而这个多余的东西,正是隐变量本身!这就好比你改装了一辆赛车,这次改装以加一个备用油箱为标志,它可以让车跑得更远,但是,你忘了,这是F1赛车,油够跑一圈就OK了,并且,备用油箱的增重,减慢了速度!所以,那个标志性的改装就成了多余的第六根手指!

隐变量理论说,量子行为之所以在我们看来是概率的,那是因为隐变量的扰动在捣乱，让我们观测不到粒子们的确定行为。我们观测不到，不代表它不存在。现在，隐变量拿出量子势来解释这些扰动，但也只是停留在"解释"上，至于那个"确定行为"，它还是没描述出来。也就是说，你弄了个九转十八弯，得出的结果跟原版量子力学一样，依然是概率的！只不过是把哥本哈根解释踢下马，又把隐变量解释扶上马。

如果仅仅是一个上马、一个下马，倒也没问题，优胜劣汰嘛！问题是，同样的结果，原版数学形式体态玲珑、线条明晰、健康优雅，美得自然而又科学。而用了隐变量解释，没改变概率的结果不说，还把整个数学的体态搞得臃肿不堪，仔细一看，那坨多余的肉正是隐变量！大家都是玩儿奥卡姆剃刀长大的，你搞这么累赘不是找削吗？

最后，老爱客气地回帖点评：此理论价值不大。

2 意识迷局

物理学被冲击到一个陌生的险境，进退不能，危机四伏，看哪儿都头大。

不过，有的科学家却没啥烦恼。因为，他们认为，根本不存在任何问题，什么这解释、那解释，统统都是庸人自扰。这些实用主义、工具主义的科学家认为，对于世界，我们只需会"算"，无需去"懂"。世界是什么样，世界为什么是这样，那是哲学的事，科学只要有实验、观测、方程、计算就 OK 了，对于量子力学，我们只需留下它的数学体系，让什么哥本哈根解释、隐变量解释等诸多解释统统见鬼去吧！康奈尔大学的物理学家大卫·默明的这句话相当到位："闭上嘴，计算它！"史称"闭嘴计算解释"，也就是传说中的"不解释"。

然而，留下技术，扔掉认识，这是很多物理学家都无法接受的。因为，多数物理学家的初衷，是做一个世界真相的探险家，而不是当一个制造工具的高级技术员——虽然实用性是科学的主要属性之一。

是的，没有了对世界的精确计算，物理学将失去 99% 的生命力，而离开了对世界的深刻认识，物理学也就失去了 99% 的吸引力。好吧，我们需要解释！

一套倾倒众生的数学体系，配着一套雷倒众生的哲学解释，这款怪异混搭，让量子力学成为物理江湖的风暴眼，看似纯净无辜，却聚焦了四海涌动的思潮，所到之处，地覆天翻。是的，物理江湖从未如此动荡。乱世无宝，很多珍如生命的东西，就像生命一样被弃如敝履。

为了回归经典，玻姆扔掉了不少东西，包括经典本身。看来，经典不那么容易回归。然而，跟着哥本哈根解释走，似乎也只是无奈之举，没有多少人心甘情愿。因为，哥派指的路，更是让人心惊肉跳。

我们回到薛定谔的猫对哥派解释的拷问：

猫真的既死了又活着吗？这是关于叠加态、坍缩、概率的问题，为了搞定它，玻姆壮士断臂，不惜抛弃定域性，却只能作出"解释"，而没能改变叠加态、坍缩和概率的数学结果。

观测仪器和观测对象的关系问题，玻尔给的"盲人拐杖"解释，让人嗅到一股浓烈的哲学应付味道，听起来满是道理，却毫无用处。玻尔谈物理必先谈观测，但始终没清晰地定义什么是一次"观测"，如果说，眼睛看是观测，那么，用手摸、用耳朵听、用鼻子闻、用舌头舔、用照相机拍算不算观测？如果"科学家"看是观测，那么，警察看、十二岁女孩看、一岁半男童看、摄像头看、猫看算不算观测？这些问题，玻尔不会给你一个明确的答案。

冯·诺依曼提供了一个解决方案，他指出，仪器本身也是粒子的组合，所以，仪器也有波函数。这个说法，我们并不陌生，这其实就是"月亮姐姐在哪儿"的问题，人造的仪器也和纯天然的月亮姐姐一样，都由不确定的粒子组成，你不观测它，它就处于朦胧的叠加态。所谓月朦胧鸟朦胧，只不过是观测问题。就像薛定谔的猫一样，盖革计数器观测原子射没射中子，原子处于射与未射的叠加态，计数器就处于收到与没收到中子的叠加态。那么，锤子砸或没砸，药瓶碎或没碎、猫死或没死……都处于叠加态。同理，你用别的仪器去观测盒子里发生的某件事，这个仪器也会处于叠加态。

与玻尔不同的是，冯·诺依曼不只是解释，他还买一赠一，提供了数学模型。冯大师的数学模型动用了"希尔伯特空间"。在冯版量子力学中，一个物理系统可以表示为一个复希尔伯特空间。模型显示，所谓波函数，是复希尔伯特空间的一个向量，所谓坍缩，就是这个向量在某个方向的投影。

盖革计数器观测原子，原子的波函数倒是坍缩了，但计数器自己却癫狂了——叠加态转移到计数器身上了——它处于收到与未收到的叠加态，坐等下家来观测；如果来了一台仪表去观测计数器，仪表就悲剧了，叠加态转移到仪表身上了；而用摄像机去观测仪表，好吧，你已经知道了——仪表的波函数坍缩了，确定了，叠加态又转移到摄像机身上了……不管你加多少仪器，最后那台总是处于叠加态，整个系统还是处于不确定状态！这个疯狂的机制叫作“无限复归”。

粒子就像《大话西游》里的紫霞与青霞仙子，二人叠加在同一个肉身上，而观测就是移魂大法。想让青、紫叠加态坍缩成一个，就得有下家多接一个灵魂，变成叠加态。那么，谁来终结这个狗血的叠加态呢？《大话西游》里真的用了一只狗，它的肉身分担了一个人的灵魂，这才解决了整个系统总有一个叠加态的尴尬。

不过，这个办法本身也很尴尬：狗身上是不是叠加了两个灵魂呢？如果“意识”算是灵魂的话，按照哥派对薛猫的解释，猫既然处于生和死的叠加态，就说明，它的观测没有让波函数坍缩，也就是说它没有意识。因此，狗也一样，应该是没有意识的，所以，这个神话中的“意识叠加态”也就终结了。

那么，在量子世界，谁能终结整个系统的不确定状态呢？这就是“猫可以是观测者吗”的问题。是我们——只有人可以终结叠加态。实验表明，我们观测时，波函数的确坍缩了。可见，在波函数面前，比的不是眼力，而是理解力！在观测这个问题上，人与阿猫阿狗的区别，竟然在于：人有“意识”！

难道，世上本没有粒子，只有散漫的波函数被意识到了，才有了粒子，也便有了一个“实在的”世界？或者说，一个庞大的复希尔伯特空间里弥漫着无数向量，无怨无悔地苦等意识之光的照耀，好屁颠屁颠地去投个影？这简直就是胡说八道！然而，让人郁闷的是，到目前为止，所有观测结果都证明这不是胡说八道，至少没有一例实验证明这是错的。可是，凭什么只有意识才会让波函数坍缩？波函数又是怎么知道它自己被意识到的？意识究竟是什么东西？意识究竟是不是东西？

意识，是人的头脑对于客观物质世界的反映，是感觉、思维等各种心理过程的总和，也是人类知道自我、了解世界的核心；是人类大脑的一切活动及结果，即作为具有自觉性的思维；是知觉、感觉或觉察的状态……还有很多种，一般来说，能肯定地告诉你什么是意识的，都是各有侧重的哲学定义。虽然我们不能冒昧地说，这些哲学定义是片面的，但是，在这里，我们要的是一个严格的、完整的、精确的、被普遍接受的科学定义。

对不起，让大家失望了，关于意识，目前，憨直、厚道、一根筋的科学还没给出一个确切的定义。可以说，关于意识的探讨，还在模糊和混乱之中。这样也好，我们可以乘乱探讨一番，而不必担心“错”得太离谱。

还是从薛定谔的猫开始。根据测不准原理，观测必然产生干扰，比如光子撞原子什么的。那么，薛猫盒子里的瓶碎了，它的声音传出来，是不是一次观测？我们没有对盒子里的任何东西产生干扰，因为即使我们不在那儿，声音该传出还传出，是吧？所以，这应该不算一次观测。

但是，根据冯氏数学模型，这就是一次观测。空气振动传到人耳朵里，这时候，空气分子就成了观测手段的一部分，它们用振动向人传递了信息，让人“意识”到猫应该是死了。

然而，在声音传出之前，我们是不是可以确定猫还活着呢？没有声音时，猫还是死和活的叠加态吗？

哈哈，晕了吧？其实，上述都是不该问的问题。要知道，薛猫的盒子是不允许这些问题出现的。因为，盒子的作用，是让你“不能观测”，而不仅仅是让你“眼睛看不见”，而且隐含了隔音、防震等功能，让你不能通过任何手段去观测。

既然都是不该问的问题，为什么还要一本正经地来探讨呢？因为，所有这些，都直指一个让人头疼的问题：即使没有什么光子观测的干扰，这也是一次观测——只要信息泄露给了人，让人“意识”到了，波函数就会坍缩！

那么，如果在盒子里安一个麦克风，连接到盒外的音箱，实验相关人员统统撤离后，一个人打酱油路过，他听到了音箱传出药瓶破碎的声音，却不知道这是什么声音，也就是说，他没“意识”到这声音关系到一只猫的生死，那么，这算不算一次观测？这时候，猫是死了还是处于死和活的叠加态呢？

猫应该是死了。因为，这个实验有个狗血的假设：声音被音箱传出。这说明瓶子已经碎了。另外，接了麦克风和音箱，盒子就是透明的了，跟不设置盒子区别不大。

然而，打酱油的问题依然存在：盒子的作用，是为了不让人观测。如果没有盒子，把“敲碎药瓶”改成“引爆炸药”，把猫拴在炸药旁边，撤离所有实验者，那么，路人经过，听到爆炸声，却为了酱油大业绝尘而去，根本没去观测究竟发生了什么，这时，猫是死是活？

什么？你说猫死定了？你怎么能“确定”路人听到的一定是猫旁边的炸药爆炸声？你又怎么确定爆炸现场的死亡率一定是100%？所有这些问题，都可以参照有关“月亮姐姐在哪儿”的探讨。

哈哈，这其实是一次小小的头脑热身。为什么要搞这次头脑热身？因为，前面来了一个很容易让人崩溃的朋友——维格纳。

前面介绍过,狄拉克娶了维格纳的妹妹,但维格纳可不是靠当狄拉克的大舅哥出名的。在美国,他在几所著名大学及许多科研机构任职,著作颇丰。由于"在原子核和基本粒子理论方面的贡献,尤其是对称性原理的发现和应用"而获诺奖。维格纳认为,既然外部世界可以影响意识,意识为什么不可以影响外部世界呢？当然可以。这是牛爷早在300年前就制定的第三定律——作用与反作用啊!

根据这个古老的定律,维格纳升级了薛定谔的猫:他让一个朋友戴着防毒面具在盒子里与猫共舞,而维格纳本人则躲这个盒子远远的(损友啊!),一副不忍直视那个可怕的盒子的样子(节操啊!)。那么,对维格纳来说,他观测不到盒子,盒子里的一切对他来说,是不是处于活猫和高兴的朋友,以及死猫和悲伤的朋友的叠加态呢？

维格纳给出的答案是:不。可以肯定,朋友出来后,一定会告诉维格纳一个确定的答案,而不是一个"叠加"的答案。因此,可以确定,当一个系统中包含了意识时,叠加态就消失了!

维格纳

又是意识!并且这回更明朗了,意识,正是叠加态的终结者!

于是,我们不得不面对前面提到的那个让人头疼的问题:意识究竟是什么东西？意识究竟是不是东西？

既然维格纳把牛爷第三定律搬出来了,我们也只能先设定意识是东西,是物质行为。因为,能与物质产生作用与反作用的,只能是物质,除非你能用严谨的、可重复的科学实验证实某些玄乎的“神迹”。

当然,意识本身不是电子、介子、夸克之类的具体物质。然而,意识的存在,却离不开物质。

正如信息,信息本身绝不是物质,但它却绝对需要靠物质来承载和表达。没有了物质,也就不存在什么信息。比方说“同意”,是一个信息,但你能说它是某种物质吗?“同意”是房子?是泪水?是人头?是文字?是眼神?都不是,然而,这些东西统统可以用来承载和表达“同意”这个信息。你对女孩说:“嫁给我吧。”女孩可以有无数种反应。

普通版:嗯。

文艺版:妙目噙泪。

现实版:有房吗?

浪漫版:上天的安排?

女汉版:你咋才说呢!

猫鼠版:死鬼,太突然了。

……

所有这些千奇百怪的反应,都是在向你传达同一个信息:同意。不管用哪种,都会让你幸福得像花一样。

那么,这些表达方式都是“同意”的意思吗?当然不是,如果换一个场合,意义就完全不同了,比如,你面对的是一个医生,问:“我真的没救了吗?”上面有的回答就很恐怖,会让你毛骨悚然。

你把这几句话单独写出来,贴在电线杆上的小广告旁,或者录音,在食堂播放,不会有人知道这些话代表什么意思。如果放在老鼠洞里,或者放在火星上,这些文字就毫无意义。这说明什么呢?说明离开交流和理解,物质无论怎么折腾,也不能成为信息。反之,只要可以用来理解和交流,怎么样都可以是信息。

不信?你在山路上看到一块很普通的石头,或者一根很普通的断树枝,这是信息吗?当然不是。因为你完全不能理解某块石头为什么躺在那儿,你也完全不关心某根树枝为什么会断在这儿。然而,如果这石头、断树枝是驴友用来做标记的,那么,对驴友而言,它就是生死攸关的信息!

我们的所谓意识，其实就是大脑在接收、存储、处理和产生信息。那么，大脑是怎么工作的？虽然这个问题的难度丝毫不亚于“宇宙是如何运行的”，但是，一个很基础的答案却很靠谱：大脑是靠神经元、神经网络之间传递、重组某种物质来工作的。这些物质，有蛋白质、电信号、激素等，不管是什么，归根结底，都是原子、电子等粒子的运动、排布，以及它们间的相互作用——我们在这里称之为“物质行为”。正是这些物质行为，承载和创造了我们的意识。

或许，就是这类物质行为，跟波函数相互作用，让它坍缩了？

这话，乍听起来，很有道理，然而，稍微一分析，就很难站住脚了。因为阿猫阿狗们的大脑也是这样工作的，为什么它们大脑的物质行为就不能让波函数坍缩呢？

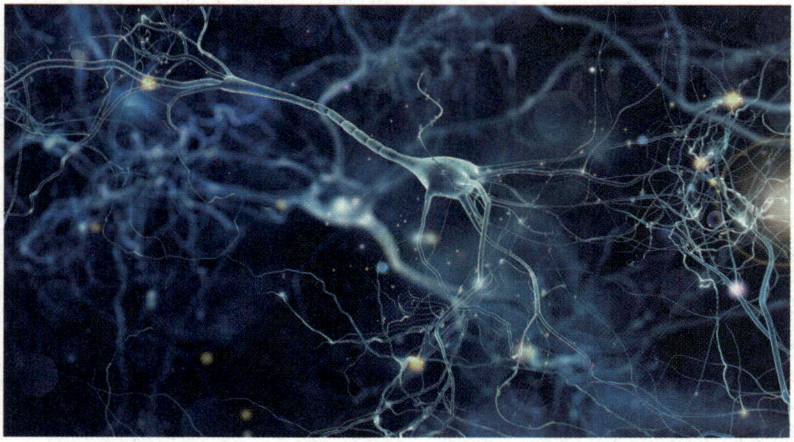

大脑中复杂的神经网络

3 触不可及

这位说了，因为阿猫阿狗的头脑太简单，那些物质行为不足以让波函数坍缩。当真如此吗？其实，阿猫阿狗们的大脑也有神经元、神经网络这些高端大气上档次的配置，大致结构跟人脑差不多，大脑工作原理是一样的，也是靠传递、重组蛋白质、电信号、激素之类的物质来实现，构成大脑的基本物质更是别无二致。

那么，凭什么它们的观测就不能让波函数坍缩？难道，是因为人脑大，物质行为的作用力也就比其他动物大？可是论体积，蓝鲸大脑是人脑的 5 倍，大象大脑是人脑的 4 倍！这位同学说了，那可能是因为人脑与体重的比值最大吧？这就更不靠谱了，难道波函数先要测算一下观测者的脑化指数，再决定是不是要坍缩？

从物质的角度看，人脑也好，动物大脑也好，成分都差不多：近 80% 的水、10% 的脂肪、8% 的蛋白质，还有些矿物质什么的。更基本地说，就是碳、氢、氧、氮、硫、磷、铁、锌、铜、硼、锰、碘、钼等各种原子。要是硬找人脑与动物大脑的区别，还真有：人脑的"带状前回"中，有一种"巨型纺锤神经元"。

这种神经元，成分没什么特别，功能上目前也看不出它有什么特殊，只知道它比其他神经元胖很多，而且很特殊，只有在人脑和类人猿脑中才找得到。并且，它在不同物种中的数量不一样，人脑里面数量比较多。相同单位的带状前回截面上，比较一下巨型纺锤神经元的数量，大致关系是：人 90 个，倭黑猩猩 70 个，黑猩猩 40 个，大猩猩 20 个。当然，"90" 这个数，是成年人的标准，我们的婴儿出生时，没那么多巨型纺锤神经元，长到 4 岁时，才达到标准。

难道，是这种巨型纺锤神经元的活动造成了波函数坍缩？这个理论也很难站住脚。

首先，一个最现实的问题就很难回答：波函数是如何识别巨型纺锤神经元的呢？难道就因为它是神经元帝国唯一的胖子？"除了它我们谁都不认！"

其次，如果波函数真的只认它，那么，要不要让猩猩们去观测呢？要知道，猩猩们的神经元里也有胖子啊！如果猩猩们观测不坍缩，那么，不足 4 岁的人类娃娃去观测，会不会坍缩？

值得期待的是，两三岁的娃儿已经会说话了，能描述他们所见的简单现象，如果实验设计合理，娃儿们就可以告诉我们，他们看到了什么，这就是说，即使娃儿们的神经元胖子的密度只比得上猩猩，照样能造成波函数坍缩，因为他们能意识到自己看到了什么。

然而，即使胖子是闹饥荒的原因，也不能断定胖的神经元是搞坍波函数的原因。所以，从大脑物质结构来分析波函数坍缩机制，极有可能是死路一条。

但是，如果不考虑物质运动，单从"有没有意识"这个角度去判断波函数该不该坍缩，恐怕路更难走。

根据咱俩的能力，我们只能把“什么是意识”这种不可能出结果的问题放到一边，先假设我们人类拥有一种叫作意识的东西，它以记忆的信息形式存储在大脑里。那么，这种信息，就可以看作电脑磁盘中的数据，是分子、原子的某种排列方式。我们前面讨论过，分子、原子是物质，但它们的排列方式不是物质，而是信息。

我们的大脑产生记忆，实际上是一种叫作“克列伯蛋白”的东西进入神经细胞核内，让基因产生某种特定物质，就算是完成了信息的“写入”。工作原理跟“数据写入磁盘”差不多，都是重组原子、分子的阵列。既然如此，就存在这样一种可能：拷贝大脑信息。其实，关于这方面的研究，科学家们早就有了设想，甚至有人已经设想通过储存记忆来实现“长生不老”。

好吧，问题又出现了：如果把尹志平的记忆拷贝到小龙女的大脑里，她会不会自恋得发疯？此时她看待杨过，是该爱他、怕他还是恨他？或者，把科学家的记忆拷贝到电脑里，用这台电脑去观测薛猫，盒子里的情形是叠加的还是坍缩的？如果因为电脑拷贝了人脑的数据，而具有了意识，便可以让波函数无条件坍缩，那么，就说明电脑磁盘中的物质经过适当的排列组合，也可以催生高端大气上档次的“意识”——从 1997 年超级计算机“深蓝”战胜人类国际象棋冠军卡斯帕罗夫那天起，我们就不敢怀疑这种可能性，更何况，2016、2017 年，谷歌的 AlphaGo 以碾压性优势攻克了人类智力游戏的最后堡垒——围棋。

2016 年，在人机围棋大战中，AlphaGo 完胜世界顶级围棋棋手李世石。

问题是，这种排列组合，需要复杂、精巧到什么程度才可以产生意识？或者说，机器也好、生命也好，处理信息的能力达到什么程度才算有了意识？讨厌的“谷堆悖论”又来了：1 粒、10 粒、200 粒谷子都不算一堆，那么究竟从多少粒谷子开始，才算是一堆？

OK，咱俩必须承认，作为非专业人士，讨论这些连专业人士都没解决的“意识”问题，只会让我们的意识越来越模糊。我们还是回到实验的坚实土地上吧。

首先是思想实验。莱布尼茨假设：一台超大机器，靠复杂精巧的物质结构造就了意识，那么，我们走进机器去旅游观光，只能看见零件运转，根本没有任何可以解释思想、知觉之类的东西，所以用物质来讨论精神是不靠谱的。但是大卫·科尔反驳道：你把一滴水放大，直到水分子像拳头那样大，我们进去参观，也看不到任何湿的东西，但你能否认这滴水是湿的吗？

1950 年，英国著名数学家、逻辑学家、密码学家、计算机科学之父、人工智能之父艾伦·麦席森·图灵提出一个“冒充游戏”，让一个人提问，一台计算机和一个人藏在幕后回答。提问者想尽办法，通过各种提问，试图分辨出谁是计算机。如果不管怎么问，也分不清谁是计算机，那么，就证明这台计算机有了智慧，也就是我们说的“意识”。这个实验叫作“图灵检验”。计算机技术的飞速发展，让人相信，人机难辨指日可待，甚至有个关于“2029 年是否有计算机通过图灵检验”的专门赌局。

然而，美国哲学大师约翰·塞尔却当头泼了一盆凉水：就算你分不出谁是计算机，也不能说计算机就有了意识。1980 年，塞尔提出“中文屋”思想实验。一个懂英文但不懂中文的人被锁在屋子里，屋里只有一本工具书，英文的。第一天，从门缝里塞进一张中文字条，于是这个人按照工具书介绍的规则，在字条上找到特定的字符。第二天，又收到一张中文字条，这个人还按照工具书的进一步指示，把两张字条结合起来，进行关联加工，并且按照规则，挑出一些字，抄到一张空纸上，从门缝塞出去。从始至终，这个人仍然一个中文字也不认

水分子是干的还是湿的？

识，他只是很熟练地应用了规则。

他不知道的是，第一张字条写的是一个故事，第二张字条写的是基于这个故事的问题，而他抄写的字条，就是这个问题的答案。塞尔说，这个中文屋的机制，就是一个复杂而巧妙的算法，这个算法完美到可以模拟一个懂中文的人。然而，不管屋子里传出来的答案有多完美，即使跟真懂中文的人不相上下，也不能说明中文屋懂中文了。结论：再高明的算法也只是算法，它不是意识。

“中文屋”悖论争议不断，具有代表性的反对意见，叫作“系统观念”：中文屋是一整个系统，比方说，屋子是机箱，门是输入输出设备，工具书是存着应用程序的硬盘，人是 CPU，字条是输入输出介质。这个系统是“认识”中文的。你不能因为那个 CPU 不识中文，就断定这整个系统不识中文。

正如人的大脑，也是一整个系统，大脑的某个部位没有意识，但你不能因此就说这个系统不存在意识。意识是整个系统工作的结果。中文屋也一样，整个系统的工作过程，让这个系统“认识”了中文。

塞尔说，好吧，就算这个系统“认识”中文，那么，让我们把这个系统浓缩一下：先破门而入，强行揪出那个人，然后烧掉工具书，推平房子，把地卖给开发商。斯时，就只剩下这个立于天地间的人，好在他已经把工具书倒背如流——也就是说，没有了屋子和书，他仍然可以重复整个中文屋系统的工作！是的，现在，这个人就是整个系统！问题是，他认识中文吗？

所以，再高明的算法也只是算法，它不是意识！

中文屋

呼！让咱俩长舒一口气，因为用我们的意识进行思想实验来讨论意识，实在是一种折磨！那么，在实验室里，用真正的实验来研究意识，会不会轻松些呢？

1980 年，美国加州大学旧金山分校神经学科学家本杰明·利伯特搞了个自由意识实验。实验很简单，让被测试者抬手臂，测量 3 个时间点：决定行动（人意识到自己要抬手臂）时间、大脑准备电位发生的时间、实际行动（抬手臂）时间。猜猜看，哪一步最先发生？

按照“我的身体我做主”的原则，当然是人的自由意识先决定抬手臂，然后把指令下达给大脑中的“手臂管理员”，由它去操纵手臂抬起来。

然而，结果却出乎所有人意料：竟然是大脑先计划抬手臂，然后意识才决定抬手臂。注意：大脑计划抬手臂，这是我们意识不到的！大脑计划做出 0.3 秒之后，意识才决定抬手臂，决定 0.2 秒后，手臂执行命令。也就是说，我们以为自己的意识可以决定身体行为，殊不知，所谓“自由意识”，只是在执行大脑 0.3 秒前制订的计划而已！难道，是我们无法察觉的神经活动在起主导作用，而“自由意识”只是个假象？

我们以为行为是由意识发起，可事实是，大脑的所有工作，都是神经元们闹腾的结果，意识也是这样来的。所以，先有大脑活动，再有意识，也在情理之中。“我的身体我做主”所说的“我”，其实主要是指自己的自由意识。意识与肉体一起，构成一个完整的人。这个整体，当然是由“我”——自由意识主导。我们从未怀疑这一点。然而，这个实验残忍地揭开了真相：神经元们才是老板，它们开完董事会，做出决策后，才把“我”这个 CEO 叫到会议室，公布规划，由“我”领导肢体员工去执行！而“我”这个高级打工仔，还一直以为自己是老板！

啥？你怀疑利伯特实验不靠谱？嗯，有道理，整个科学界都在怀疑。所以，大家纷纷实验之。结果，还是那个结果。

2008 年，德国普朗克学会神经学科学家海恩斯升级了利伯特实验，让受测试者选择用左手或右手按按钮，研究人员监测其大脑活动。结果显示，大脑扫描器可以提前 7 秒预测其行为！

7 秒！意识“选择用哪只手去按按钮”的决定，早在 7 秒前就由大脑的神经元活动计划好了！所以，在这个实验里，研究人员比被测试者更早知道他要用哪只手去按按钮！恐怖吧！

那么，我们的所谓“自由意识”，当真就是彻头彻尾的傀儡？利伯特给了我们一丝安慰:在行动实际发生前,我们的意识有 0.2 秒的时间可以否决大脑无意识的计划。这个观点让我们稍稍舒服了一些。然而,又有实验显示,似乎连否决也是由无意识率先发起的!

波函数只有被意识到才肯坍缩成实在的粒子,而我们引以为豪的意识却不由“自主”,那个“我”是大脑生化作用的副产品!这套倒霉机制的设计,PS 痕迹太重,以至于让人不由自主地想起《黑客帝国》——电影里的“现实”是,人被机器禁锢起来当这也作生物电池,人所感觉的一切,其实是矩阵制造的幻象。这绝不是我们的想象力过于丰富,实在是哥本哈根解释的世界太疯狂。

如果世界的“实在性”真的是靠“意识”这个打工仔来实现的(观测前不存在物理量),那么,这个世界的形成,就和诺兰电影《盗梦空间》里的造梦机制差不多了。电影中,可以通过梦境,去有意识地创造一个虚拟世界,这已经够疯狂了,而我们的“现实”世界,竟然要靠“意识”去创造一个“梦境”(你不观测它就弥散在空中,不在了),而且是头脑清醒的白日梦!

1981 年,美国著名哲学家普特南提出“缸中之脑”思想实验。这其实是庄周梦蝶、笛卡尔恶魔、柏拉图洞喻说的现代升级版。

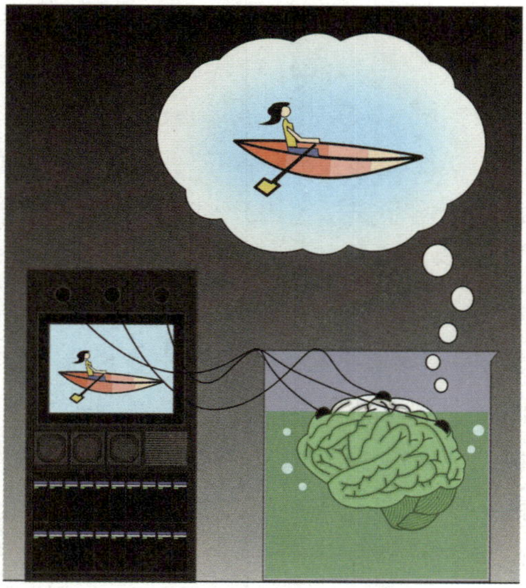

◀「缸中之脑」以为自己在划船。

关键词句:你如何确定自己不是一颗“缸中之脑”?

技术背景:世界脑神经学鼻祖彭菲尔德用电流刺激大脑的不同部位,大脑的主人不是感到头疼,而是嗅到某种气味、听到某种声音、看到某种颜色……实际上，实验室里并不存在这些气味、声音或颜色。那些所谓感觉，全部来自电流对大脑的刺激。这就是说，在理论上，可以用足够精密的设备，让大脑“感受”到任何东西——要知道，人脑延伸出的脑神经只有12对，脊神经也只有31对，我们与外界的全部沟通，都靠它们来输入输出——也就是说，直接与神经相连的线路并没有想象中那么复杂。

普特南说，假如有个疯狂的科学家，或者邪恶机器人什么的，把你的大脑放在一口缸中，靠营养液供养存活，然后用设备刺激你的大脑，你所知所觉的一切，都来自这台设备的精密刺激。你的“意识”可以与设备互动，使你“经历”的场景无比细腻、无比真实、无比鲜活：秋月寒清，邻里温馨，木纹繁复，美酒香醇，诗文曼妙，美目勾魂……但这一切都不是真实的。那么，你能如何确定自己不是一颗缸中之脑？

既然已经来到这个恐怖的境地，那就让我们再大胆地往前走一步：你如何确定“你以为的这个世界”不是5秒钟前才被“创造”出来的？你所有的记忆，以及你现在的一切知觉，都是5秒前由那台勤劳善良的设备拷贝给你的。“实际”上，你的世界才刚刚启动5秒钟，而你却以为这个宇宙已经运行了137亿年！

是的，我们谁也无法确定。然而，笛卡尔说，即使我所知的一切都是恶魔制造的幻象，也不能否认“我”的存在。因为，“我”在怀疑，而“怀疑”是需要一个“思考者”的，所以，至少可以确定，“我”是存在的！这就是传说中的“我思故我在”——笛卡尔认识论哲学的起点，他以此推出真实世界的存在。

笛卡尔是个“心物二元论”者，认为世界存在意识和物质两种实体。这个认识的对错不论，我们单说“意识”。

是的，即使“我”是缸中之脑，“我以为的世界”只开始了5秒，也不能否认“我”的存在。而只要我存在，就该有个存在之“处”。也就是说，最终，存在一个“真实”的外部世界。

是的，你那颗悬于虚无的心，可以踏实一小会儿了。我们在意识迷宫中已经陷得太深（画外音：好好说话！），咳咳，好吧，我承认，咱俩已经跑题了。哲学探讨很难不跑题。

实际上，即使扔开意识，也并不好过。

4 恐怖实验

为了跟哥本哈根解释较真儿，把双缝实验带来的问题搞清楚，老爱扔出个“分光实验”。你不是说，粒子在观测之前，不存在物理量吗？说它只是叠加了无数可能的波函数，因此，它可以玩儿单粒子过双缝的把戏，实现自我干涉。那好，我们把迈克尔逊干涉仪借来改装一下，看看粒子究竟是怎么走的！

看过前文的你，对测量以太漂移的迈克尔逊－莫雷实验的装备，应该很熟悉了（第八章“一个失败的实验”一节）。我们把主要装备的位置和角度稍稍变一下，看，多么温馨的画面。

照旧，小亮负责发射光子；阴阳镜是半透镜，与入射光路线成45°角，光子射到阴阳镜上，被反射、透射的概率各占50%；风月宝鉴和魔镜是全反射镜，镜面朝向阴阳镜，并与之平行。

好，实验开始：小亮发出光子，光子溜达到阴阳镜上，是被反射、走风月路

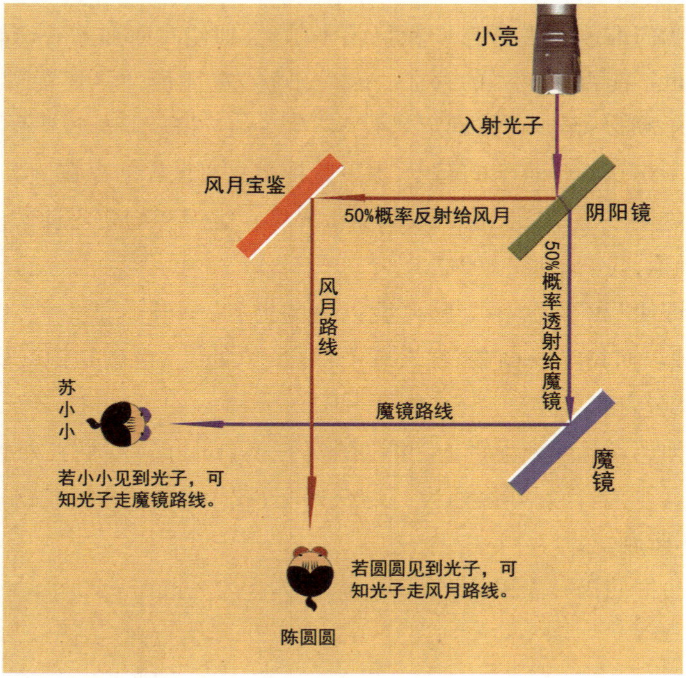

爱因斯坦分光实验一

线，还是被透射、走魔镜路线？这是个问题。阴阳镜随机给了它一个答案。那么，我们怎么知道它走哪条路线呢？当然是让小小在魔镜路线上观测、圆圆在风月路线上观测，哪条路线上发现光子，光子走的就是哪条路线——正确得像废话一样！

按照经典解释，在你观测之前，光子就已经在那儿了。光子射出后，不管它走哪条路线，我们都可以确定，在观测到它之前的某个时刻，它必然在某条路线的某个位置上。

当然，不管是哪种解释，在确定光子走哪条路线的办法上，意见是统一的：小小看见——魔镜路线；圆圆看见——风月路线。

OK，现在我们叫来阴阳镜弟弟，派到两条出射路线的交会处，角度跟其他三块镜子平行。

光到了阴阳镜弟弟这里，照样会被透射或反射，于是，如果光同时从两条路线来，就会被掺合到一起了——就是说，小小和圆圆的位置，都可以同时看见从两条路线来的光了。这样可以造成干涉。OK，现在咱俩精心调整阴阳镜弟弟的位置，让圆圆处的光相位相反、能量相抵而消失，同时让小小处的光相位相

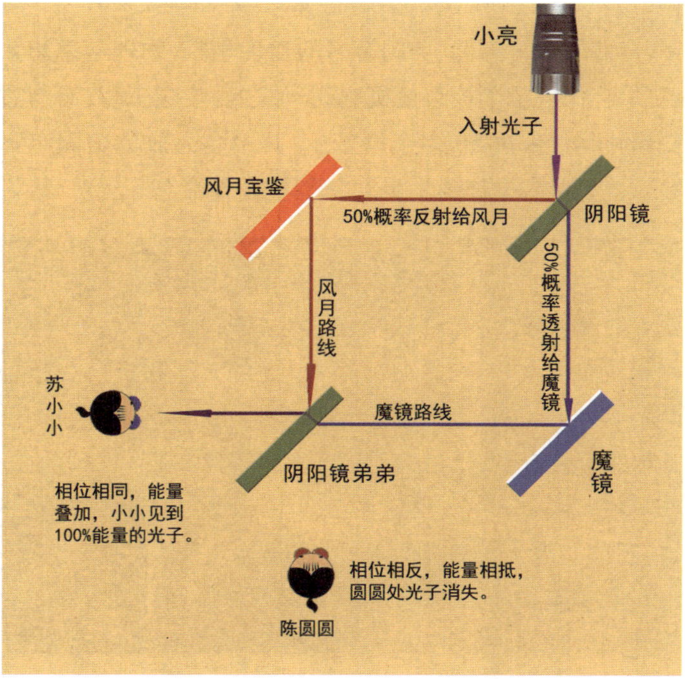

爱因斯坦分光实验二

同、能量叠加而增强——这其实就相当于双缝实验中的明暗条纹。设置完毕。注意：风月、魔镜两条路线相当于双缝。

按照这个设置，如果光同时走了两条路线，那么就会发生干涉，小小总能收到（叠加），而圆圆总是收不到（相抵）；如果光只走了一条路线，那么，就不会发生干涉，小小、圆圆收到光的概率各占50%。

现在，小亮只发射一个光子，会怎么样呢？按照哥派解释，光子同时经过了两条路线，那么，我们就总是能得到同一个确定的结果：光子100%被小小收到。

爱因斯坦说，光子同时经过了两条路线？好吧，那么，为什么阴阳镜弟弟没来时，光子就只走一条路线？同样是一个光子，怎么可能既只走一条路线，又非要同时走两条路线？而决定因素居然是：快到终点时有没有阴阳镜弟弟！

玻尔给出的解释是，就算你只在实验过程的结尾动手脚，也会改变整个实验过程。所以这不是一个实验，而是两个不同的实验，你不可能同时做这两个实验，所以光子既走一条路线、又同时走两条路线的矛盾不会出现。这个解释，听起来让人很不服气，但也无从反驳。

然而，有人同样使用哥本哈根解释，却给出了完全不同的解读。

约翰·阿奇博尔德·惠勒，美国著名的物理学家、物理学思想家、物理学教育家。他跟玻尔合作揭示了核裂变机制，参加过曼哈顿工程，参与过氢弹设计，当过爱因斯坦的同事，带过50多个博士生，其中多人成为美国宇宙学、天体理论物理的一线人物，费曼是他的学生。“黑洞”由他命名。

约翰·阿奇博尔德·惠勒

惠勒说，这不是两个实验，而是一个实验。说完，顺手把这个实验升了级，让阴阳镜弟弟来去自如——可随时插入和拔出。那么，阴阳镜弟弟什么时候出现才合适呢？这正是问题的关键。我们可以让光子经过了风月宝鉴或者魔镜之后，快到达阴阳镜弟弟的地盘时，再做决定！

如果阴阳镜弟弟不出现，则光子只走一条路线，小小和圆圆各有50%的概率收到光子；如果阴阳镜弟弟出现，则光子走两条路线，小小收到光子，圆圆收不到。

什么意思？意思很明确，只是我们不愿面对而已：我们可以在事件发生之后，再决定它怎样发生！先给你定个罪，再决定你是怎样犯罪的！

没有阴阳镜弟弟时，光子通过了风月宝鉴或者魔镜，走到终点时，阴阳镜弟弟突然出现："你个死鬼要来不早说，你在这儿，就必须干涉啊！可我只走了一条路线，怎么干涉啊？现在怎么办？篡改历史吧，唵嘛呢叭咪吽，我走的是两条路线！"

于是，干涉了。我们延迟决定了光子之前的行为！这就是传说中的"延迟选择实验"。1979年，惠勒在普林斯顿纪念爱因斯坦诞辰100周年的专题讨论会上，提出了这个著名的思想实验。

太荒唐了吧？比"意识"还荒唐吧？

不荒唐。这才是正儿八经的哥本哈根解释。在我们观测之前，不存在什么物理量，也就是说，光子不在任何一条路线上，它没有位置，也没有动量之类的任何物理量，它不是一个真实的存在，所以也就谈不上什么"历史"，因为它还没有发生，它只是无数可能的叠加。只有我们观测了，光子才成为光子，历史也就随之有了配套的剧本。有阴阳镜弟弟，就观测到干涉的结果，配套的历史是走两条路；没有阴阳镜弟弟，就得到没有干涉的结果，配套的历史是走一条路。很雷，但是很合理，是吧？

事情还远远没完。根据延迟选择实验，惠勒把哥派理论向前推进了一步：没有一个量子现象是一个"现象"——直到它被记录为止；不存在一个现成的"过去"，除非它被"现在"记录。哥派原来怎么说的？在观测之前，不存在任何物理量。

两个说法，其实没什么本质区别，只不过惠勒的说法更具体。玻尔对"观测"的解释，实际上正如惠勒说的那样：你不观测，就没有位置、动量、质量、时间等物理量——也就是连"客观存在"都没有，还哪儿来什么"历史"？

没有什么比“存在”与“历史”的关系更好理解的了：一只足球进了希尔顿的球门，于是镜头回放，追溯它的历史，发现这球是马拉多纳用手拨进来的。这就是球进门之前的历史。这个历史的根本前提是：球存在。如果这只球根本不存在，它自然也就没有什么历史。怎样让它“存在”呢？哥派给的答案是：观测。你一观测，就有了物理量，有物理量就是存在。

然而，根据不确定性原理，你能观测到什么物理量，比方说动量大小、位置如何、路径怎样……是由观测手段决定的。你选择的观测手段，决定了观测对象“现在”的物理量，也就决定了它的历史。也就是说，我们现在的观测，可以创造历史！无需穿越，只需选择观测手段，我们就可以左右历史！

这个结果，不会因为你把头埋进沙堆就会消失。问题是，这个推论靠谱吗？我们只能说，从目前的实验结果来看，它很可能是最靠谱的。请注意，“最靠谱”前面必须加上“很可能”。因为，以后还有别的理论同样可以解释这些现象。这些以后再聊。现在的第一要务，就是把实验做了。惠勒提出疯狂的延迟选择思想实验，让人随时受不了，大家争着争着，忽然发现，这个思想实验完全可以搬进实验室！

仅仅是5年后，延迟选择实验就被马里兰大学的卡洛尔·阿雷和同事实现了，结果竟然和惠勒说的疯话一模一样！不服？慕尼黑大学也做了这个实验，证明了惠勒说的不是疯话！

观测前，光子作为一个悲哀的波函数，弥漫在空中。我们的观测让波函数瞬间坍缩了，于是它有了物理量，观测方式顺便决定了相应的历史。好吧惠勒，这个实验可以接受。不管有多疯狂，观测也是老大。

然而，惠勒决定，将疯狂进行到底。把因果律谋杀在实验室里，不够壮烈，不够火爆。于是，他把雄心勃勃的目光瞄向了宇宙深处。1979年，瓦尔希等人发现了一对相距5.7角秒的双类星体QSO 0957 +561A、B，离我们人类有上亿光年远。它俩的亮度、光谱什么的都差不多。后来才知道，这是同一个类星体，它的万道光芒，各走各路，有两道碰巧被引力透镜一同弯到了地球，于是我们看到它的两个像。惠勒提出，用望远镜、光导纤维等工具，把两条路上的光子引诱到延迟选择实验装置，可以完成星际延迟选择实验！

星际延迟选择？听起来好难！其实，只是多了两个望远镜和光导纤维而已，所以，这个实验基本没什么难度。然而，实验结果却让人咋舌：阴阳镜弟弟出现与否，可以瞬间决定星际光子的旅行路线。要知道，它们上亿年前就已经出发了呀！因果的时间顺序惨遭蹂躏，事件的定域性备受摧残。

“整体论”从单纯的空间拓展到了时空。这样说有点敷衍，因为，有些同学意识不到，这句话的意思其实是：观测之前，光子的波函数在它所掠过的漫漫时空长河中，始终都是一个整体！这……这……你以为毁的只是因果律、定域性吗？还有三观和经典物理破碎的心！引力透镜本身证明了定域的广义相对论是对的；而利用引力透镜搞出的延迟选择实验证明，宇宙不是定域的！

天啊，你在搞什么？

相对论告诉我们，这个现实世界是有多奇怪。而量子论说，真正奇怪的是，根本不存在什么现实世界！相对论没法解释量子行为，而量子论根本没空解释相对论，因为它自己也解释不了量子行为！

玻尔强力催生了哥本哈根解释，但他念了那几句咒语之后，就再也不肯往前走了。“一观测，便坍缩”，为什么？不可说……这个解释，让很多人不满意，而这个鸵鸟态度，让更多人不满意。

惠勒利用延迟选择实验把残酷的现实摆在我们面前，犹嫌不过瘾，他兴奋地解读道：观测之前，没有什么客观现实，只有无数可能的叠加；只有观测了，波函数才能被坍缩成客观现实。好吧，这个说过了。那么，谁来观测才算数呢？实验表明，仪器不行，而我们行。嗯，这个也说过了。——于是，冯·诺依曼、维格纳、惠勒等人给出一个惊人的判断：意识，可以让波函数坍缩成真。这个，前面也说过，不足为奇。

然而，惠勒的解读还没完：所以，在意识出现之前，没有什么宇宙，只有波函数，当意识第一次出现时，它才坍缩成现实世界。既然有了眼前这个世界，那么，就需要有这个世界的来历，是的，你猜对了，坍缩的不仅是眼前、现在，还有历史——你的观测决定了历史！有意识的观测创造了宇宙！

这简直就是彻头彻尾的疯言疯语！本来，让意识掺合到物理中来，就已经激起了民愤，引起了科学家们的强烈不满。看在量子行事风格一贯诡异的份上，大家权当“意识”之类的是一剂调味品，学玻尔睁一只眼闭一只眼也就过去了。现在，你弄个劳什子延迟选择实验，搞得因果律、定域性很难看也就罢了，还把意识提升到上帝的高度——创造宇宙，这不是作死的节奏吗？

5 平行宇宙

咱俩去饭店吃饭，你只注意菜好吃就行了，你不能细琢磨擦桌子那块抹布是不是也用来擦碗，洗碗那桶水是不是也用来洗菜，剩菜那摊油是不是还回锅……否则你没办法吃。哥本哈根解释就是玻尔掌柜开的量子江湖饭店，你知道好用就是了，你不能细琢磨谁有资格做观测者，波函数究竟是怎么坍缩的，月亮姐姐到底在哪儿……否则就会像冯·诺依曼、维格纳和惠勒那样，顺藤摸出一些匪夷所思的歪瓜，让大家在意识的迷宫中恐惧，在因果纠结的荆棘藤蔓中挣扎。这样看来，玻尔的鸵鸟政策，倒成了最明智的选择。

然而，马蜂窝已经捅了，就算你把眼一闭，爱咋咋的，蜂儿也不会离你而去。所以，解决问题才是正题。那么，我们要解决的，是哪个问题？换句话说，从哪儿下手？其实，那些乱七八糟的问题，都是一条藤上的瓜，这条藤就是波函数坍缩。波函数的概率分布，这是叠加问题；波函数是怎么坍缩的，这是机制问题；坍缩的物理量，这是观测手段问题；谁能让波函数坍缩，这是观测者资格和意识问题……所以，搞定了坍缩，也就搞定了世界！

不过，这件事说来不易，做起更难。你只要回忆一下，建立量子论又被坍缩折磨的都是哪些牛人，就不难得出结论：搞定坍缩，基本上是一件不可能的任务。蚍蜉撼树的事谁肯干？然而，还真有人挑战这个不可能：休·艾弗雷特Ⅲ。为什么他的名字后面有个"Ⅲ"呢？因为他老爸、老爸的老爸都叫"休·艾弗雷特"，所以，那个"Ⅲ"其实是"三世"的意思。

休·艾弗雷特Ⅲ

休·艾弗雷特Ⅲ1930年出生在美国。他从小好学善问，是爱因斯坦的粉丝，12岁时就给老爱写信问宇宙之类的问题，老爱还认真地回了信。1953年，休·艾弗雷特Ⅲ在美国天主教大学化学工程系毕业后，入读普林斯顿大学数学系，随后转投物理，指导教授是惠勒。钻研了冯·诺伊曼和玻尔的量子力学之后，一股使命感在休·艾弗雷特Ⅲ心中油然而生：坍缩问题是关系到宇宙真理生死存亡的问题，必须马上抓紧时间解决掉！

波函数怎样坍缩、为谁坍缩、凭啥坍缩……解决这些狗血问题，定是非常麻烦的。然而，休·艾弗雷特Ⅲ给出了一个超乎想象的简单方案：波函数没有坍缩！这就好比宇宙群众惊呼："CPI 涨太快受不了了！"而宇宙将军的回答是："没有 CPI。"很显然，这是在描述幻想，而不是在陈述事实。大家各取所需，没有 CPI 固然爽到飞，但问题是，你说没有就没有吗？

休·艾弗雷特Ⅲ说，还真没有。看：一个电子遛到双缝前，接下来的路怎么走？我们纠结的是：你不观测，它就走双缝；你一观测，它就随机选一条确定的路线走单缝——我们说这是波函数坍缩了。但是，这个让人纠结的坍缩其实是个误会，波函数没坍缩，它依然是各种可能的叠加，只不过，在咱俩的世界，你去观测，只能观测到其中的一种可能，至于其他可能，实际上也都发生了——在其他世界。大千世界，无限可能，每一种可能对应一个世界！

小伙伴们，不要一副被雷劈的表情，好歹我们也是让"意识"炼过的铜头铁臂，还有啥过不去的火焰山？怎么也得问问那么多世界是咋来的吧？

1957 年，休·艾弗雷特Ⅲ把这个想法写成了一篇论文，详解了多世界的来历。你用仪器去观测电子时，电子、仪器、你就发生了关联，观测对象、仪器、观测者成为一个系统，根据薛定谔方程，电子把它的不确定性传给了整个系统，这样，整个系统也就进入了叠加态。观测对象有多少种可能，系统就有多少个叠加分支。在每一个分支中，都有一个确定的电子、一套测到确定值的仪器、一个看到确定值的你。每一个分支都是独立的。然而，世界上，有什么东西称得上真正独立呢？只有世界本身。所以，每一个分支都对应一个不同的世界。

你在双缝前观测电子，看到它在我们的世界走了左缝；而在另一个世界里，你看到它走了右缝。也就是说，世界也是叠加的！我们的世界，只不过是这无数叠加世界中的一个。是量子过程的不确定，造成了世界的叠加！

休·艾弗雷特Ⅲ管这个过程叫"分裂"。惠勒看了，感觉用词不当，容易造成误会，于是在论文空白处写了句："分裂？最好换个词。"显然，这个批注很没创意，远远比不上费马同志的那个批注吸引眼球（第六章"光程迷踪"一节），所以大家都没注意。于是，很多同志认为，观测对象的量子过程一发生，世界就分裂。具体分裂成多少个，那要看观测对象的波函数叠加了多少种可能。

分裂开来的世界相互独立，几乎一模一样，除了观测对象的值。打开薛猫盒子，你在这个世界观测到活猫，另一个世界的你就观测到死猫。这样一来，大家就不用为波函数坍缩各种揪心了。

可是，这个代价太大了！物理学家们煲一碗量子汤，哥派大厨倒进去整袋盐，很难下咽，而休·艾弗雷特Ⅲ大厨的高招是，把整个西湖的水倒进锅里，这下不咸了！

如果这是一首歌，我们可以管它叫《狂想曲》，然而，这是篇正儿八经的物理论文！它不叫《狂想曲》，而叫《多世界解释》。解释中的世界彼此独立，是谓"平行宇宙"。为了消灭坍缩，这个理论付出的代价让人心里堵得慌，闻者无不想一脚踩死，再用力拧蹭几下。然而，这个疯狂的创意，在逻辑上竟然没什么毛病！你没处下脚。苍天啊！

不过，它也不是一无是处，至少在数学上，还是凑合的。刚刚说了，"分裂"(splitting)是个误会。简单讲，你别把它当动词，而是当形容词理解，就差不多接近休·艾弗雷特Ⅲ的本意了。前面提到过，一个物理系统可以表示为一个复希尔伯特空间。所谓波函数，是复希尔伯特空间的一个向量，所谓坍缩，就是这个向量在某个方向的投影。现在，我们就简单聊聊这些东西大致是什么意思。

关于多维空间，以及"投影"之类的概念，咱俩在前面已经做过头脑热身(第十一章"四维时空"一节)，这里就不重复了。我们知道，一个二维的坐标，你在2根轴上分别随便取1个值，那么，这2个值就确定了二维空间的1个点。这2个值是什么？就是这个点在2根轴上的投影！坐标轴上的数值可以是变量，比方说动量、位置什么的，这样，它们确定的那个点就可以是运动的。反过来看，这里的变量值，就是运动的点在坐标轴上的矢量投影。

二维空间的1个点有2个投影，三维空间的1个点有几个投影呢？哈，聪明的你答对了，确实是3个，因为这个点在每根轴上都有1个投影，除非它在某个轴上的值是0。以此类推，n 维空间就有 n 根轴，n 维空间的1个点就会有 n 个投影。注意：这些投影都在描述同一个点。这就是说，n 个变量，可以用 n 维空间的1个点来表示。

OK，现在有两个点，A 点有3个变量(投影)，B 点有4个变量，运动很复杂，怎么办？嘿嘿，我们可以把它们描述为七维空间的1个点！这种用数学构造出来的高维空间，就是我们描述的那个系统的"相空间"。

每一个物体都是由很多粒子构成的，你分别去描述这些粒子，实在是太难了。那么，利用相空间去描述，顿时就简单多了。上面提到，1 个粒子可以用 1 个点来表示，很多不同的点也可以用 1 个点来表示。这样，我们就可以把任何宏观物体（比方说 1 只猫）表示成 1 个点。只不过构成物体的粒子越多，我们增加的维度越多罢了。别看多维空间想象起来难得不得了，但用数学方法处理起来却十分方便。你用哈密顿方程来描述，更是好处看得见。

聊起哈密顿方程，你是不是想起了点啥？是的，曾经不共戴天的矩阵力学和波动力学，都是从哈密顿方程出发，妙手改造而来，本是同根生嘛。

OK，还是回到前面。一个物理系统可以表示为一个复希尔伯特空间。你可以把这个复希尔伯特空间看成相空间的升级版。刚才，我们已经把那只猫描述成了 1 个点，这个点可以作为希尔伯特空间的 1 个向量，这个向量包括了那只猫所有可能的状态，比如死、活等。在希尔伯特空间，死、活等这些状态，都只不过是那个点在不同方向的投影而已。在数学上，每个投影都严格按方程随时间演化，不会莫名其妙地消失。也就是说，这些投影同根相生，但不相煎，它们互不相扰，每一个投影都是一种可能，这就是我们前面无数次提到的所谓“叠加态”。

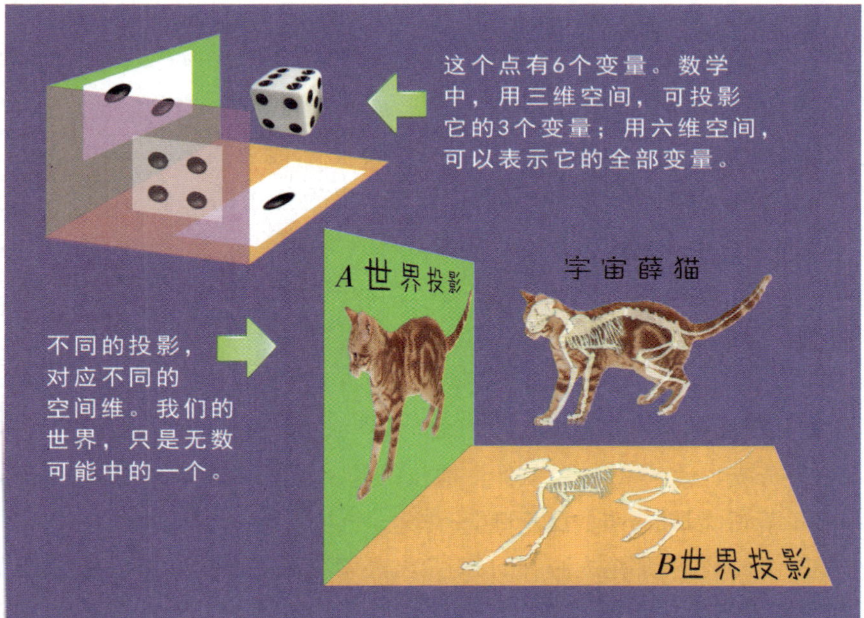

多世界投影

按照哥派解释，你一观测，观测对象就随机选个可能，确定下来——也就是只剩下1个方向的投影，其他投影从此消失了。“从此消失”是什么意思？就是说这个过程不可逆，你没法根据坍缩后的结果，推导出坍缩前的叠加态是什么样。这就是惊天地泣鬼神的所谓波函数坍缩。还记得吧？在经典物理中，你只要拿到某物（比方说彗星）在某时刻的全部资料，就能算出它从哪里来，要到哪里去，其前世、今生、后世，理论上都能分析清楚。在美丽的经典故乡，所有物体的状态在时间轴上都是可逆的。而坍缩过程跟经典物理正好相反。

不仅如此，坍缩还会扯上机制、资格之类的问题，拔出这些萝卜，必然带出“意识”之类的烂泥。

于是，休·艾弗雷特Ⅲ说，所谓坍缩，纯属虚构。你去看看薛定谔方程，它有坍缩的触发机制吗？没有！它有坍缩的远大理想吗？没有！它有坍缩过吗？没有！就是嘛，老薛的波函数从来都保持“可持续发展”，确定就确定，叠加就叠加，一个粒子有自己的波函数，无数粒子构成的物体（比如猫、月亮姐姐、银河系等）也都有自己的波函数。这些波函数构成了我们的世界。我们的世界可以用一个更大的波函数来表示。那么，这个世界在哪儿？

在一个巨大的复希尔伯特空间里。它的发展，可以用一个更大的波函数来表示。这就是宇宙。我们的世界，只不过是它无数投影（无数可能）中的一个。我们知道，不同的投影，对应不同的空间维，它们都是相互垂直的，所以各投影之间，是相互孤立的、隔绝的、不发生任何物质交流的。

作为投影的一部分，我们就相当于阿细或阿扁，能观测到的，仅限于我们所在的投影。这个巨大投影中的一切，都只是无数可能中的一个，其他可能也都发生了，不过，只能在其他投影（世界）中观测到。

所以，宇宙并未分裂，更不会因为你去观测而分裂，它的“全貌”本来就是叠加了各种可能的大杂烩。或许，阿全可以一睹真容。

宇宙从诞生的那一刻起，就随着时间按波函数不断发展演化，可能性越来越多，世界分支也就越来越多，就像一棵枝条越生越多的超级大树，看似繁复庞杂，却枝丫清晰、因果分明、过程可逆——Stop！因果分明、过程可逆？这不回到从前了吗？经典物理那沁人心脾的芬芳，已经萦绕鼻端了！这不正是我们苦苦寻觅的坚实可靠的故乡热土吗？

薛定谔建立了连续、可逆的薛定谔方程，正是要牵着量子力学荣归故里，而哥派这帮家伙，把人家的波函数搞坍缩了不说，还扔出“薛定谔方程比薛定谔本人更聪明”这种刻薄话，让老薛干了活儿还没落下好儿，那是相当的憋屈。不厚道啊！

现在，休·艾弗雷特Ⅲ的多世界解释站出来主持公道：波函数还是老薛的波函数，它从未坍缩。你观测也好，不观测也罢，它就是严格按方程演化，你是否观测、如何观测，随你怎么选，任你看到了啥，都在波函数的手掌心里了。每一个世界的你，都“注定”只能观测到一个确定量。为啥要说“注定”呢？因为你就在那个投影里，那个投影就是你的世界，你看不到世界以外的东西。

是的，世界是决定的，不是随机的；世界是实在的，不是虚无缥缈的；世界是客观的，与意识无关！

多么幸福美好的家园啊！我们再见到牛爷、麦爷，就不用担心他们吹胡子瞪眼了！这是多大的成功啊，同志们！

然而，休·艾弗雷特Ⅲ没有享受到成功的眩晕感，因为物理界的反应是：没有反应。

玻尔的态度很有代表性。他看了这篇论文后，连反对的意见都没有，完全无视。就像一粒沙，飘进了撒哈拉沙漠之中。可怜的休·艾弗雷特Ⅲ不知道，玻尔不只是对多世界解释不“感冒”，他坚信哥本哈根解释，所以，对其他任何新解释都不感兴趣。

值得一提的是，惠勒老师表示，休·艾弗雷特Ⅲ同学的多世界解释是个不错的想法，虽然这个解释把他热衷的意识说一脚踢开，但他还是积极修改和推荐了这篇博士论文。

然而，孤掌难鸣，惠勒的热情之火，也燃烧不了整个沙漠，反而是无边的冷漠，浇灭了休·艾弗雷特Ⅲ同学的希望之火。他恋恋不舍地改了行，从事了几份很有前途的职业，也干出了名堂。比方说他在国防部进行军事研究时，改良了拉格朗日乘数法，发明了一套很牛的“艾弗雷特算法”，解决了工作难题；在五角大楼里搞过最高机密武器系统评估；与人合作，创建了 Lambda 公司，赚到了不少钱，一度成为人们眼中的成功人士。

然而，休·艾弗雷特Ⅲ就是高兴不起来。他游戏人生，嗜烟酗酒，对老婆孩子不好。晚年搞得差点破产时，还在编程计算各种贷款。最后一次醉酒后，心脏病把他带去了另一个世界，那是 1982 年。他的骨灰被老婆丢进了垃圾堆。别误会，不是艾夫人绝情，这是休·艾弗雷特Ⅲ自己的主意。

别看艾弗雷特一家亲情淡漠，他们却在一点上惊人一致：举家相信平行宇宙。女儿丽兹患精神分裂症，嫁给了一个"毒虫"，夫唱妇随，酗酒嗑药，丽兹1996年自杀，遗书约家人"在另一个世界再相见"。儿子马克·奥利弗·艾弗雷特是摇滚乐队Eels的组建者和主唱。直到父亲的尸体被医护人员拉走那一刻，马克才忽然发现，记忆中，没有碰触过父亲，甚至对父亲生前的印象也很模糊。他说，父亲"活在自己的平行世界"。

6 退相干

"多世界解释"简称MWI，是Many Worlds Interpretation的缩写。这三个字母拼成了过山车轨道，像极了它的命运，也折射了休·艾弗雷特Ⅲ传奇的一生。

MWI一出世，就不招人待见，姥姥不疼舅舅不爱，差点葬身历史的垃圾堆。这也难怪，虽然它带来了经典故土的诱惑，但冷静到不尽人情的物理学家们可没那么好忽悠。没错，你在数学上没啥毛病，但在物理上，我们不能接受。就算我们无视悬在头顶的奥卡姆剃刀，承认有众多观测不到的世外世界，也无法弥补你MWI的先天不足。

比方说，你打着决定论的旗号，干着概率论的勾当。说电子是"确定地"走了左右两条缝——在两个世界，但还是没法预测哪个我到了左世界，哪个我到了右世界，我们观测到左或右的概率依然是50%！这个结果，和哥本哈根解释下的量子论有区别吗？

好吧，再退一步，就算上面的问题不是问题。那么，既然粒子确定地走了双缝，那为什么我们观测时它就不干涉，不观测时它就干涉？要知道，这两条路分属两个世界啊！它是怎么做到干涉的？难道，我们不观测时，它就能探测到另一个世界中自己的信息，两者叠加，从而发生干涉？既然如此，我们为何观测不到由粒子组成的猫的死和活的叠加态？这是不是个大bug？

呃……这看上去的确是个大bug。在科学论坛，任谁背上这么大一bug，都死定了。于是果然，MWI和休·艾弗雷特Ⅲ的心一起沉入了海底。

然而，咸鱼也有翻身时。一转眼十几年过去了，到了20世纪70年代，挖坟者骤然降临。布莱斯·德威特，美国德州大学物理学家。他刚看到MWI时，也是难以相信。然而，休·艾弗雷特Ⅲ的一句话打动了他："MWI的内涵比抽象的哲学推理重要得多。”最终，德威特成了 MWI 的粉丝，从 1970 年起，他就以一种布道的使命感，著文游说，极力宣扬“多世界解释”。

1973 年，德威特伙同弟子格雷厄姆，编辑出版了《量子力学的多世界诠释》，MWI 随风潜入夜。1976 年 12 月，著名科幻杂志《模拟》上发表了一篇名为“量子物理学与现实”的文章，文章中的多世界理论让不少年轻读者着迷。

征服了少年的心，你就征服了世界。多世界理论火了，休·艾弗雷特Ⅲ红了，尤其是在德州大学。因为 WMI 的两个金牌推销员惠勒、德威特都在这儿。1977 年，他们组织了一次会议，休·艾弗雷特Ⅲ应邀演讲 MWI，受到前所未有的礼遇。考虑到休·艾弗雷特Ⅲ烟瘾很重，官方特许他在 4 个小时的演讲中吸烟。此乃该礼堂的唯一例外。这场演讲，是休·艾弗雷特Ⅲ最后一次“公开露面”，也是他以著名科学家的身份唯一的一次露面。这次叼烟演讲后，休·艾弗雷特Ⅲ曾雄心勃勃地计划复出，重返物理界，但没来得及实施，就去了另一个世界。

然而，对休·艾弗雷特Ⅲ来说，这趟演讲最重要的不是得到什么礼遇，而是和师弟的一次讨论。大卫·德义奇，英国人，惠勒的学生。会后，德义奇找休·艾弗雷特Ⅲ聊了一通，从此成为 MWI 的王牌推销员，正是他消除了“分裂”的歧义，揭示了 MWI 的概率规则是如何自然生成的，虽然没改变概率的结果，但减轻了大家思想上的排异反应。

几乎是在 MWI 悄然还魂的同时，也就是德威特开始为 MWI 刷公益广告的 1970 年，一种新理论的兴起，为 MWI 的逆袭做好了准备。十几年后，它推波助澜，提供军火，让 MWI 成为对峙哥派解释的主力。它就是传说中的“退相干”理论。

1970 年，德国物理学家迪特·泽赫证明，薛定谔方程自身具有一种“审查”机制。这一效应被称为“退相干”。此后，美国物理学家沃奇克·祖瑞克等倾情加盟，一起把这个理论发扬光大。这个“退相干”，搞定了 MWI 的那个大 bug。

退相干理论是怎么回事？我们简单讲。讲起来很麻烦，前面说过，每一个向量可以对应一个空间维。这些向量呢，不都是正交的。所谓“正交”，你可以简单理解成“向量之间的夹角为 90°”。在低维状态下，两个空间维完全垂直的可能性不大。不信，你随便凌空扔两根筷子，录影中随机定格看看，让它俩相交并完全垂直，是不是比中六合彩还难？

OK，由于单个粒子的相空间维度不高，所以，它所在的两个世界一般都不是正交的，既然两根轴不相互垂直，那么就会相互投影。这就是说，两个世界可以相互察觉（虽然“图像”变形）、相互关联——通俗讲，它们之间有牵连，也就是“相干”。所以，单粒子过双缝，虽然这两条路分属两个世界，但二者相干，就可以相互叠加、相互干涉。

这是单粒子的情况。如果是很多粒子组成的某物，会怎么样呢？

前面说过，很多粒子也可以表示为一个点，只不过它的相空间维数就会急剧上升。维数越多，自由度越大，向量之间的干涉程度越小，也就是越趋向于正交。当维数达到一定量级，基本上你随便取两根轴，它俩都为正交。比方说一只猫，组成它的粒子要达到 10^{27} 量级，多少？1 000 亿亿亿个。还没概念？你要是有这么多一元纸币，码起来体积跟地球差不多！如此庞大的粒子系统，它的相空间维数至少也是 10^{27} 的量级。维数如此之高，引无数投影都正交！世界之间的关联被抹消，所以你看不到死活叠加的猫！

粒子数增多，向量相干程度就减小，这个过程，就叫“退相干”。

好吧，你赢了。可是，为什么你不观测，粒子就走双缝，跨世界干涉；你一观测，粒子就跨不了世界了呢？

很简单，宏观的仪器、宏观的你，都是由无数粒子构成的——想想刚才那只猫。你一观测，就和粒子发生了关系，彼此关联成一个系统，你和仪器这些个极高维的相空间就被引入，与粒子同处一个复希尔伯特空间，粒子的两个世界正交了，那两条路不再叠加、不再纠缠，相忘于江湖，劳燕分飞两不相干，所以不会干涉了！

漂亮！好一招借力打力！退相干利用量子力学原有的数学，糅合了测不准原理的思想，巧妙地引入了环境对粒子的相互作用，干净利落地搞定了 MWI 的大 bug。经典物理把环境的作用当成噪声和干扰，能排除的都排除，但到了量子物理，影响观测对象的这些“噪声”“干扰”根本就剪不断、扯还乱，我们再也无法忽略、无法逃脱，它们紧密关联、纠缠，它们的爱恨情仇决定了观测结果！

哈哈！多世界加退相干，简直就是绝配！“意识”被一脚踢飞，观测者不再霸占主宰地位，物理学家不再为坍缩劳心伤肺，薛猫不再又死又活让人羞愧。世界是实在的，万类循规，不再虚无吊诡。宇宙是决定的，因果清晰，不再颠倒邪魅！

我们屡战屡溃，踏破铁鞋，败而不馁，误闯太虚幻境，丢掉了故国山水！多少次末路穷途，汗洒泪飞。无谓？无畏！终于闯过最后一道险峰，哈哈，故土就在眼前，我们载誉荣归！

真是完美！是不是可以点根火箭庆祝下？

“不！”奥卡姆剃刀在怒吼，“这个理论看上去很美，却拖着一个大大的累赘！”这个所谓累赘，就是那些世外世界。不管你的理论有多性感、有多诱人，那无数个世界仅仅为了搞定波函数坍缩而存在，是不是也有点扯？代价也太大了吧？这不是买卖，而是拐卖！何况，那无数个世界，一个也观测不到，这是在自欺，还是在欺人？无法观测的量，在物理上是没有意义的，你如何证明那些世界“真的”存在？

嘿，你还别说，有挖坑的，就有搭桥的。还真有人提出了证明办法：一个“猛士游戏”——量子自杀。只听名字，就够恐怖。这个不人道的设计，其实是薛猫的真人 cosplay 暴力版。

按照哥本哈根解释，薛猫不管是死是活还是死活叠加，那猫仅有一只，别无分本。但按照多世界解释，情况就完全不一样了，因为多世界理论认为，每一种可能都已经在不同的世界发生了，也就是说，每一种可能，都会对应一个世界。于是，薛猫盒打开，有一只活猫存在于此世界，就有另一只死猫存在于彼世界。

根据这个原理，某位猛士去代替猫，用手枪代替毒气瓶。中子射出，枪响人亡；不射，再来一遍。每次实验，猛士都会面临两种可能：死，活。我们勤劳残忍地把这个实验不断做下去，对照一下哥派和 MWI 双方的预测结果，就立即分出谁是谁非了！

根据哥本哈根解释，每次实验只有 50% 的生存可能，你知道的，50% × 50% ×……算来算去，活下来的概率越来越小。几次实验后，这人八成就挂了。运气再好，他也活不长。

而根据 MWI，每次实验，猛士都会在一个世界中死去，在另一个世界中活下来。那么，不管他一直活下去的可能有多小，其概率也不为零。于是，不管他在某些世界死了多少次，也永远会有一个世界中的他还幸运而痛苦地活着！这叫“量子永生”。我们晓得，“永生”这东西，自古以来就毫不靠谱，专门骗人。然而，根据 MWI，量子永生在逻辑上是没问题的。推而广之，不管你用什么办法自杀，也不管你在多少个世界中壮烈牺牲，但总有一个世界的你，因为种种令人崩溃的奇遇，让你自杀未遂——不管你有多想离开和多想不开。

严正声明：量子自杀、量子永生自古以来只是思想实验及推理的固有领地，是不可尝试的那部分，警告企图尝试者万勿铤而走险！否则，必将搬起石头砸自己的脚，置自己于万劫不复，令亲者痛、仇者快，并背上脑残罪名，受到全世界各族人民的强烈谴责、严重鄙视和死命嘲笑！

嗯，打住。说正经的，验证办法是：如果猛士同志彻底挂掉了，那么哥派解释胜出；如果猛士同志一个劲儿地做实验，而且他感觉自己一直活着（实验装置无故障），他就有理由越来越相信，MWI 胜出的可能性越来越大。什么？你说这不可能？不好意思，这是可能的，证据随处可见：宇宙中的两个粒子结合在一起的概率是多少？

有人估算，宇宙有 10^{80} 个粒子，宇宙尺度又这么大，两个特定的粒子结合在一起的概率无比接近 0，如果要三个特定的粒子结合在一起，这个概率就加倍减小，然而，你身上的 10^{28} 个粒子真真儿地构成了神奇的你，对这些粒子来说，是不是巧合到地裂天崩？

然而，“你存在”这个事实告诉我们，你身上的这 10^{28} 个粒子组合成你的概率是 100%！这是个奇迹吗？对不起，地球以及地球上的每个生物，都是由 N^n 个粒子无比巧合地凑在一起构成的，所以，谁的存在都不算奇迹，我们人类一起在地球上思考宇宙，才是奇迹！咳咳，跑偏了——在量子自杀实验中一直活下去的概率不是零。

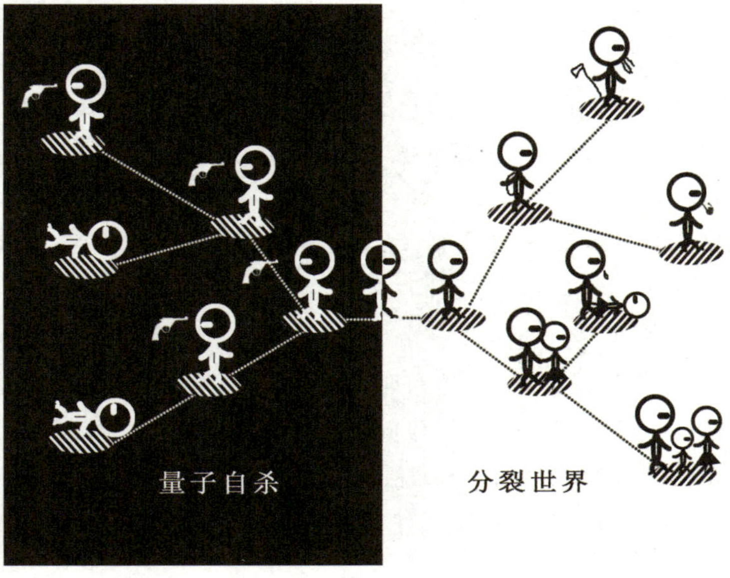

然而，悲催的是，即使有个真的猛士来做这个实验，我们依然无法判断胜负。因为存在一个严重的问题：我们没法跨世界观测。其一，猛士同志是否“彻底”挂掉，这点无法验证，即使你亲眼看见他挂掉，也无法证明他在其余所有世界都挂掉了；其二，即使你亲眼看他做了 999 次实验，枪都没响，也不能保证在下一场实验中枪依然不响；其三，就算他真的在某个世界永远不死，也没法跨世界来告诉咱俩，多世界理论是正确的。

也就是说，这个量子自杀实验，以我们人类现有的能力，是无法搞到完整的观测结果的。或许，只有放阿全这种神物去观测才行。但是，如果咱俩有阿全，TA 只需看一眼就知道多世界是不是靠谱，根本用不着搞什么量子自杀去画蛇添足！

所以，量子自杀实验带来的不是揭开谜底的曙光，而是不可证伪的绝望！科学理论最大的悲哀，不是被证伪，而是不可证伪。牛爷的理论被证伪，依然光芒万丈，高山仰止；而某些愚民理论永远都无法证伪，只能靠自吹自擂自乐自慰。所以，对那些多出来的世界，理当动用奥卡姆剃刀，斩立决！

不过，有一个问题却让我们举刀四顾心茫然：粒子可以同时出现在很多地方，粒子组成的我们为什么不可以？世界为什么不可以？如果你相信粒子可以做到，那就应该相信宇宙也可以做到！

所以，不管有多少人不信，也无法阻止另一部分人相信 MWI。比较有名的 MWI 信徒有费曼、盖曼、温伯格等。我们熟悉的霍金同志也是个多世界粉丝，他认为，根据大爆炸理论，幼年的宇宙只是一个奇点，比电子小得多，它本身就是一个波函数。那么，它长大后，就成了好大一棵树——超级波函数，我们的世界是它无数分枝中的一根，实属情理中事。然而，粉归粉，不能证伪的尴尬，就像中学生把告白短信错发到班主任手机里，你心再大，也难免耿耿于怀。求求你，证伪我吧！就算找不到证伪的可能，你找一点可证实的证明也行啊！

有一种力量，是专门为梦想照进现实而生的，那就是技术进步。进入 21 世纪，宇宙探测技术的发展，让我们看到了一点希望。2005 年，两个美国人提出了一种可能。劳拉·梅尔西尼－霍顿（北卡罗来纳州立大学理论物理学家）、理查德·霍尔曼（卡耐基梅隆大学教授），他俩根据广义相对论提出，如果有其他宇宙，那么，引力拖曳作用一定会对宇宙微波背景辐射（我们以后简称“宇宙地图”）造成骚扰。当然，科学预言很多，这个预言没什么特别，所以没几个人会将其放在心上。

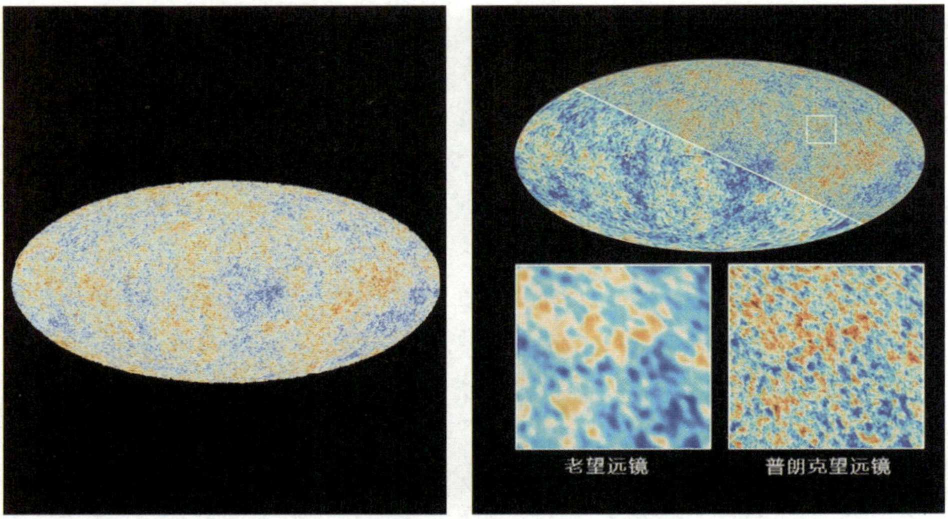

左图为用普朗克望远镜拍到的宇宙微波背景辐射全景图,右图为老望远镜和普朗克望远镜拍摄的宇宙微波背景辐射图对比图。

2009年5月,欧美合作的"普朗克巡天者"空间望远镜(简称"普朗克望远镜")升空,开始了一项艰巨的任务:探测完整的宇宙地图。它做到了。花了15个多月,这个耗资5.15亿英镑的家伙搞到的图像高清无码,分辨率是那些老前辈望尘莫及的,所以,虽然它的设计寿命只有数年,却捧回了众多让人眼馋的成果,其中之一,就是拍到了138.2亿年前的光,也就是说,宇宙至少有138.2亿岁。2013年,梅尔西尼-霍顿在普朗克望远镜发回的数据中,找到了她要的那个骚扰。在宇宙地图上,她发现了微波背景辐射分布的异常:在南部天空辐射更密集,而且存在一个用目前的物理学无法解释的"冷点"。她认为,这就是她和霍尔曼预言的那个"骚扰",是由其他宇宙的引力拖曳造成的。剑桥大学理论物理学家马尔科姆·佩里和天体物理学家乔治·艾夫斯塔休等科学家表示,这个说法靠谱,那个冷点很可能就是其他宇宙存在的真实证据。

不管你信不信,不管它是不是多世界的证据,科学家们的共识是:这个发现,将改变我们对宇宙的看法。

然而,即使真的存在另一个宇宙,它也不一定像MWI所说的那样,是我们这个世界的另一个投影。这里看到活猫,那里就看到死猫;这里电子走左缝,那里电子就走右缝。也许,那个造成冷点的宇宙,仅仅是另外一个不相干的宇宙而已,它跟我们这个世界没有任何关系,也许那里根本不适合生物生存,甚至连

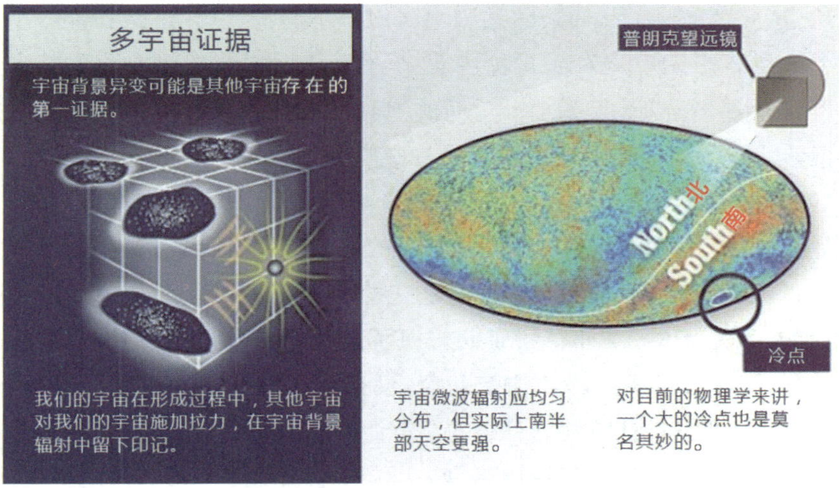

宇宙微波背景辐射异常分布示意图

恒星都不能形成……即使是如此悲观的结果，也只是停留在假设阶段。想要确认多世界是否存在，我们还有相当长的路要走。

7 第三者

山高路远水深，悲欢总是泪奔。路很长，不容易。走过来、走过去，没有根据地；汗也流、泪也落，心中不服气；山也多、水也多，分不清东西；人也多、嘴也多，讲不清道理……这一路走来，有两个字几乎成了我们的口头禅："疯""狂"。

是的，所谓疯，就是不走寻常路；所谓狂，就是不屑寻常路。宇宙真理不能靠发明，只能去探明。"发明"是私人定制，而"探明"是开疆拓土，你会碰到啥，谁都不知道。于是，看起来很疯狂，所谓不疯魔不成活。实际上，相对于宇宙的浩瀚深邃，人类的感知能力实在是弱爆了，你不出点格，还真就找不到真相，尤其是到了我们看不见摸不着的量子领域。

曾几何时，爱因斯坦被人怀疑疯了，而普朗克怀疑自己疯了，可后来，大家发现，恰恰是这些"疯子"，在引导人类走近真相。因此，在某些时候，"疯""狂"二字，对一些物理大神来说，简直就是"正确"的代名词！所以，玻尔的看法是，该疯疯，该狂狂，千万别客气。海森堡拿出匪夷所思的矩阵力学时，泡利的第一反应是“这简直是疯了”，而玻尔还嫌小海疯得不够，所以在这匹狂奔的小马身上抽了一鞭子。一次，泡利到哥伦比亚大学浦宾实验室，讲到小海的基本粒子非线性新理论，玻尔听了，朝桌子对面的泡利摇摇头：“这不可能是对的。因为它还不够狂妄。”而泡利则针尖对麦芒：“它够狂妄的了。”你知道，泡利在说，小海是对的。

他们说的“狂妄”，当然不是莫名其妙的轻妄自大，而是有充分根据的违例或怪诞。休·艾弗雷特Ⅲ的 MWI，正是这种“狂妄”的产品。多宇宙理论一面世，所有人都认为休·艾弗雷特Ⅲ同志疯了，连唯恐疯得不够的玻尔都接受不了，认为这伙计疯过头了。让你使劲疯，没让你真疯啊，老大！只有惠勒认为休·艾弗雷特Ⅲ疯得还不够。分裂的宇宙让人难以忍受，但缜密的逻辑令反对者无力辩驳，哑口无言！于是，1988 年，美国哲学家阿尔伯特和洛厄挺身而出：既然我们受不了宇宙分裂，就让我们自己分裂了吧！

他俩提出了 MWI 的精神变种——多精神理论。大意是，宇宙还是一个宇宙，它从未分裂，但我们，也就是观测者，都有无数个精神，或者说是意识。说白了，精神是分裂的。看上去是你，实际上是你们。每一个你，都会意识到一个确定的测量结果……不往下说了，一来，你们已经明白了；二来，这个理论提出没多久，就被提出者扔进了废纸篓。

这些让人抓狂的理论，其实都是量子力学本身逼出来的。你有砸碎旧世界的勇气，就得有建好新世界的能力。你强拆了决定论，就得交代清楚，概率是怎么来的，波函数是怎么坍缩的，什么才算是一次观测。你搞不清，还不想把意识扯进物理，那就得承认有隐变量；你找不到隐变量，就得承认波函数没有坍缩；你说波函数没有坍缩，那就只能委屈宇宙搞分裂了……

所有这些纠结，实际上都来自矩阵力学和波动力学。正是它俩，把我们从经典的热炕头勾引出来，扔到雾霾密布的荆棘丛中，还甩了句：“又想过猪的日子，又不想要猪的结局，去哪里捡这便宜事儿？奋斗吧，少年！”然后，就没有然后了。

那么，离开了它俩，我们是不是就无枝可依了呢？答案相当得人心：不！除了它俩，量子力学家族还有一位新成员，我们没来得及介绍。说来话长，波、粒这对冤家闹了几百年，终于修成矩阵力学、波动力学，在量子阵前遭遇、冲突、会师，最后喜结良缘，双剑合璧，睥睨天下。眼见这场强强联姻要美翻天，却不料，半路杀出个第三者:路径积分。

引来这个第三者的,是另一位大神:理查德·费曼。这位爷在前面跑过几次龙套,但现在,是他当角儿的时候了。

费曼,1918 年 5 月出生于美国。父亲麦尔维尔·阿瑟·费曼热爱科学,但疲于谋生,没有实现当一名物理学家的理想,于是,他立志让孩子们圆这个梦。他做到了,他的儿子理查德和女儿琼都成了物理学家。

毫无疑问,费曼是个天才。他心灵手巧,少年时期就可以给人家修电器赚零花钱了。上高中后,学长们用高年级的数学难题考他,他总是三下五除二就搞定,令学长们膜拜不已。他认为自己最不擅长绘画,但被一位画家朋友引导学画后,他的很多画被多人买去收藏(署名是笔名)。

高三那年,费曼参加纽约大学数学锦标赛,一举夺魁,得分甩了第二名几条街,惊呆了裁判。

1935 年,费曼进入麻省理工学院,学了物理和数学。从狄拉克的《量子力学原理》中,读到了大家对量子电动力学(QED)现状的各种不爽。于是,费曼决定,拿出一个大家都满意的答案。不得不说,这是一个宏伟到狂妄的目标。

但费曼只知宏伟,不觉狂妄。因为,他认为自己设计的路线很靠谱:搞定经典电动力学的发散困难,把它量子化,差不多就 OK 了。

1939 年,费曼在《物理评论》上发表了大学毕业论文,内有一个量子力学公式,后来以他的名字命名。能做到这一步已经很牛了,但离他的宏伟目标还差得很远。毕业后,他报考普林斯顿大学的数学和物理研究生,以前所未有的满分入学。导师是大他 7 岁的惠勒。这是一对好师徒。

惠勒

费曼决定,继续跟发散困难死磕。这"发散困难"是何方神圣呢?在经典电动力学中,每个点电荷,比如电子,都要产生一个电磁场。产生电磁场干什么用呢？说来很无聊，既自扰（作用于场自身），又扰民（作用于其他电子）。这个场所具有的能量，就是产生场的电子的“自能”。

问题就出在这儿，你想精确计算它，就会得出一个令人吐血的结果：无穷大。这个我们并不陌生。从来访的频率上看，“无穷大”同志应该是物理界的老朋友，然而，从实际效果上来看，这厮绝对是物国人民的死敌。这就是发散困难。它的根源是，场有无穷多的自由度，你越是往精确里算，把所有的微扰项都加进去，积分的上限就越发散为无穷大。从公式里看，罪魁是高能光子，它们为无穷大的入侵做出了不可磨灭的贡献。所以，这个发散又叫“紫外发散”。

“科学顽童”费曼

费曼发现，如果场只扰民，不庸人自扰，就可以解决无穷多自由度等问题。然而，如果电子不自扰，你就解释不了辐射阻尼。这“辐射阻尼”又是哪路神仙呢？说起来不陌生，所谓阻尼，简单讲，就是阻碍物体运动的一种作用。跟直接挖陷阱使绊子这种下三滥的招数相比，阻尼更腹黑，它利用各种相互作用，把运动能量逐渐耗尽，达到衰减运动的目的。比方说弹簧，都是开始弹得欢，然后它的动作一定会越来越小，最后彻底老实。这就是由于粒子间的各种作用，弹力转化成了热能等其他能量，被耗散干净的结果。

振动系统由某种作用引起的振动幅度逐渐下降的特性，就叫阻尼。同样，电子一旦加速运动，就必须辐射能量——电磁波，如果没有补充，谱线变宽，振幅下降，系统能量很快就被耗尽，这种阻尼，就叫辐射阻尼。系统的内能流散到周围的环境中，没有办法把这些内能收集起来加以利用，这种耗散叫作能量耗散。

让电子的场只扰民，不自扰，其实不光是费曼的愿望，也是洛伦兹的愿望。为了补偿加速电子的经济危机，洛老师早在 20 世纪之初，就利用电子“推迟势”的相互作用，来大搞投资，维持系统能量 GDP。所谓推迟势，简单讲，就是由于有距离，需要推迟一点时间才能相互影响的电磁作用。然而，这样搞，虽然保住了 GDP，却造成了一个无法愈合的内伤：电磁质量无穷大！

费曼一筹莫展之际，惠勒出马来援：你消灭自扰的想法可以试试，但不要纠结于辐射阻尼，攘外必先安内，可以曲线救国嘛！惠勒引入了狄拉克的一个假设：电子用来自扰的作案工具，有推迟势，也有超前势。两股势力的一半用来自扰，另一半用来扰民。它们相互作用、相互牵制。虽然超前势不符合因果律，但在数学上用一用，还是无伤大雅的。这样一搞，用来自扰的半推迟势和半超前势两股黑恶势力火拼，这就消除了自扰，顺便踢跑了无穷大，还保留了一个有限的辐射阻尼，为麦爷操作系统添了一款超值附件！美翻了。这才是开始。

应用半超前势与半推迟势的相互作用，费曼发现了一个新的作用量！

作用量很了不起吗？需要加个叹号？是的，作用量是经典物理的一个重要基本概念，它是指一个运动系统内在的演化趋向。我们要搞清楚一个系统的变化，只需取两个“时空点”的状态，也就是初态和末态，然后求解作用量，就可以搞到这两点之间每个点的状态。那么，作用量千变万化，无限可能浩如烟海，我们怎么求才好呢？这个好办，大自然是最高效低耗、节能减排的，所以，我们只要求解作用量的极值（当然是最小值），就恰好符合了自然规律，这就是前面说过的“最小作用量原理”：任何作用、任何行为，自然界总是选最简单的方法（第十九章“波动疑云”一节）。这是经典物理的重要基石之一。牛顿运动定律用的是微分方程，而用积分方程来处理作用量，能得到相同的结果。

费曼用恰时积分表示电子的四矢位置，处理那两股势力的直接相互作用，得到这个新作用量。又从这个作用量出发，导出了配备这款超值附件的麦爷方程。这是经典电动力学的一个新形式！

这里面涉及哈密顿、拉格朗日等大神的一堆术语，就不细说了。我们只要没忘记前面说过的，什么哈密顿－雅可比方程、拉格朗日力学、哈密顿力学，它们跟牛顿力学是完全等价的，只是表述方式不同，就 OK 了。

我们知道，矩阵力学、波动力学这对冤家之所以喜结良缘、双剑合璧，就因为“本是同根生”，它们脚上的那根红线，就是哈密顿函数！隐约有个声音在说：费曼，你的路子是对的。然而，费曼现在挠心的是，怎么才能把他的新作用量量子化？

说起来，真是“苦心人，天不负”，一位到普林斯顿访问的欧洲学者聊到：狄拉克同志的某篇论文讨论过这事儿。费曼光速去图书馆，找到这篇 1932 年的论文，果然，小狄一本正经地把作用量和拉格朗日函数引进了量子力学。只不过，他还没有把作用量一本正经地量子化。费曼中奖了，他把小狄的思想向前发展了一步，直接写进公式，处理作用量，华丽丽地导出了薛定谔方程！

1942 年，费曼发表了他的博士论文《量子力学中的最小作用原理》。费曼博士导来导去，把传统的波函数，变成了从初态到末态的概率幅。在这里，作用量被描写成概率幅，舞台搭在初态和末态的时空点之间，全程表演叠加原理。

随后，费曼参加了曼哈顿工程，和奥本海默、汉斯·贝特（美国物理学家，1967 年诺贝尔物理学奖得主）、恩利克·费米（1938 年诺贝尔物理学奖得主）、爱德华·泰勒（氢弹之父）、冯·诺依曼等大神共事。费曼的坦诚直率、敏锐聪慧很快就受到大神们的赏识，其中包括玻尔。维格纳更是把费曼誉为翻版狄拉克，看样子，如果维格纳有另一个妹妹未嫁，他会让她嫁给费曼。贝特把老跟自己唱反调的费曼弄到自己手下，让他当了计算组的组长。贝特没看走眼，他跟人炫耀："费曼能做任何事情。"他还请费曼到康奈尔大学共事。

费曼的工作真是顺风顺水，然而，他的家庭却遭遇一系列变故。1945 年，爱妻阿琳去世。次年，慈父麦尔维尔去世。费曼一度低迷忧郁，他戴上面具，表现得正能量十足，不断找难题挑战自己。比方说，他看见某学生抛起一个餐盘，就去用公式描述盘子转动与摆动的关系，最后证明：当摆动角度很小时，转动速度是摆动速度的两倍。贝特兴致勃勃地听了费曼的飞盘研究，问道："这能干吗呢？"

费曼想来想去，飞盘研究的确没啥实际价值，于是决定继续专注那个宏伟目标。在费曼的博士论文中，"路径积分"的思想已经萌芽，他要在路径复概率幅的框架内，建立一个更简单的相对论性电子理论。说白了，就是不用狄拉克方程，但是能得到狄拉克方程的全部结果。这太疯狂了！不用说，他遇到很多难题，比方说关于"自旋 1/2 的相对论性电子"方面的问题。

说到"路径积分"，其实一点也不新鲜。我们知道，自从牛爷和莱布尼茨鼓捣出了微积分，大家一有麻烦就拿出来用。这微积分也真长脸，经过各种改编、混搭，几乎是攻无不克！到了 20 世纪 30 年代，人类的野心越来越大，逮啥就想算啥。比方说，你偏不用称，却非要靠计算来搞清一块矿石的质量，你知道的，矿石这种东西，密度不均，形状怪异，前重后轻，左宽右窄，算不出来就让人很不舒服，整晚失眠。为此，狄拉克提出了"曲线积分法"，也就是"路径积分"。可以把矿石的密度等变化用曲线表示，进行积分计算，它不是沿着区间取值，而是

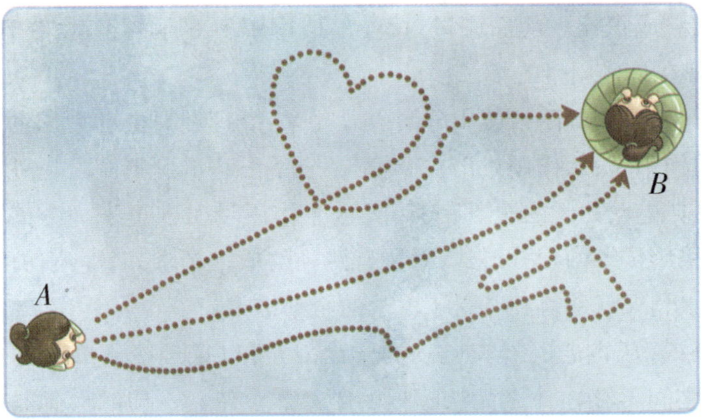

路径积分(从 A 到 B 所有可能的世界线的叠加)

沿着特定的曲线(路径)取值,故名之。至于积分的对象,可以是弧长,也可以是坐标轴的曲线,两者殊途同归,改一改就能相互转换。

灵感终于降临,费曼走出雾霾,5 年的苦思冥想,换来一幅奇妙的世界图像:万类时空竞自由!粒子运动的所有可能路径,也就是世界线,漫空飞舞,化作妙曼的概率幅!费曼找到了量子力学的第三种表现形式——作用量量子化的路径积分法。

1948 年,费曼发表了题为《非相对论量子力学的时空研究》的论文。关注初态和末态,在这两个时空点之间,把粒子所有可能的路径(世界线)遍历求和,看起来很麻烦是吧?妙就妙在大部分路径可以直接相互抵消,剩下的那些路径的值,始终与波动、矩阵力学保持高度一致!也就是说,路径积分跟波动力学、矩阵力学是等价的!顺便八卦一下,费曼在解决电子自旋难题时,用到了飞盘研究里的内容。

哈哈,你看出来了,费曼的这个路径积分,和狄拉克的路径积分不是一回事:费曼是对每条路径的概率函数进行积分,而狄拉克是对路径上的取值进行积分。不过,这都不是事儿,因为在费曼的路径积分形式里,也离不开狄拉克的路径积分法。

说到这,顺便聊一下普朗克常数 h。在普朗克看来,h 跟频率紧密关联,$h\nu$ 是能量子;在玻尔 - 索末菲体系中,h 是用来维持角动量的基本单位;在矩阵力学中,h 支撑着非对易关系、共轭关系;在波动力学中,h 协调波粒二象性……现在，路径积分中的 h 扮演的是什么角色？它出现在概率幅的相位之中！相位和那个新作用量成正比。前面说过，费曼的概率幅所表示的，其实是作用量。翻译过来：h 现在是作用量的量子！

如此看来，费曼的路线就十分耐人寻味了：处理经典电动力学的发散困难，找到了新的作用量；从作用量出发，导出了麦爷方程的新形式。也就是说，作用量里包含经典电动力学的全部信息；把这个作用量引入量子力学，就导出了薛定谔方程，采用传统的积分形式，对所有路径的概率幅求和，经典作用量就被成功量子化，水到渠成地得到了量子力学的全部结果！

这就是说，从古老的经典电动力学出发，可以得到冷艳高贵的量子力学！原来，我们之间不存在什么无法拉近的距离。没错，我是在爬，你是在飞，但你没道理搞什么对地攻击，因为我们是毛毛虫和蝴蝶的关系！

经典和量子的隐秘关系就这样被挖出来了。没办法，大神就是这样善于把复杂的问题简单化。这种素质，在费曼的各项工作中，都展露无遗。他讲课幽默生动，让听者投入。1986 年，他受命调查了“挑战者”号航天飞机失事的原因，只用一杯水和一个橡皮环，比划一通，就让大家瞬间明白了事故原因。对付量子难题时，费曼照样能找到简单办法。他大搞路径积分的那些年，正值物理界饱受量子场论发散困难的折磨之际。

啥叫量子场论？这样说吧，咱们前面说了几十万字的量子论，其实只是微观理论的一个基本框架，它八卦的是单个粒子的隐私。多粒子系统的复杂行为，就涉及“场”的作用了。量子论以前，咱认识电磁场，当然是以麦克斯韦方程组为核心了；量子论以后，咱还是离不开麦爷方程，于是就把麦爷的电磁场量子化，这就是量子场论。量子场论也是一项浩大工程，别说讲一遍，就算拉出参与工程的各路大神名单，也是长长的一大串，咱就不说了。

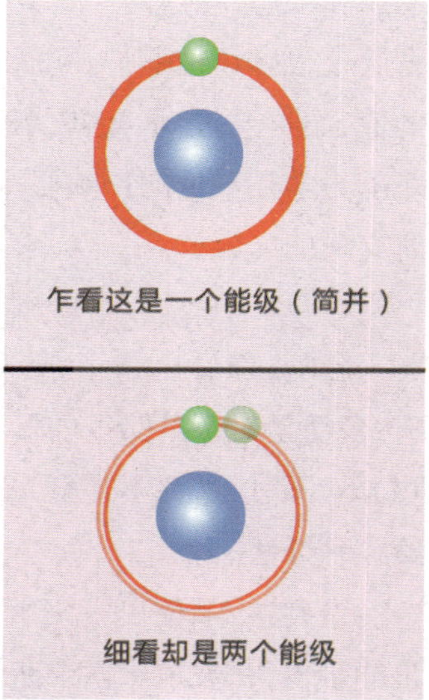

兰姆位移

单说这里的“发散困难”，已经不是前面提到的那个“发散困难”了。话说 1947 年，美国加州斯坦福大学的兰姆发布了一个坏消息：经过精密测定，氢原子有两个能级不太对劲，它俩相差 1 000MHz。但狄拉克方程显示，这俩能级应该是简并的。也就是说,它们虽然是两个能级,但差别极小,可以粗略地看成一个能级。然而,测出来的 1 000MHz 这个值虽然不大,但足以让我们再也不好意思去简并人家了。这就是著名的"兰姆位移"。兰姆为此获得了 1955 年的诺贝尔物理学奖,和他分享这个奖的,是美国纽约哥伦比亚大学的库什,他精密测定了磁矩。

科学铁律:当理论不符合观测时,再正确的理论也得改,改不了就废!

于是,贝特等纷纷出手,但搞来搞去,总是躲不开"无穷大"这个不速之客!不是战士心太软,而是敌人壳太硬:量子场论除了前面提到的紫外发散困难以外,还有红外发散困难。前者是拜高能光子所赐,后者就是拜低能光子所赐了。不同的是,红外发散困难,不关自由度的事儿,而纯粹是数学方法问题。这些杂七杂八的毛病表明,量子场论不仅有物理问题,也有数学方法问题。不得不说,这是物理学界的眼中钉,不拔掉它,可怎么活哟!费曼当然也参加了这场战斗。

为了处理粒子系统的相互作用,比方说"微扰展开"问题,费曼发明了一种直观简便的方法:看图说话。用图来标记微扰展开的每一项,标上配套因子,简洁地表达了粒子散射、反应和转化等过程,看图就能写出电子自能的矩阵元,用它来计算跃迁概率之类的量子问题,十分方便。这就是名满天下的"费曼图"。后来费曼把它画在车上,一有路人问他为啥要在车上画费曼图,这家伙就很酷地甩一句:"因为我就是费曼!"

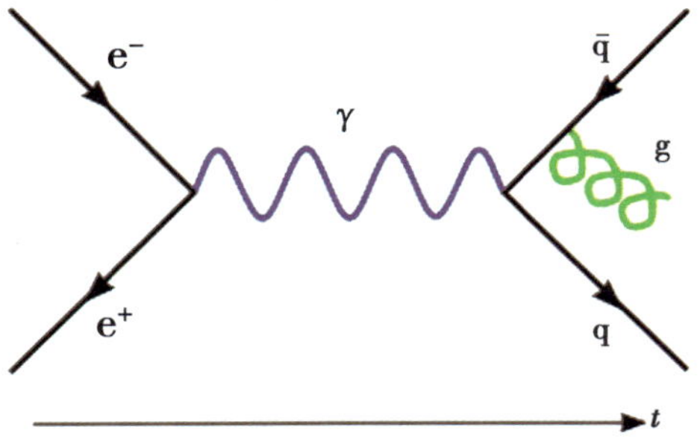

费曼图(是不是有点眼熟?粒子物理学家的黑板上,经常画满了这玩意儿)

注:粒子一律用线表示,费米子为实线,光子为波浪线,玻色子为虚线,胶子为圈线。线的连接点称为顶点。下面那个长箭头是时间轴,向右为正。向左代表初态,向右代表末态。与时间方向相同的箭头代表正费米子,反之表示反费米子。

有了费曼图，那个神秘的概率幅，就不那么抽象了——我们可以对费曼图进行积分，像搭积木一样把它写出来。方程中那些呆头呆脑的因子们，灵活地在我们眼前摆起了 pose。接下来问题就变得清晰起来。

费曼对电子的质量和电荷动了点手脚，说好听点，叫技术处理，比方说，修正了函数 δ、让时间和空间平起平坐、搞些常数潜伏到公式里、除掉某些因子等等，如此折腾干吗？当然是为了逼跑无穷大！这些手段，叫“重整化”。

1948 年，费曼就电子和光子的相互作用，给出了配套的费曼图和费曼规则，效果不错，不仅无穷大没了，计算精度还出奇高。虽然 PS 痕迹太重，令人不忍直视，但数学结果却让人五体投地。英国物理学家戴森见状，认定此法十分了得，必定正确，于是加以研究。结果证明了费曼理论靠谱，它跟日本物理学家朝永振一郎、美国物理学家施温格的理论等价，这三位，用不同的方法，分别对量子电动力学（QED）进行重整化，搞定了发散困难，建立了 QED 新体系，共同领取了 1965 年的诺贝尔物理学奖。

经过重整化的 QED 有如浴火重生、天神附体，计算电子磁矩之类的玩意儿，居然与观测值一直符合到小数点后 11 位！这种变态精度，我们在前面见过一次，就是广义相对论对脉冲双星运转的预测，它与观测值符合到了小数点后 14 位（第十四章“引力波”一节）！虽然 QED 少了 3 个数量级，但这个精度，足以在众多物理理论中傲视群雄了。

实际上，也正是这个精度，让 QED 成为量子场论中最成熟的一个分支，成为有史以来最精确的理论之一。不管你有多不喜欢重整化，也只能在这个精度面前充满敬意——作为一个理性的人。

矩阵力学一出世，就摆明了要跟经典说拜拜。波动力学怀着一颗回归经典的赤子之心，却只能望着脚下的鸿沟悠悠长叹，种种努力付诸东流。大家以为，经典王国只能带着曾经的荣耀，彻底退出历史舞台。万万没想到啊！费曼竟然用了一招路径积分，让经典直接涅槃为量子力学！怎不令人狂喜泪奔?!

幸福来得太快了？当然不会！如果幸福真来得这么快，那么，1948 年以后，我们拼死拼活搞出那么多古怪理论，又是为了什么？

实际上，路径积分刚被鼓捣出来时，待遇不比 MWI 好多少，只是它看上去没那么让人抓狂而已。玻尔先生乍见费曼图，以为是粒子轨迹，当场予以毫不留情的批评。

路径积分的出人头地，全倚仗犀利的计算。费曼把他的方法推广到刚刚火起来的介子理论，一战告捷：用哈密顿正则方程，艰苦奋斗几个月才能搞定的某些问题，用费曼的方法，一夜就拿下。

波动力学是量子力学的微分形式，而路径积分就是量子力学的积分形式，两者完全等价。不过，用路径积分来表述量子力学，似乎更自然、更简洁，逻辑结构更严谨，还实现了经典力学到量子力学的完美过渡。因此，它越来越受物理界广大人民群众的欢迎。简直就是功德圆满！

然而，问题依然存在。费曼规则不是用公理化方法演绎推导而来，而是凭借天才的直觉、经验和拼凑、检验等各种技术手段，硬鼓捣出来的，难免令人生疑。就像武馆天降莽汉，仗一身蛮力所向披靡，必然让挨揍的练家子心生不服。路径积分也不是一套理论系统，只是为量子论提供了一个方法。正如费曼所言，概率概念并未改变，改变的只是计算概率的方法。大家渴望回归经典，要的是那种踏实感，而不是把经典搞得跟量子一样不踏实。

抬眼望路，依然迷雾。

第二十四章

量子论六　前途漫漫

1 多历史

转眼到了 80 年代，量子开山元勋纷纷老去，那串深深的脚印里，闪烁着光华，也折射着迷惘。光华背后是财富，而迷惘深处是宝藏。这一切，都让新生代物理学家心跳不已，纷纷加入挖宝大军，各种古怪理论层出不穷。

1984 年，美国物理学家格里菲斯发表了一篇论文，乍一看，好像跟 MWI 和路径积分都有点关系：在两个时空点之间，轻舞飞扬的不是路径，而是历史，所有可能的历史。

历史面无表情地飘到 1991 年，这篇论文总算激起了点波澜——加州理工大学博士生哈特尔发现这个提法很有搞头，就拖来他的老师——“夸父”盖尔曼（美国物理学家，夸克之父，获 1969 年诺贝尔物理学奖）一起添砖加瓦，改建扩建，搞出了个“退相干历史”（DH）。DH 说，没有多世界，只有多历史，那些历史退相干了，所以，咱俩只能看见一个结果。

我们知道，当物理定律被表达成公式后，时间就是展现在我们面前的一条线。大家都按照方程，乖乖地随时间线演化，就像展开的电影胶片，一切历历在目，没有什么过去、现在和未来。手握方程，我们可以逆时间推演到几亿年前，也可以顺时间推演到几亿年后，用不着穿越，就可以觅到月亮姐姐在任何时间点的芳踪，就像你可以随便欣赏胶片上的任何一格图像。

那么，根据 DH，两个时空点之间，展开了无数条电影胶片，每条电影胶片的剧情都不太一样，一条胶片是一段历史。这些历史之间，会相互干涉。胶片叠加会重影，单粒子过双缝会干涉。

如果每一条胶片都朝银幕上投影，多数图像会相互抵消，丢掉很多的细节，在数学上，就像路径积分那样。我们观测到的是“退相干”了的历史，也是被“粗粒化”了的历史。一个系统的粒子越多，它的历史越容易退相干。

前面说过，所谓退相干，在数学上，是由于粒子增加，相空间维度随之倍增，造成投影正交，世界之间的关联被抹除，互不相干，所以我们就看不到叠加、干涉之类的玩意儿了。历史的退相干也是这样，只不过随着粒子增加，正交的是历史，而不是世界。

那么，啥叫粗粒化呢？看看人肉 LED 就知道了。那一幅幅变幻莫测的图像，其实是人举着的一块块色板。色板反射的光，经过我们眼睛的调和处理，就成了一幅幅完整的图像。我们看整体时，会忽略掉细节。这就叫粗粒化。我们观测任何东西，都是这样。粒子的所有可能历史都存在，只不过被粗粒化了。

在“退相干历史说明示例二”的图中，人肉 LED 从 A 图变成 B 图，虽然构成 A 图的那些色板并没有消失，甚至有的色板连翻都没翻，但在 B 图上，你的确观测不到 A 图了。粗粒化的图像是不相干的。

粗粒化的历史也是这样。DH 用数学来描述一只猫，实际上是描述它身上的所有粒子，及其与外界互动的所有历史细节的总和，这些精细历史相互干涉，相互抵消，只留下不相干的死猫或活猫的粗略历史。于是，你去观测它，不管它是死是活，那些细节，都被粗粒化了。所以，我们看到的，只有一只“真实”的死猫或者活猫！妙，妙，妙！

退相干历史中，观测者不再起决定作用，也用不着隐变量了，世界和精神也不用分裂了，深受部分物理学家的喜爱！

可是，为什么是“部分”而不是“全部”？因为，还有一部分物理学家，从 DH 身上看到的是毛病：每一个粒子都处于所有可能历史的叠加状态，我们分分钟都在经历 n 种历史……这听起来，好像不比做分裂世界手术、吃隐变量偏方舒服多少。好吧，只要能治好量子病，不舒服我们也认了。

然而，DH 治好了胃，却伤了肝。你说所有可能的历史都发生了，那么，在刚才那个人肉 LED 屏上，我们也可能看到菊花，或者看到英文，这在 DH 理论上是毫无问题的。但我们还是忍不住要问：难道在某个经历里，菊花、英文真的在那个屏幕上出现过，而只是我们没看到？更可怕的是，如果 DH 是对的，那么，我

退相干历史说明示例一

注：图下方，可以看见跳舞的人，以及人组成的弧线构图，他们的样貌、身材、汗毛刮没刮等细节都被粗粒化；上方的“屏幕”上，我们只看见巨型的横幅和地球图案，举着色板的人、色板的材质等等这些细节被粗粒化。虽然我们没观测到这些细节，但它们是存在的。

A图变成B图后，原来的色板并没有消失，甚至有的色板原封未动（比如有的绿叶），但你看见的是完全不同的两个图像。

退相干历史说明示例二

们就不会有一个靠谱的、经典的历史了。因为历史只是无数可能的叠加，我们观测到的，不过是粗粒化的图像。这样推论起来，你现在看到恐龙化石，就不能断定恐龙曾在世上存在过，因为这些化石只是观测粗粒化的结果，它们很可能是粒子闲着没事时突然组合出来的！就像色板拼成图像那样。

还有很多问题，这里就不细说了。总之，反 DH 者认为，不管怎么看，DH 也只是处理矛盾的一种技巧，而不是物理真实。它更像发明，而不是发现，一点也不比哥本哈根解释更靠谱。

说句公道话，到目前为止，我们所见过的这些量子力学解释，又有哪个不像发明呢？只是程度不同而已！

2 自发定域

反对 DH 比较强烈的团队之一，是 GRW 阵营。所谓 GRW，是三个意大利物理学家名字的简拼：吉拉迪、瑞米尼、韦伯。1986 年，这三位提出一个模型，这个模型就叫“GRW 理论”。它有一个野心勃勃的目标：揭秘波函数坍缩！

GRW 认为：每个粒子的波函数都会随机、自发地变态——从朦胧的弥漫态，变成一个比较确定的定域态——也就是所谓坍缩（所以 GRW 理论又叫“自发定域理论”）。但一次坍缩要等很久。多久呢？平均大概 10^{15} 到 10^{16} 秒，差不多几亿年才坍缩一次。为什么又是“大概”又是“差不多”呢？因为这个数字，是根据观测结果的需要，估算出来的。

坍缩一次要等这么久，还测什么啊？！莫急，GRW 还有一个机制：任何系统都会和外界发生关系，互动互扰互折腾。一个粒子坍缩了，和它发生纠缠关系的粒子会惨遭连坐，一起坍缩……就像在弹药库引爆了一颗炸弹。

这样一来，坍缩就变得相当容易了：一只猫有 10^{27} 个粒子，就算一个粒子平均 10^{16} 秒才坍缩一次，这只猫身上每秒钟也会有 10^{11} 个粒子坍缩，也就是 10^{-11} 秒就有一个粒子坍缩，它们会瞬间连累其他粒子，沿着纠缠不清的关系网，连锁坍缩下去，于是，整个猫的叠加态消失了！一个系统的粒子越多，它坍缩得也就越快。

如此说来，薛猫的确经历了又死又活的叠加态，只不过这个过程太短，不超过 1 纳秒(10^{-9}秒),我们根本无法感知。所以,我们看见的,不是死猫,就是活猫!妙,妙,妙!

GRW 理论用“自发随机坍缩”加“纠缠连坐”一套小机制,貌似轻松地揭开了坍缩之谜:什么让波函数坍缩?自发的;如何坍缩?随机的;为什么宏观物体是定域的?因为粒子量够大,一人升官全家光荣……哦不……一个坍缩集体连坐;既然是随机的那为什么一观测就坍缩?因为宏观的仪器和你被引入纠缠关系网,连累人家坍缩……是不是简洁自然?

不仅如此,通过调整理论参数——包括上面提到的单粒子自发坍缩的时间,这个理论和目前的实验结果相当一致!并且,不用意识点炮,不用隐变量顶包,世界、精神、历史都用不着分裂了!这种理论,岂不花见花开人见人嗨?!

然而,事实正好相反。多数物理学家不喜欢它。因为,它虽然够简洁,但不够优雅。看上去是在帮你忙,骨子里却在逗你玩。比方说,慢性谋杀能量守恒定律,虽然造成的破坏极微小,等待的时间极漫长,乍看上去几乎就守恒了,但是,不守恒就是不守恒,不在于它有多不守恒。

能量守恒定律久经考验,深受广大科学家信赖和拥戴,任何企图置之死地的行为,都是搬起石头砸自己的脚,必将受到物理界的鄙视。何况,GRW 理论还有个关键问题没交代清楚:粒子自发坍缩因何而起?难道是因为不开心或太开心?技术问题还有很多,细说也没什么意义,因为,GRW 团队对 GRW 理论也不太满意。

所以,珀尔、吉拉迪和瑞米尼组成了新三人团,于 1990 年鼓捣出“连续随机局域化”模型,简称 CSL,宣布揪出了自发坍缩背后的黑手:引力。几乎是同时,日内瓦大学的吉森等几位物理学家也纷纷提出类似的方案,用来修正 GRW 理论。看这架势,引力是难辞其咎了。

然而,1994 年,佩西瓦也搞了个新理论:基本量子态扩散理论,简称 QSD。他也宣布揪出了自发坍缩的幕后黑手:时空随机涨落。当然,遭到群众举报的黑手不止这两只。坍缩虽然很难搞,但不至于团伙作案。谁是真正的幕后黑手?线索太多,一时间纷乱如麻,让人无所适从。

3 系综

如果集齐100个理论，便可领取超值新版真相一枚，倒也值了。然而，上帝明显不喜欢这种游戏。想要真相，你只能踏踏实实去找。可找来找去，人们绝望地发现，你避开一座悬崖，又陷进一片泥潭，甩开一团迷雾，又跌入一个怪圈，你怎么也找不到一条脚底踏实、头顶明媚的康庄大道。难道，每条路都是通向死胡同的旁门外道？就没有一条妥帖通达的中庸之道？

当然有！它叫"系综解释"。所谓系综，是个统计概念。粒子们的脾气秉性虽然差不多，但个体行为却自由散漫，它们聚在一起，绝不会整齐划一，好在我们聪明，知道利用其秉性，以统计的方法，去掌握它们的总体行为趋向。这个手段很眼熟是吧？所以，下面这句，我们就不难理解：对相同性质体系的集合，使用统计手段，得到平均结果，就是系综的任务。

"系综解释"是谁提出来的？支持者喜欢说是爱因斯坦。因为从第五次索尔维会议起，爱因斯坦多次提到这个观点：ψ 所描述的，不是单个体系，而是多个体系，从统计力学上讲，就是"系综"。我们知道，老爱的意思是，量子力学"不完备"，它不能准确描述粒子行为，只好使用统计手段，得出概率结果，就像当初自己搞定布朗运动一样。老爱希望量子力学进一步完善，直到扔掉概率，描述单个粒子的确定行为。

然而，系综派的意思略有不同：量子力学的确是统计的，它的确搞不定单个粒子的行为，那是因为，世界本来就是统计性的，根本就不存在描述单个粒子的可能！只有系综才有物理意义。任何窥视单个粒子的企图，都是自讨苦吃，必将被坚硬的现实撞得头破血流！

老爱的意思，大家不可能不懂，然而，系综派坚持打着老爱的大旗，似乎这样，才能让他们的"现实"更坚硬一些。

20世纪40年代，苏联开展了轰轰烈烈的批判哥本哈根学派的思想运动，系综解释勇挑重担，代表辩证唯物主义，狠批了哥派"唯心主义"。科学院通讯院士布洛欣采夫提出了量子力学的系综解释，给出了量子系综的定义：从属同一宏观环境的"粒子或体系的集合"。这跟经典系综概念差不多。

系综解释说，没有什么叠加，也没有什么坍缩，更不存在什么隐变量，关键是，不存在什么“单个粒子的状态”，那没有物理意义。所以，我们不能描述个体粒子，只能统计系统的“集合”状态，而量子力学已经做到了，它是完备的。

薛定谔方程描述的是什么？哈哈，你们都误会了！那不可能是单个粒子的叠加态，只能是在同一环境下，无数粒子的统计平均值。它说粒子穿过了左缝，也穿过了右缝，那不是指单粒子“左右开弓”，而是指很多粒子过缝时，左右机会对等：各 50%！

这下圆满了，我们不用为叠加纳闷，因为没有叠加；也不用为坍缩操心，因为没有坍缩；更不用为完善量子力学费神，因为它本来就是完备的！并且它也没那么神秘了，因为它只是经典统计手段在量子领域的应用！这样一来，量子力学爽飞了：既保留了数学形式，又掩盖了哲学问题，还回归了经典故土。见过共赢的，没见过赢得如此面面俱到的！

然而，八面玲珑、两头堵、和稀泥这种事，在政治上玩玩儿还行，用到科学上，就玩不转了！这不，一根筋的物理学家刨根问底：单电子是怎么过双缝的？它老人家是怎么自我干涉的？

这些难题，岂是一句“个体粒子行为没有物理意义”就能敷衍过去的？何况，你打着辩证唯物主义的旗号，却辩证地证明自己和唯心主义是没法分辨的！比如，哥派说，不存在客观的物理量，主客观不可分；而布洛欣采夫同志说，存在客观物理量，主客观可以分。但是，布同志又承认，测量者、仪器必然与观测对象产生相互作用，量子的统计性是微观与宏观相互作用的结果。这就是说，你去测量时，统计性才存在。可这时测量也有观测者，你的客观性都去哪儿了？这和唯心的哥派有何区别呢？如果再问一句“经典环境为啥会让微观系统产生概率结果”之类的问题，是不是就焦头烂额了？

所以，这个要小聪明、走投机路线的系综解释，是不得民心的。群众的眼睛虽然没雪那么亮，但你掩耳盗的是钟，夜半钟声都到客船了呀，大哥！

4 审判日

中庸之道也跑偏了，难道就无路可走了吗？当然不，量子之路就像叠加态，你数不清，很多小众之路，抬脚便是。

只一件事,便坐拥这么多高端大气上档次的理论,你幸福吗?

不!我们要的理论,不在乎它特色有多鲜明、内涵有多丰富、立意有多深远、建瓴那屋有多高、翻新周期有多短,只在乎它是不是有用、好用,最关键的,它是不是真相!

那么,怎么才能辨别真伪呢?最有效的手段当然是:实验。

说起实验,也不是那么容易。因为我们要观测的,是不可捉摸的粒子。不可捉也不可摸还不算难,难的是,多数解释的预测,都差不多,甚至大部分数学结果都一样!

数学一样的部分,就没法拿来评判谁是谁非了,只能在哲学上死缠烂打,最后当然是谁也不服谁,翻来覆去各种看,也搞不出个所以然来。即使你找到数学结果不一样的地方,差别也是细微到几乎没有。你知道的,这时,测量精度就成了大问题。比方说波函数坍缩:哥派认为,是瞬时坍缩,没有过程;而退相干系列认为,这个坍缩是有过程的;GRW 同意坍缩有过程,但在数学上,这个过程用的时间长短不同。诸如此类,讲起来立场分明,但数学上差别极小,以至于实际测量起来很难达到明确区分的精度!

所以,在测量技术达到精度要求之前,要找,就优先找基本预言不一致的地方。比方说,哥派、退相干、GRW 一致认为"有坍缩",而系综、MWI 等解释认为"没有坍缩",这该很好宣判了吧?可事实是,照样不容易!是的,你一观测,粒子就随机甩给你一个确定的结果,你凭什么断定,它是波函数坍缩来的,或者它不是波函数坍缩来的?波函数是抽象的,它不能直接观测!坑爹吧?

因此,想一决雌雄,不仅要"基本预言不一致",还要"可以直接观测"!这样的理论预言有吗?有的。比方说"交易解释"(TI)。这是美国物理学家克拉默于 1986 年提出的。

当年,费曼利用超前势和推迟势概念,找到了新作用量,还取得了麦爷方程的支持,鼓捣出了路径积分。克拉默却从这两股势力的博弈合作中,看到了一条新路:推迟势发出一个波"出价",超前势回一个波"确认",两波在时间线上一顺一逆,交互干涉,催生一款华丽丽的"驻波"。这个驻波不是虚无缥缈的,它在物理上真实存在,是波,也是粒,但绝非一个抽象的函数!只是你一观测,干扰了驻波,它顺手甩给你一个概率的结果罢了。这个解释,非常合理,也非常物理。并且,这个机制,跟哥本哈根解释不符,但跟阿弗沙尔实验相符!

这是伊朗裔美籍科学家阿弗沙尔于 2001 年搞的一个光学实验。光子在这个实验里，既有粒的侠骨，又有波的柔情，让人抓狂。而根据互补原理，在同一个实验里，你要么看见粒，要么看见波，鱼和熊掌不可兼得。那么，究竟谁是谁非，是不是一目了然呢？对不起，目前还不能给你一个明确的答案，观测结果还有待进一步验证。不过，虽然结论还不是很明朗，但这一记小闷棍，也把强悍的哥本哈根解释打了个趔趄！

你以为这样就算完了吗？当然不！因为祸怕孤独，它从不单行！这不，还有个实验，让哥派很难堪。

2006 年，法国科学家阿罗什特制了铌质镜子，镜面相对，距离 3 厘米，凑成一个空腔。然后，让光子在镜子间蹦跶了 100 多微秒，这个运动系统，可以看成经典世界：一只猫。光子蹦跶得正欢时，让一个处于叠加态的铷原子路过，与光子暧昧纠缠。根据咱俩的经验，铷原子的叠加态该坍缩了，是吧？然而，这个实验的神奇之处在于，它可以保持一小会儿叠加！于是，整个系统就成了薛猫。

更神奇的是，阿罗什还可以对它进行测量！这一测不要紧，他发现，系统丢掉叠加态的前后，有个时间差！这说明什么？说明如果真的有什么波函数坍缩，那它至少不是瞬时的，而是有过程的！至少在这一点上，哥派预言不是想象的那么靠谱。

不靠谱的预言还不止这一个。阿罗什的实验，实现了操控单个粒子，并且保持了它的量子态！翻译过来就是，现在量子态逆天了，你一观测，它不立马坍缩！美国物理学家维因兰德用不太一样的办法，也达到了同样的效果。于是，他俩因为“让测量和操纵单个量子系统成为可能”，分享了 2012 年诺贝尔物理学奖。他们使用的手段包括超低温、电磁场捕获、激光脉冲控制等。具体细节就不说了，你懂得。

照这样说，哥本哈根解释是不是废了？恰恰相反，它仍是无数解释中最坚挺的一个！不错，它是有些问题，但同时，它也是最准确、最简洁的解释之一！在已有的实验 PK 中，它的战绩仍然名列前茅，它依然是新量子派对垒经典派的前锋！比方说下面这场旷日持久的战役，就给这个招牌解释挣来不小的面子。

这场战役，就是把 EPR 实验（第二十二章“量子纠缠”一节）从理想转为现实。当初，爱因斯坦和玻尔一致同意，小小和圆圆两个粒子亲密接触、分手后，一个左旋，一个右旋。分歧在哪儿呢？

玻尔认为：你观测前，两者是个整体，大家都处于叠加态，没有具体物理量；

观测时，小小被干扰，随机坍缩成左旋，同时，圆圆也感应到干扰，果断选择右旋。

老爱认为：没有什么坍缩，也不用什么超光速信号，不管你观测还是不观测，谁左旋、谁右旋，在它们分手的那一刻，就已经确定了。

从 1935 年 EPR 佯谬提出时起，把这个理想实验搬进现实，就成了无数物理学家的梦想。不仅仅是要断个输赢，更重要的是，大家真的很想知道：这个世界究竟是什么？

然而，实验难度真的很大。第一，所谓左旋右旋，只是为了说明一对纠缠的粒子自旋方向相反，它并不真的一个向左转，一个向右转，能够一目了然地分辨，而是任何方向都有，你怎么测？第二，粒子速度快，分手后运动方向不确定，它们又小到不可捉摸，你怎么测？第三，实验要求俩粒子分手一段距离再测，我们的空间各种粒子乱窜，无数干扰纷繁微妙，你怎么测？第四，就算前面的问题都搞定了，你又怎么判断，左、右旋是分手时就已经确定的，还是你观测时干扰坍缩的？技术难题多了去了，直到 1964 年，贝尔才找到验证的可能。

对，就是发现冯·诺依曼同学数学题做错了的那个贝尔。贝尔的高招是，统计“协作度”。啥叫“协作度”呢？就是甲乙双方行为的相关程度。就拿夫妻来说吧，夫唱妇随，当然叫协作度高；夫唱，妇一定不随，也是协作度高，因为只要观测到“夫唱了什么”，就知道“妇一定不会跟着唱什么”；夫唱，妇不一定随，这就是协作度低，你观测这个，跟另一个基本没关系。是的，不管是特别一致，还是特别不一致，都属于协作度高。

小小和圆圆两粒子亲密接触、分手后，咱俩远隔星际，在同一个方向上分别监测，如果我测到小小是左旋，那么，你必定会测到圆圆是右旋，其相关率——也就是协作度是 100%。这一点，爱玻双方都同意。

然而，如果你我从不同方向上测量，结果就不一定了。在玻璃茶几上，反向转两个陀螺，咱俩正常俯视，小小顺时针，圆圆逆时针，特别不一致，相关。但你这个坏人钻到茶几下面仰视圆圆，而我还是在正常俯视小小，那么，咱俩会发现它俩都是顺时针！如果始终这样观测，特别一致，也属相关。但你不老实，一会儿俯视，一会儿仰视、平视、斜视，这样的观测结果，就会破坏相关性。如此观测后，我们再去统计它们的协作度，会发现，总体协作度少于 100% 了。这个很好理解，是吧？

观测粒子自旋，虽然比在茶几上看陀螺复杂得多，但道理一样。粒子在空

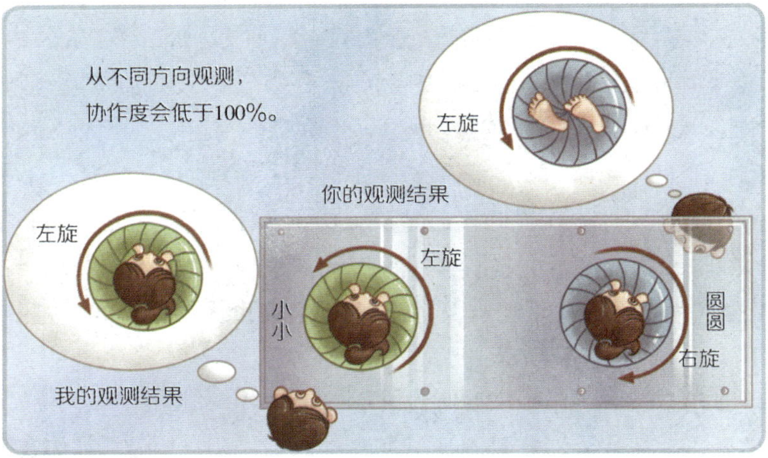

从不同方向观测，协作度低于 100%。

中飘过，居住在三维空间的咱俩，很自然地想到，要从三个方向（不一定非要彼此垂直）去测量之。在同一个方向上，只有你左我右，或者你右我左这 2 种可能组合（$2^1=2$）。毫无疑问，相同方向上测的结果，协作度一定是 100%，也就是 1。然而，如果咱俩分别从 x、y、z 三个方向上测，就会有 8 种可能组合（$2^3=8$）。不同方向上测的结果，协作度一定会低于 100%，因为，我在 x 方向上测的是右，你在 y 方向上测的就不一定是左是右了。但它会按照一定的概率来分布。

正儿八经统计起来，“夫唱，妇一定随”“夫唱，妇一定不随”这两种奇葩的高协作度就让它们相互内耗了，可是世界清静了？

不，还有“夫唱，妇不一定随”的剧情，让这个世界高潮迭起！这里，就涉及一个极限问题：从三个方向上测，总体协作度最高是多少？

这是一个简单的统计问题，对贝尔这种数学尖子生来说，实在是小菜一碟。所以，他很快就得出一个公式：

$$|P_{xz}-P_{zy}|\leqslant 1+P_{xy}$$

P_{xy}：小小在 x 方向为左，同时，圆圆在 y 方向上也为左的相关性。那么，公式左边的 P_{xz}、P_{zy} 是什么意思，就很清楚了。

别看这个公式其貌不扬，只是把 x、z、y 三个方向的观测结果各种倒腾，十分无聊，但它被一些物理学家誉为“20 世纪科学最深刻的发现之一”“宇宙中最神秘、最深刻的定理之一”，之所以没用“宇宙真理”这个土豪 ID，是因为大家更喜欢那个优雅的名字：贝尔不等式。

公式如此多娇,引无数英雄竞折腰?

很遗憾,没折腰的,倒是有夭折的。1964 年,贝尔把推导这条公式的论文《论 EPR 佯谬》发表在《物理》杂志的创刊号上,整篇论文简洁深刻,清晰优雅,堪称大手笔!然而,这篇佳作跟《物理》一起被大家神奇地忽略了,一如当初他指出冯天才数学作业错误的那篇论文。一年后,《物理》寂然倒闭。不过,也不用太伤心。五年后,这颗明珠终于还是被人捞了出来,璀璨的光芒照亮了前程。短命的《物理》因为发表了贝尔不等式而名垂千古。

这个公式为什么这样牛呢?因为,它就是经典世界的紧箍咒!推导这款公式,贝尔用了两个基本假设。

① 世界是定域的。小小和圆圆没有心灵感应,没有超光速信号。

② 世界是实在的。不管我们观不观测,小小和圆圆都在那儿,至于谁向左、谁向右,早在两粒子分手时就已经确定了。

在这两个经典假设的基础上,贝尔使用经典的统计手法,导出了经典世界中,两粒子协作度的极限。也就是说,如果这两个假设是真的,粒子的诡异行为都是隐变量导致的,那么,两粒子的协作度绝无可能突破贝尔不等式!

如果世界不是定域的,粒子不管相隔多远,都可以即时通信,或者世界不是实在的,它们的物理量是我们观测的那一刻才确定的,那么,两粒子的协作度会更高,就可以突破贝尔不等式。

贝尔拿到了上帝管制经典世界的法器。我们可以用它来判断,粒子到底服不服从经典定律的管制。贝尔相信,爱因斯坦的世界是靠谱的,它客观、实在、独立,严守物理法则,不以人的观测为转移!理论物理学家有了解决方案,剩下的事,就看实验物理学家的了。

实验物理学家看着公式,略一沉吟,果断做了个决定:等。

等什么?技术进步。因为实验条件要求太高。这一等,就到了 20 世纪 70 年代。技术条件刚刚允许,物理学家们就迫不及待地开始了艰难的检验。

在伯克利、哈佛、德克萨斯等地,人们利用原子产生的“关联光子对”,也就是亲密接触后分了手的小小和圆圆,它们的物理量(包括偏振方向)也是对称、反对称的关系。小小和圆圆出发后,我们再用偏振器拦路收费,统计闯关光子数,就可以检验协作度了。

偏振器滤光原理在前面说得很详细(第六章“波光再起”一节),这里就不啰嗦了。可以说,这是一个相当巧妙的设计。但是,由于技术所限,只能直接搞到“夫唱妇随”的情况，其他情报要靠推理转手搞到，让人心里很不踏实。不过，更不踏实的是，实验结果隐隐偏向玻尔！实际上，偏向谁，都让人不爽。经典世界的踏实感引人神往，而量子论的强悍功能也令人迷恋。

阿斯派克特

世界真的那样玄幻吗？大家很想知道，也很怕知道，迫切而又忐忑，就像即将打开一个魔瓶，你不知道放出来的东西是来顶你的还是来毁你的。所以，对那个不怎么靠谱的实验结果，人们心情很复杂：侥幸？不安？失落？不甘？……或许都有。然而，任何情绪都挡不住人类的好奇心和追寻真相的勇气！面对魔瓶，大家不仅没有犹豫不前，反而急不可耐地搞起了开瓶比赛。这回，法国实验物理学家阿斯派克特拔得了头筹。

阿斯是个纯粹的人。他 1947 年生于法国西南部浪漫的阿让，大学毕业后做了一件浪漫的事：去非洲喀麦隆做社会工作。其间，他自修量子力学，对 EPR 实验搞不定这事儿耿耿于怀，于是去更浪漫的巴黎大学攻读物理博士，直奔那个纯粹的目标：搞定 EPR 实验。他做到了。

物理学史太过宏大，在有限的篇幅里，我们只能粗线条地了解一下物理学的大事记，所领略的，大都是理论物理学家的鸿篇巨制。其实，实验物理学家的华章巨献，读起来也是荡气回肠。接下来，我们就借这次实验，膜拜一下实验天才的华丽风姿。

想要得到靠谱的实验结果，阿斯派克特有太多难关要闯，时间关系，这里我们就观摩其中两关。

其一，光子对“乱点鸳鸯谱”的问题。

一说到量子物理实验，我们马上会联想到“高大上”的材料、仪器什么的，其实不尽然。比方说早期 EPR 实验，是用紫外光照射钙原子，让电子跃迁，扔出一对纠缠的光子：一绿一紫。钙原子是哪儿来的呢？居然是把骨头、石灰石、粉笔头之类的垃圾放在烘箱里爆烤，使之产生含钙的气体。然而，这种手法有明显缺陷：光子对产生率太小，只有百万分之一。更严重的是，光子对被发射出来后，方向完全不确定，乱七八糟，你根本就没法分出谁是谁的谁，所以搞得实验结果很不确定。

阿斯的办法是，找到一种晶体，它是神射手，可以定向发射光子。这类晶体，其实并不难找，甚至随处可见，比方说镜子，它收到光子后，多是以反射的形式把光子发射出去。看过前文的你应该对波粒大战中马吕斯的魔法石——冰洲石记忆犹新，它可以把光劈成两种偏振光，于是，我们用它看东西，都是“双眼皮”的，也是基本定向的。然而，这些光子只是偏振方向不同，而不是纠缠的光子对。

阿斯找到了他要的神射手：硼酸钡、碘酸锂。用强度足够的激光照射之（刚好那时激光技术够用了），它们会射出纠缠的光子对，而且，发射角度差不多是固定的：小小总是朝这个方向，而圆圆总是朝那个方向。这样，就大大降低了“乱点鸳鸯谱”的概率。

其二，光子对、仪器“传信密谋”的问题。

如果不同方向的检测器之间、光子对之间可以传递信息（比方说检测角度、偏振方向等），合谋给出一个实验结果，那么，人类就被它们给耍惨了。怎么办呢？

实验的目的是看粒子行为是否符合经典定律，而贝尔不等式是经典世界的禁令，所以，也应该按照“定域性”的经典认识，来避免它们之间传信。

玩儿隐变量的玻姆有个好主意：光子飞行时，不断改变检测器的方向，这样，光子直到通过检测器时，才知道检测器的方向，来不及向同伙泄密。但是，有个关键的技术问题——速度。

检测器之间的距离，相对光速来讲，简直短到可以忽略不计。假如检测器之间、光子之间以光速传递信息，那是瞬间就到，防不胜防啊！这就提出了两点要求：一是检测器变换角度应该是随机的，这样它们之间就不会有默契；二是检测器变换角度的速度要足够快，让它们来不及把信息传递给同伙。但是你知道，机械这东西随机起来很不容易，达到实验要求的速度就更不容易，相机的快门够快了吧？用在这个实验里就弱爆了。因为检测器要每秒变换角度几百万次以上，才可以防止光速传信。什么机械变角能达到这个速度?！打着灯笼都找不到这种东西。

但阿斯没打灯笼，就找到了一种好用、便宜、量又足的材料：水。

前面说过，光通过透明介质的面会被折射（第六章“光程迷踪”一节）。如果温度、密度恒定，那么，从固定角度入射的光，也会以固定的角度折射。同时，不同密度的介质，都有个临界角，光以这个角度入射，会发生全反射，只要角度稍有改变，光就会穿过介质表面，折射出去。

阿斯的方案是，快速挤压水体，形成压力波，瞬间改变水的密度，让临界角快速切换，光子就会在全反射和可透射之间切换。被反射，就到偏振器 A，被透射，就到偏振器 B。可是，什么东西能每秒钟几百万次地挤压水呢？如果有这种机械，还不如直接让它去给检测器变角了，是吧？！

然而，阿斯又给出一个意外的答案，他的办法，虽然不是直接给检测器变角，却能让光子路线每秒钟变角 2 500 万次——你没看错，是 2 500 万次（后来提高到 1 亿次）。他用的是类似扬声器振动的原理。音波振动频率比快门可快多了。不过阿斯不是让空气振动，而是让水振动，他 DIY 了一个“电声转换器”，通电后就极速变形（也叫高频振动），挤压水体。

水体的变化，让临界角快速切换，也让偏振器随之变角。虽然这种变化不是随机的，而是有规律的，但是，光子的发射是随机的，这就让它们到达偏振器时，不一定赶上哪个角度，加上变角速度快，先到偏振器的光子，根本就来不及通知同伙，串通合谋。光子对、检测器们背叛人类天大的信任和悉心的栽培，妄图以光速通信密谋的恶毒计划，就这样可耻地破产了！

蜂拥而至的技术难题被各个击破了，实验室顿时和谐起来，阿斯派克特的一系列实验大获成功，观测的判笔在经典物理上打了个大红色的“×”——粒子们不服贝尔不等式的管制，一次一次突破底线！爱因斯坦的温馨家园沦陷了！隐变量遭遇了漫长的严冬。

这个实验结果，虽然没有推翻世界的实在性、客观性，但让定域性失守了。不管相隔多远，粒子们真的可以即时协调，在对我们玩儿随机坍缩的同时，还能跟远在天涯海角的同伙保持不可思议的高度协作！它们没有剧透这都是怎么做到的，只告诉我们：世界不是定域实在的，至少不是定域的！

玻尔赢了漂亮的一局。虽然他那含糊的“妖术力”仍为人们所诟病。

1982 年 12 月，阿斯和他的小伙伴把实验报告发表在《物理评论》上。物理界的反应是：无语。不动口，只动手。大家纷纷改进阿斯派克特实验，用尽各种新技术、新招数，得出的结果纷纷突破贝尔不等式，比它的预测偏离 5 个、8 个标

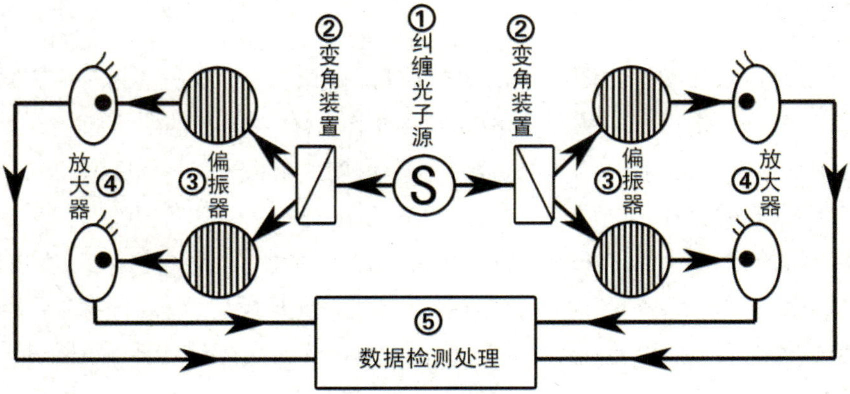

阿斯派克特实验示意图

准方差，有的竟然偏了30个标准方差！

是的，无语。你能说些什么呢？丢了定域性，客观性也受到威胁，任谁心里都没底。实验之前，量子力学在数学上、应用上已经所向披靡，令人无法怀疑它的正确性。我们纠结的，在于"透过数学看世界"。大家拿出各种解释，去附会数学结果，企图认清世界的本质，或者企图维护自己心中的那个世界。同志们心里都清楚，量子力学将揭示的世界，可能会取代我们经验里的那个温馨家园，摧毁我们的三观，让我们在这个寂寥空漠的宇宙中，更感无根可系、无枝可依。

你以为玻尔就希望世界不客观、不实在吗？你回头看看他对EPR的解释，那遮遮掩掩的"神秘的干扰"，"不是物理上的真实的超距作用""不违反相对论"（第二十二章"量子纠缠"一节）……在玻尔的潜意识中，他分明就是爱因斯坦的同伙！他也怕失去那个踏实可信的世界！所以，这个勇敢的探索者在"对于世界我们能描述什么"的问题上停步，拒绝去追问"世界的本质是什么"。

所以，很多科学家不愿面对量子论数学背后的世界。他们故作潇洒地说，好用你就用，管它是什么！

作为一个物理学家，不去想世界是什么，这就像一个不择手段爬上高位的政客，一脸真诚地宣布自己其实淡泊名利一样。就算全世界信了，他自己也不信。

现在，在"世界是否定域"的关键性质上，贝尔不等式给出了判决标准，而阿斯派克特实验依法做出了判决。我们能做的，就是什么也不说，尝试着接受这个结果，习惯新的世界。

1955 年，老爱用自己的离开，终结了伟大的世纪论战。27 年后，阿斯派克特实验似乎给这场论战做了个迟到的了断。

然而，尘埃并未落定。

5 落不了槌的审判

爱因斯坦反对哥本哈根解释的核心，不是因果性，不是概率，而是“实在性”。他的宇宙，是独立于观测的，客观、真实存在的宇宙。

只有一个人读懂了这个核心。没错，他是泡利。

泡利综合分析了爱因斯坦的观点，告诉玻恩，老爱并不像大家以为的那样，认定“决定论”是基本的，他的出发点是“实在性”，而不是“确定性”，他认为电子本来就有自己的物理量，不管你测不测量。接着，泡利道破了一个让玻恩啼笑皆非的事实：他们树立了一个假想的爱因斯坦，再去把他打倒，以显示自己武功盖世。分析造成这个误会的原因，多半是“上帝不掷骰子”这句夺人眼球的广告词太深入人心了，以至于让大家以为这才是他的根本认识。

我们回头看看 EPR 实验，小小和圆圆怎么才能实现神迹般的亲密协作呢？有两种方式。

① 观测之前，它们不是客观存在，而是一缕概率波，没有确定的物理量，在观测的那一瞬，小小坍缩为左，而圆圆坍缩为右。

② 它们是客观存在，有物理量，同时，存在一种不受距离限制的即时互动方式，以保持高度协作。

以上两者，只要做到其一，就可以突破贝尔不等式，得到阿斯派克特实验的结果。现在，实验结果强迫我们做出选择：要么放弃实在性，要么放弃定域性。贝尔怎么看？贝尔选择放弃定域性。他崇尚爱因斯坦的世界——即使无人观测，这个世界依然是实际存在的。

1990 年，62 岁的贝尔突发脑溢血逝世，他不知道，那年他被提名诺奖。阿斯和另外两名实验物理学家也曾被提名 2011 年诺奖，但未获成功。不过，2010 年，他们三位获沃尔夫物理学奖。这是除诺奖之外，最重要的物理学奖之一。

阿斯派克特实验毁三观的影响力，大概可以媲美迈克尔逊－莫雷实验（第八章“一个失败的实验”一节）。不过，迈克尔逊－莫雷实验进行到今天，经过不断改进，已经没有设计缺陷，它的结果，是定论。而阿斯派克特实验的设计，由于某些技术尚未达到理想水平，所以并非十全十美，似乎，经典世界还存在一丝翻盘的希望。不过，多数物理学家认为，即使将来技术能力够用了，也搞不出相反的结果。

让人纠结的是，我们手里有 n 个解释——哥本哈根、MWI、退相干、DH、GRW、QSD、CSL、系综、交易等等，都可以描述量子行为，包括 EPR 实验结果。究竟谁是对的？可以肯定的是，至多只有一个是对的，或者，答案根本不在其中。20 世纪 70 年代末，年逾古稀的狄拉克说，证明一个解释，要比建立一组方程困难得多。这是天才的叹息。

普朗克、爱因斯坦、玻尔、海森堡、薛定谔、狄拉克、玻恩、德布罗意、泡利、约当、索末菲（这个名单远未结束）……他们发现了神奇的量子行为，创建了伟大的量子力学，却发现，他们的发现无法解释。

量子力学拥有最强悍、最毋庸置疑的数学形式，但叠加态、波函数坍缩仍然迷雾重重。最主流的解释，在质疑中也是首当其冲：观测之前，宇宙中不存在什么物理量，它只是无数可能的叠加，那么，观测者又是如何出现的呢？宇宙的本质是什么？……饱受这些困惑折磨的，是这个星球上最智慧的天才们。

以玻尔为代表的部分物理学家号召：不要去想什么量子世界，因为它不存在。宇宙就是这样，对于它，我们只要描述可以描述的，就 OK 了。而量子力学已经做到了。问题解决了。

但另一部分物理学家可不这么看。盖尔曼说，玻尔给整整一代物理学家洗了脑，以为问题已经解决了。我们知道，伟大的玻尔有这个影响力。然而，即便如此，也不能证明玻尔给大家灌输的认识是对的。

1955 年 4 月 18 日凌晨 1 点多，76 岁的爱因斯坦用德语嘀咕了几句，就留下一头雾水的夜班护士和抓耳挠腮的史学家，找牛爷、麦爷斗地主去了。玻尔十分悲伤，他说，老爱的成就“是丰富、多产的，超过整个文明史中的任何人”。他们是人生观、价值观的知音，却不是世界观的同盟。这是玻尔最大的人生遗憾。他认为，老爱游离于量子力学主流认识之外，对老爱而言，是个人的悲剧，而对量子物理学界来说，是失去了领袖和旗手。

在老爱离开的日子，玻尔思考物理问题时，首先想到的是，老爱怎么看？1962 年 11 月 17 日，77 岁的玻尔突发心脏病逝世。他留在书房黑板上的最后一张图——爱因斯坦光盒被保存至今。

论战还没有结束，因为谜底尚未揭晓。

2016 年 **2** 月，美国激光干涉引力波天文台(LIGO)和意大利 VIRGO 探测器的研究人员宣布，地球上首次探测到引力波。

再玄奥的谜底，也挡不住人类无法抑制的好奇。基因不灭，探索不绝！在苦苦寻求理论突破的同时，人们也在用最笨也是最有说服力的方法——实验，去探询量子世界，以期找到灵感，去破解叠加态、坍缩、观测等量子谜题。我们不知道能否最终找到真相，但可以肯定的是，我们正在不断地逼近真相。

2014 年 3 月 18 日，美国哈佛大学史密森天体物理中心宣布，他们首次观测到引力波存在的证据。从微弱的宇宙微波背景资料中，他们找到了“B-模式偏振”，它只可能是原初引力波造成的。这个观测结果，是宇宙大爆炸之初留下的遗迹，不仅验证了广义相对论，还支持了暴胀理论。

2013 年因为希格斯粒子被发现而输掉 100 美元的霍金，终于在科学赌局上打了一场翻身仗。不过，收获更大的，显然是物理学。关于宇宙大爆炸的理论模型，现在有几百个，哪个是对的，一直闹不清。这次发现，是一场大浪，会淘掉 90% 的相关理论砂砾，留下金矿。这里，值得一提的是，暴胀理论支持“多宇宙理论”。虽然还没有证据表明，这个“多宇宙”，就是 MWI 所预言的那个“多宇宙”，但，这也可以看作 MWI 的福音。

20 世纪 90 年代末，物理学界利用两次有关量子力学的会议，分别做了问卷调查，让物理学家们为自己相信的量子论解释投票。结果如下：

1997 年，在马里兰大学的会议上：哥本哈根解释 13 票；多宇宙 8 票；隐变量 4 票；退相干历史 4 票；自发定域理论 1 票；其余 18 票是以上都不信，或者不确定。

1999 年，在剑桥牛顿研究所的会议上：多宇宙与多历史(无坍缩派)30 票；

哥本哈根解释 4 票；修正的量子动力学 4 票；隐变量 2 票。

不管怎么说，MWI 正在被越来越多的人接受。休·艾弗雷特Ⅲ被《科学美国人》(*Scientific American*)誉为“20 世纪最重要的科学家之一”。MWI 被称为“20 世纪隐藏得最深的秘密之一”。

阿斯派克特实验显示，亲密接触后的粒子之间，确实存在不可思议的神秘关联——量子纠缠。野心勃勃的人类还没搞懂它们是怎么纠缠的，就在纠缠上玩儿出了许多花样，并琢磨利用纠缠实现某些疯狂的构想——量子通信(多远都即时，还保密)、量子计算(几分钟搞定全球计算机合作几百万年才能完成的工作)、物质传输(相当于瞬移)等等，实现任何一个，都是一场规模空前、影响空前的技术革命，都将给人类社会带来翻天覆地的巨变。不要怀疑，在科学面前，千万不要说“不可能”!

1997 年，奥地利物理学家塞林格及其团队首次成功实现了“量子态隐形传送”，也就是所谓“瞬移”，只不过，这是利用量子纠缠，把小小的态转移到圆圆身上，而不是把小小本身转移过去。所以，有人喜欢管这玩意儿叫“量子心灵传送”。这种传送，不靠任何载体，也不携带任何能量，不违反相对论。值得一提的是，塞林格团队有个中国学生：潘建伟。次年，他们实现了纠缠态交换，量子通信技术萌芽了。接下来，就是想办法让纠缠分发和传输的距离更远。2004 年，这个团队用光纤让纠缠态传输跨过多瑙河，通信距离达到 600 m。

潘建伟学成回国后，组织团队跟塞林格老师 PK，双方都扔掉了光纤，比谁在自由空间传得更远。于是，量子通信距离的纪录不断被刷新：13 km、16 km……

2012 年 8 月，潘建伟团队实现了上百千米传输。仅仅一个月后，塞林格团队就实现了 143 km 的传输。这都是在高干扰的地面实现的，同等条件下，如果把实验搬到太空，这个距离可以突破 1 000 km。量子通信卫星技术成为可能。

在对叠加态、坍缩的认识上，大家在竞相制备“薛定谔的猫”。比什么呢？嗯，我们之所以看不到薛猫态，是因为粒子数越多，退相干越快，并且一观测就坍缩。所以，要比就比谁的尺寸大、时间长、观赏性强。

1996 年，单个原子的猫态实现了，用的是铍离子；2000 年，利用超导量子干涉仪，使上亿个电子循环流动，实现了两个流向的叠加态，并且这个循环有人的头发那么粗，算是宏观系统了；2010 年，美国国家标准技术研究所制备出光子的猫态；同年，美国“80 后”物理学家奥康奈尔制成全世界第一台量子机器——压电音叉，它有1 013 个原子，可处于振动与非振动的叠加态。

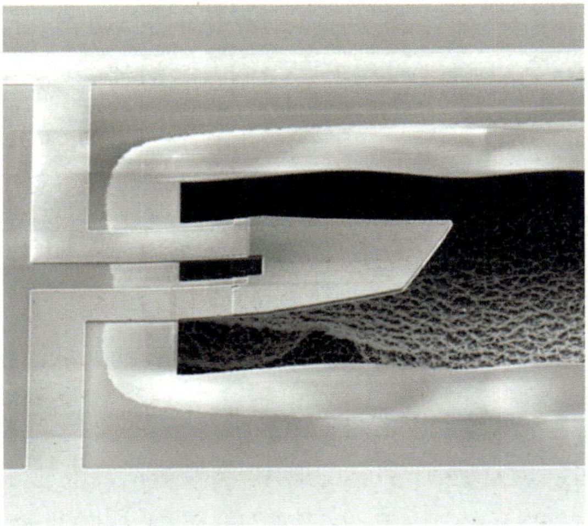
压电音叉

鼓捣出的这些，虽然尺寸越来越大，但坚持的时间还不够长，多是靠超低温技术维持。如此看来，这项事业还处于修长城找砖块阶段。不过，这些成果已经足以让人振奋了。

2010 年，德国人进一步提出，要制备活体薛猫——叠加态的病毒。大致思路是，用“光镊技术”（聚焦激光束，形成光阱，可以操控小东西），让病毒与世隔绝，制备出活体叠加态。别以为这是做梦，该想法提出不久，美国奥斯汀大学的李统藏等人就真的使用“光镊技术”，完成了对微米级小球的操控和测量。2011 年，他们又把小球温度冷却到 1.5×10^{-3}K！那又怎么样呢？这说明，下一步，我们试着把小球冷却到基态，然后用病毒取而代之，一只活体薛猫就可以华丽丽地诞生了！

有些人可能会说，拼了命去折腾一个病毒，是有多无聊啊?！其实不无聊，因为我们可以用它来做很多事。说一个最邪恶的：量子谋杀。我们把病毒搞成叠加态，然后用激光谋杀之……后面的事你知道了，这是“量子自杀”的改编版。这样搞法，会不会得到一个永生的病毒呢？谋杀个病毒让你兴奋成这样，好吧，让我们拭目以待！

在搞清观测方面，我们也是如饥似渴。2010 年，几个科学家玩儿一个 40 μm长的压电材料，让它处于伸和缩的叠加态。然而，当他们想看看这个杰作时，叠加当场被破坏。猫可以有，但不可以看。郁闷。麻省大学的物理学家雅各布斯（Kurt Jacobs）出了个“看猫”的主意：弄一根微米级细丝，让它处于两个反向振动的叠加态，之后给它加点电荷。麦爷早说过，电荷振动会形成一个变化的电磁场。我们去探测电磁场，就可以间接了解那根细丝的振动还是不是两个反向叠加的。这就实现了探测宏观物体的叠加态，而不退相干。这个想法还需要一些时间去实现。说到观测，还有一个模糊的成果，2002 年，《物理评论》

有篇论文，估算出量子退相干时间远远短于神经元动作时间。这说明什么呢？好像是在暗示：坍缩跟我们大脑的神经活动没啥关系！不过，这样的结论，也需要更多证据的支持。

6 顶梁柱未成年

虽然量子之路仍然雾霾重重，虽然我们对量子世界的认识，仍然赖在初级阶段，但是，量子力学的应用，已经迫不及待地深入人类社会的每一个角落，在科学、哲学、经济、技术、生活等方方面面，都产生了巨大的影响，天上飞的、地上跑的、水里游的、家里用的、手里玩的……无所不在，无所不能，好吧，你是上帝。

宏观世界再大牌，它也是由微观物件构成的。而量子力学正是从微观着眼，去认识世界。因此，它的认识“更基本”。所以，量子力学的兴起，刷新了人类对整个世界的认知。

搞清了量子行为，什么粒子物理、核物理、原子物理、固体物理、流体物理、热力学、化学甚至生物学等等这些学科，都豁然开朗，突然就有了一个坚实、精准的共同基础！这还不算，它还开辟了 n 个新领域，让人类眼界大开、功力倍增、野心暴涨……这回，天上掉下来的不是馅饼，也不是林妹妹，而是拿着馅饼的林妹妹！

什么？具体点？好的。可是例子太多，细细列出来，也不知道又要写几本书，所以就随便说一点。比方说，开拓了凝聚态物理领域。这个领域有很多福利，其中一个，是让我们认识了电子、离子之类的玩意儿在固体材料中的行为。这为半导体的认识和应用奠定了基础，让我们可以利用它，实现电信号处理等功能，开辟了微电子学——研发信息获取、传输、储存、处理和输出的学科。

这是信息科学的基石啊！试想，如果此时此刻，无所不在的集成电路突然像小鸟一样一去不回来，我们失去的是什么？是全部现代生活，还有整个未来文明！值得欣慰的是，活字印刷技术又领先全球了！

再说化学。我们掌握了量子行为，原子的各种隐私也就被扒了个底朝天。那些玄玄乎乎的化学反应，一下子昭然若揭！现在，我们可以在量子论的指导下，编程设定原子属性，用电脑模拟各种化学反应，分析化合物性质，人性化界面、傻瓜式操作、纯绿色安装，附赠高清无码元素周期表一张哦！如此这般高端大气上档次的化学，几乎被搞成了可以培训上岗的工程学！化学如此，材料学更甚。这两门学科对人类发展的重要意义，就不用多说了吧？

超导、超流、激光、核能、芯片、人工智能、信息技术……这些伴随着量子力学诞生的新名词，在几十年前，人类历史上还从未出现过，而现如今，它们让人类创造力呈几何梯级猛增，超过了此前人类漫长发展史的总和，而且未来也必将继续深刻影响人类的发展！

谁能设想，当量子通信、量子计算、物质传输这些梦想照进现实的那一天，人类又将经历怎样深刻的巨变？谁又能想象，当我们踏过量子力学阶梯，一统物理学理论的那天，宇宙将有多少秘密让我们目眩心跳、魄荡魂销？又有多少新领域、新天地任我们尽情开拓、恣意驰骋？

说起统一理论，这又是物理学心头的一块顽疮，不碰就奇痒难忍，一碰就剧痛难捱。相对论的成功已不必多说，无论从思想上、形式上、数学上、哲学上，都是那样妥帖、自然、优美、精准，不愧为人类史上最伟大的智慧结晶之一。量子力学虽然在解释上有争议，并且直到现在也没有最终完成，但它的强大功力已然征服了世界，它与相对论平起平坐，分庭抗礼，成为物理学的两大支柱。并且，量子论与麦爷方程密切协作，取得了狭义相对论的支持，得到了量子场论，成为现代理论物理学的主流方法和工具。这一切看上去是那样和谐、完美。

然而，广义相对论在微观世界失效，而量子论在宏观世界铩羽，双方都稳稳地占住自己的地盘，却在对方势力范围无法涉足。它们互相尊重主权和领土完整，互不侵犯，互不干涉内政，却和平而不共处，平等而不互利，看样子，是要坚持不让步、不合作、不相容的政策100年不变！

我们的物理只能撑在这样两根不打算同舟共济的大柱子上，天才们心里能舒服吗？所以，爱因斯坦迫不及待地出手，豁出去半辈子来搞统一场论，遭遇了举世瞩目的失败。后来人们发现，世界上除了老爱时代掌握的引力、电磁力以外，还有强相互作用力、弱相互作用力（以后称“强力”和“弱力”）。

要是只用一半力，就搞成了统一场论，你让宇宙怎么出来见人？

万物运转，归根结底都靠力。如果搞清楚这些力是怎么来的，问题是不是就不是问题了？

量子电动力学揭开了电磁力之谜：两人站在溜冰场上，面对面抛接皮球，他俩的距离一定会越滑越远，这就是同性相斥；如果背对背，把球扔到对面墙壁上，再弹到对方手里，他俩距离一定会越滑越近，这就是异性相吸。粒子间的电磁力就是这么回事儿，它们互扔的皮球叫作光子。

斥力、吸力是这样炼成的。

日本物理学家汤川秀树一看，原来如此，强力和弱力难道不是这样吗？果然，人们发现，弱力、强力也是粒子们互扔皮球的结果！

扔"介子"是强力，力气最大，能把质子和中子捆在一起，打包成原子核。扔"中间玻色子"是弱力，力气只比引力强，能让不稳定粒子衰变。

现在，我们集齐了四种力，是不是就可以领取"统一理论"一枚了？

当然没那么简单。牛爷、老爱、麦爷只是分别描述了引力、电磁力，就已经站在人类智慧的巅峰了。统一四种力？哼哼！弱力、强力还没有个理论来描述呢，就想统一？自从盘古开天辟地以来，谁也没见过这等美事啊！是吧？

1954 年，美国物理学家杨振宁(华裔)、米尔斯提出了"杨－米尔斯理论"，将"规范理论"拓展到"不可交换群"，以解释强力。n 个物理学家参与了规范理论的建设，试图提供一个数学形式化的标准模型，去描述这些力。

看这几种力的路数，应该是同门同派，尤其是电磁力和弱力，更像是一个师父教出来的！就差扔的皮球有点不一样了。美籍华裔李政道和杨振宁指出"弱相互作用下宇称不守恒"，吴健雄很快证明：两位师弟说得对呀！

李政道(左)与杨振宁(右)

这回，知道电磁力和弱力扔的皮球为啥不太一样了：只因在弱相互作用下，宇称是不守恒的，这才让同一种东西有了不同的表现。但是，不知为什么，弱力那么弱，用的皮球质量却大得出奇——比质子的质量大几十甚至上百倍！这让高歌猛进的物理学家们心底泛起一阵淡淡的忧伤。

英国物理学家希格斯提出了一种机制：宇宙中遍布一种场，一些基本粒子跟这个场互动，就会得到神秘礼物——质量。这个机制，就是大名鼎鼎的“希格斯机制”。

摸清了质量的来历，就好办了。美国物理学家温伯格、格拉肖、巴基斯坦物理学家萨拉姆把希格斯机制引入他们的研究，实现了电磁力、弱力的统一，这就是“弱电统一理论”。天啊！这简直就吹响了物理大统一的号角！

以上过程产生了 n 个诺奖获得者。

吴健雄，她将杨振宁、李政道推向前台，却被诺贝尔奖亏待一辈子。

宇宙中一共就四种力，这么快就证明其中两种力是一回事儿，那么，实现四力统一，岂非指日可待?!

饼要一口一口吃，地要一块一块占。物理学家们贪婪的目光盯上了强力。

然而，这块领地已被“夸父”攻克。1964 年，盖尔曼提出，所有强子(受强力控制的亚原子粒子。所谓亚原子粒子，就是结构比原子小的粒子)都是由夸克构成的，它们互扔一种叫“胶子”的皮球，把彼此粘在一起。夸克也分很多种，不同夸克不同组合，就成了质子、中子等不同的粒子。为了区分夸克，“夸父”盖尔曼用味道、颜色标识之，搞得这个理论“味飞色舞”，所以叫作“量子色动力学”。

量子色动力学出得厅堂，入得厨房，斗得小偷，打得流氓，妥妥征服了强力的心。但想一并收服统一四种力，似乎门儿都没有。

强攻无望，只能走亲情路线——大家都是规范理论、量子场论下的蛋，只要拉来实在亲戚“对称性自发破缺的规范场”调和一下，在数学上追溯双方盘根错节的交往历史，许以适当条件，拉拢胶子，和亲结盟，共同开发夸克，再逐步同化，大统一不是没有可能。这个宏伟蓝图，就是雄心勃勃的“大统一理论”(GUT)。

美好的蓝图诱惑了多少物理英豪投身其中，我们不得而知，只知道大家七手八脚，搞出 n 个 GUT 变种，数量堪比量子力学五花八门的解释，每个变种都一本正经地描述了三种力，放眼望去，每个都很统一很和谐，让人欢喜过后却一筹莫展。

不过，它们各自都有不同的预言，可供我们牵出去遛遛，看看谁是骡子谁是马。然而，这些预言验证起来，也是比登天还难。比方说，有的预言质子可能衰变——前面提到过，质子的寿命比宇宙还长（第十一章“时间膨胀”一节），怎么验？再比如，有的预言存在磁单极子（只有 N 极或 S 极），到现在也没找到，可是，没找到不代表没有，怎么验？无法验证的理论，前途都是灰暗的。

正当大家等得花都谢了、心也快碎了的惨淡时节，晴空霹雳般地传来一个好消息：2012 年 7 月 4 日，欧洲核子研究中心（CERN）宣布发现了希格斯粒子，可信度大于 99.999 94% 。希格斯粒子被称为“上帝粒子”，是标准模型（一套描述强力、弱力、电磁力及组成所有物质的基本粒子的理论）的关键部分。这个发现，虽然让霍金又输了 100 美元赌金，但他和大家一样兴奋地意识到，这是物理学在 2012 年最大的进展，是标准模型的又一次胜利！

标准模型拿到了上帝粒子这个丹书铁券，拉来了量子力学和狭义相对论两大靠山，还得到了几乎所有三种力的实验结果的热烈拥护！如此勋业，是不是牛得可以到处煲“成功鸡汤”了？

还早呢！虽然它的成功看上去很纯粹，但实际上还有很多瑕疵之处。比方说，许多参数不能凭计算得出，而只能靠实验决定，相当于厨师做菜不是凭厨艺，而是靠品尝！还有巨额财产“弱电对称破缺”的来历解释不清等等。这样搞法，分分钟要落马的节奏！所以，它现在最要紧的是恶补反侦察学，而不是狂晒成功学！

标准模型尚且如此，以它为基础的 GUT 又能有多靠谱？何况还搞出那么多变种，分不出哪个是 A 货、哪个是 B 货，场面这么乱，叫我如何说爱你？又何况，就算 GUT 成功洗白，脱胎换骨，完美地搞定三种力，那也是千里之行始于穿鞋，鞋带还没系好呢！因为，这三种力势力范围太小，只能在小尺度内起作用，尤其是强、弱二力，作用范围竟然只有 $10^{-17} \sim 10^{-15}$ m 那么小，比原子直径

（约 10^{-10}m）小得多！到了大尺度，电磁力、强力、弱力就无能为力了，我们的老朋友引力开始接管一切，宇宙运行，星河流转，都乖乖地臣服在引力的君威之下。而 GUT 抢注了“大统一”的商标，版图中却不包括引力这块广袤疆域！

你以为物理王国是这样的：

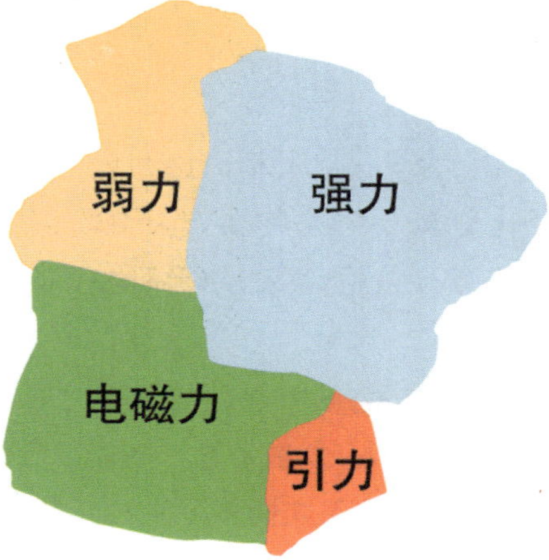

其实是这样的：

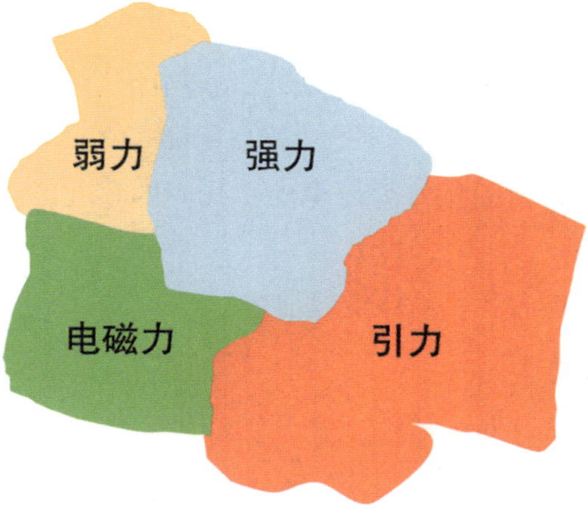

四力疆域图

收归引力这事儿，GUT 不是无心，而是无力。Hello Kitty 自称 Lion King，名儿起大了。Hello Kitty 算是领教了：有引力一国傲立于此，其余三国都归晋了也只占半壁江山。牛顿、爱因斯坦只凭引力理论便可雄踞巅峰，就是明证。

割裂物理王国的鸿沟只剩最后一条，也是最大最深的那条。填平它，人类智慧将登上一座新的高峰。我们要用同一个理论，解释同一个世界，小至夸克，大至星系，宇宙万象，无不囊括其中。这个终极理论，叫作“万能理论”（TOE）。

在追寻 TOE 的路上，为了让广义相对论和量子论牵手，物理学家们可谓煞费苦心。然而，二者就是水火不容，你要方天画戟，我玩丈八蛇矛；你有三十六计，我来七十二变；你搞软硬兼施，我就软硬不吃！别说牵手，看都懒得看一眼。谁有办法？

正当大家挤在“牵手”群里，闹哄哄莫衷一是之际，有人无意间打开一道尘封的大门，幽长逼仄的暗道尽头，微光如星。

下一站，就在那里——弦论怎样悄然降生？超弦革命带来的是什么？M 理论是我们要找的 TOE 吗？……

宇宙比我们想象的要大得多、丰富得多。人类可观测的物质，只占宇宙总物质的 4%。我们的理论只能描述这 4%。就这 4% 的理论，目前还没能统一。

宇宙如何诞生？如何运行？星空中到底隐藏了多少不为人知的秘密？

生命从何而来，因何而生？为何至此？我们的存在，究竟仰仗于怎样伟大的设计？

只要心中仍有疑问，我们就该继续前进！

Go！

第二十五章 彩蛋

能源极简史

700万年前 古猿

人类小时候的日常

一切痛苦的根源
不是贪欲和执念
而是那时的能量
撑不起贪欲和执念

170万年前 直立人

直到
借来了一种自然力：火
从此……

开启了能源时代

有了火，就有了完全不同的生活

吃熟食
灭菌杀虫
增加营养
降低消化损耗
补贴大脑
还可以每天节约4小时咀嚼时间
用来做有意义的事
比如谈恋爱，思考人生
终于

80 000年前 智人

钻木取火
意味着
这种自然力
已被人类初步掌握

…………………… 战胜猛兽
…………………… 赶走恐惧
…………………… 让冬季变得温暖
…………………… 让黑夜有了光明
…………………… 让荆棘变成沃野
…………………… 我们只用一招
…………………… 烧

烧着烧着
突然发现
有的东西变硬了
有的东西变软了

20 000年前 陶

柔软的泥巴
烧成了
坚硬的陶器

8 000年前 青铜

坚硬的金属
烧成了
柔软的精灵
任君设计造型

这100多万年
我们只烧柴火
最原始的生物能源

2 400年前

中国人开始烧煤
化石能源时代
就此拉开帷幕

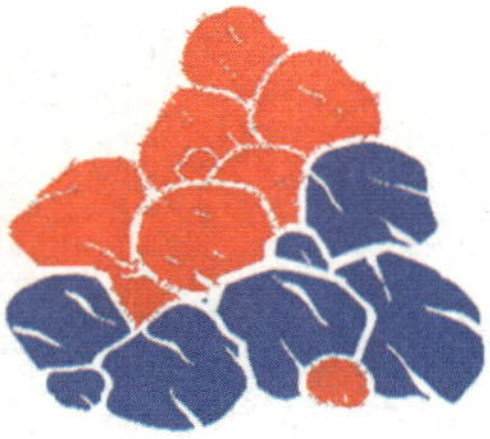

2 000年前

中国人烧石油照明
虽然西亚诸国3 000年前
就发现了石油
但石油作为能源
是从中国开始的

1 800年前

欧洲人
中国人
玩转水车
这可是清洁能源

聊起清洁能源
风能当然不能缺席
至于畜力
出于人道主义
还是不列入能源吧

1 600年前

中国人凿盐井
凿出了天然气
用天然气煮盐

搞那么多花样
其实主要还是烧柴
因为风啊水啊气啊
全凭老天赏赐
随取随用
唯有柴火
价格便宜量又足

▽▽发展快进阶段，时间长短与轴尺寸无关▽▽

直到有一天

500年前

对不起
放错图了
拖出去

敲黑板：16世纪
欧洲文艺复兴
农工商贸航海事业发展太快
木柴明显不够用了
乱砍滥伐
环境恶化
发展进入L型阶段
于是
欧洲人灵机一动
可以烧煤呀

400年前

亿万年蛰伏修炼的煤炭
指着红红火火的木柴说
“彼可取而代之”
煤炭时代开启
生产力
生产技术
还有生产结构
发生了大变革

300年前

牛顿力学的理论基础
瓦特蒸汽机的技术支持
煤炭的能源保障
催生了工业革命

190年前

法拉第发明了
发电机

电气时代的开启
催生了
第二次工业革命

虽然电好用
但它是其他能源转化来的
二次能源
于是我们需要更多能源
来发电
所以
煤炭还是能源老大

160年前

借用阳光
是很自然的事
中国有阳燧取火的记载
古希腊有阿基米德聚光的传说
但1860年
法国人聚焦阳光
驱动蒸汽机车
应该正式载入
太阳能史

很显然
对太阳能的探索意义大于实际意义
更有意义的事件发生在另一年

1859年
美国塞尼卡石油公司
在宾夕法尼亚钻出一口油井
虽然很久很久以前
很多地方钻过油井
但宾夕法尼亚这口井
是第一口工业油井
因为它实现了
钻采机械化
炼销工业化

拉开了石油时代的序幕

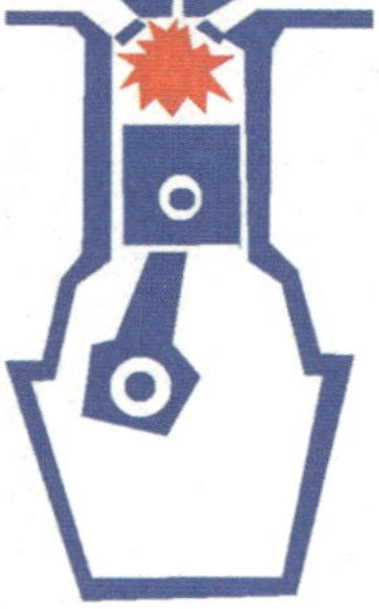

早在1860年
法国人勒努瓦发明的
煤气内燃机
就为石油大消费
做好了技术准备
然而
抢先跑上街头的
却是魔性的电动车

1873年
伦敦、巴黎、柏林、纽约出现了
电动出租车
低噪高能无污染
但由于技术不成熟
和马车司机的抵制等
10多年后就消失了

140年前

1886年
卡尔·本茨发明了
汽油车
风靡上层社会

110年前

1908年
福特汽车公司推出T型车
汽车进入寻常百姓家
让石油的交通消费猛增

燃油内燃机的进步
让石油的动力消费猛增

而化学的进步
让石油的化工消费猛增

石油成为工业的血液
20世纪60年代取代煤成为第一能源

石油、天然气、煤
是世界能源的绝对主导
又怕它枯竭，又嫌它污染
解开这个纠结的疙瘩
只能靠新能源

70多年前

1951年
美国核反应堆
发电100 kW

同是20世纪60年代
美国液氢发动机飞行器上天

多数新能源并不新
说“新”只是技术新
如果1892年美国人用地热采暖
算是新能源
那么
古人泡温泉
怎么算

所以真相是
老能源支撑了新技术
新技术驯服了老能源
把那些眼睁睁看着浪费的能量
一个一个收入囊中

20世纪20年代
沼气发生器
从法国、德国
传遍全世界

1966年
法国朗斯
潮汐电站
投产运营

1969年
法国奥黛罗建成
太阳能发电站

1979年
丹麦维斯塔斯
风力发电站
建成投产

目前世界能源消费结构

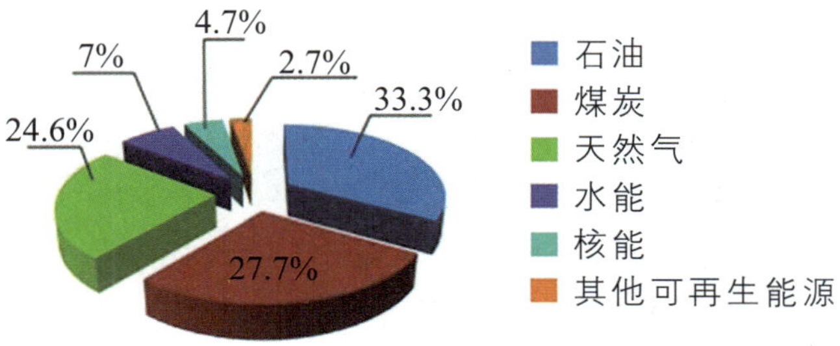

几种未来最有潜力的能源

可燃冰

天然气水合物
约是已探明化石能源中
碳含量总和的2倍以上

太阳能

一年内到达地球的太阳能
是世界已探明能源储量的1万倍

核能

蕴藏在原子核内部的能量
可以缓解常规能源的短缺

核裂变

全球铀储量
可满足
人类几万年
能源需要

核聚变

可控核聚变
一旦商业化
取之不尽
用之不竭

未来三十年展望

2030年

太阳能光伏
将成为主要的发电源之一
太阳能采热供暖将快速普及

2040年

电动车占比将升至25%

2050年

核聚变将实现商业化

绿色、高效、可再生
是能源的未来

地球物理是个什么鬼

跟搞石油的聊到白云深处，总会提到一个奇怪的学名——地球物理。

物理大家都晓得。人类认识物质世界，最基本、最普遍的科学，就是物理。物理定律，从原子、分子、唾沫星子，到星系、星球、来自星星的你，都得乖乖遵守。

太阳系行星

所以，掌握了物理定律，你就掌握了星星的秘密，当然也包括地球。

既然如此，地球物理又是个什么鬼？难道还有火星物理、潘多拉星物理？

潘多拉星物理，这个真没有。但火星物理，这个可以有，“好奇号”不是跑去研究火星了吗？

那么，为啥同一个世界，同一个定律，物理要按星球分呢？

因为，行星们的家庭出身、本人成分、社会关系、三围体重的差别实在太大了，以至于每一颗行星都可以作为物理学的一个小枝丫来研究。远的不说，就说太阳系行星吧。

水星

水星是太阳的贴身秘书，有多贴身呢？你每次看到它时，它都和太阳在一起，离太阳的平均距离只有 5 791 万千米。

这么近的代价是：云裳水衣穿不住，只能裸奔。

又近又没衣裳的代价是：昼夜温差达到 600℃（最高约 427℃，最低约 -173℃）。

水星体积只有地球体积的 1/18，表面被撞出很多环形山，虽然有着月亮的外表，却有着地球的内心，它也分壳、幔、核三层。

它和地球一样，有个铁核。不过，它的铁核超大，差不多占总体重的 2/3，原因是少女时期赶集时被一个愣头青撞掉了一部分轻物质外衣。于是，水星大概 70% 是金属，30% 是硅酸盐（俗称石头）。

金星

金星离太阳的距离是第二近，所以咱们要看它，就和看水星一样，早晨朝东看，傍晚向西看。

太阳系行星家族中，金星最亮，轨道最接近圆，偏心率最小，身高、体重、身体结构和地球差不多，不过它少了一样重要的东西——磁场。这玩意儿，其他几个兄弟姐妹你有我有全都有。在古代，它是罗马人的维纳斯，中国人的太白金星，虽然男女有别，但大家都是神仙。科学残酷地打破了古人美丽的神话：金星披着大气外衣，但没有液态水，大气主要成分是二氧化碳，云层主要是硫酸，温室病十分严重，体表温度约有 480℃，大气压约为地球的 90 倍，相当于在地球上海洋 900 m 水深处所受的压力。所以天气不太好，云厚风狂沙尘暴，电闪雷鸣硫酸雨。金星自转方向和地球相反，so，打西边出来的太阳在地球上没见过？去金星，天天见。金星也有壳、幔、核，但金星的壳主要是玄武岩熔岩，比地球的壳更厚更牢固，所以能 hold 住比地球上更高的山、更陡的崖、更深的谷，防水防火，抗压抗爆，不像地球的壳那样裂成很多板块漂来移去。

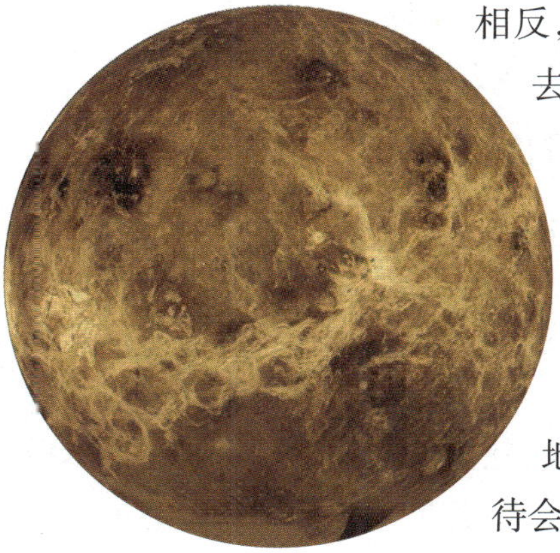

从太阳往外数，金星之后就是大地球了。地球最神奇，因为上面有神奇的我和你。这个待会儿聊。

火星

如果嫌地球危险，你可以回火星。

因为有时候离地球最近的行星就是它，抄近路只有 5 500 万千米，仅仅是 4 300 多个地球直径那么短。

火星的直径只有地球的一半，但它和地球很像，核也是铁的，壳也是硅酸盐的，但壳外的大部分区域被赤铁矿等铁氧化物覆盖，搞得像战神关二哥的脸那样红，神奇的是，它的英文名就叫战神（Mars）。

火星的一年大概是地球的两年。火星有两个天然卫星，如果你在火星上约 MM 看“月亮”，她会问你看哪个，因为这里有两个“月亮”可以看。

火星的外衣主要是二氧化碳，掺了点氮气、氩气，还有一丁点儿氧气。由于衣料太薄，所以尽管大气的主要成分是二氧化碳，它产生的温室效应也不能让火星变热，表面平均温度只有 –55℃。

因此，火星姐姐看上去火热，其实很冷静，和水星妹妹恰好相反。

火星上有大量的水，只不过目前发现都是固态的，翻译过来就是冰。

有证据表明，不久之前，也就是几十亿年前吧，火星的大部分地区是汪洋大海。

所以，人类一直怀疑有火星人，于是好奇地派探测器去拜访。“好奇号”没找到火星人，但在 2013 年发现可能存在液态水。

木星

木星最胖，质量是其他 7 个兄弟姐妹总和的 2.5 倍，并且作为气体行星，比相同质量的岩石行星更臃肿。

别看它虚胖，自转速度却是全系最快。

虽然它有 79 个“月亮”，但你没法站在木星表面去看，因为气体行星没有实体表面。

更重要的是，木星太不安全了，这是个躁狂症患者，它用质量是地球质量 300 多倍的气体，只干一件大事：刮飓风。刮速度为 400 km/h 的飓风是木星的日常。跟飓风相伴的，当然是生生不息的闪电和雷暴。传说中的地狱，大概就是这样了。

木星表面那个美丽的大红斑，就是一个千年不息的超级风暴——全太阳系最大的风暴，有两个地球那么大。

木星大气的化学组成中 81% 是氢，然后是 18% 的氦，还有一点甲烷、氨、碳、氧、水汽、硫等。木星也有个核，主要是液态金属氢。

轻盈飘逸的氢怎么会变成水银一样的液态金属呢？只有一个原因：

压——力——太——大！

300 万个标准大气压，咱们想象不出来是什么鬼玩意儿。不过，有天体物理学家称，木星大气里的碳会被压成大块钻石，下降一段距离后，这些钻石又会被压成液体，形成钻石海洋，压力再大些，温度再高些，一些液态钻石又会被压成固态，形成钻石冰山漂着……

不过，你甭想去舀一瓢钻石水回来，因为人类煞费苦心搞出来的那些抗高温高压的木星探测器，每一个进入木星大气不久，都被压得粉身碎骨。

除了飓风和压力，木星磁场搞出来的辐射也是大规模杀伤性武器。就算探测器元件可以应付 100 万倍能致人死地的辐射剂量，也会被木星辐射秒杀。所以，已发射的“朱诺号”木星探测器，披挂了一身可减弱辐射强度至 1/800 的钛金盔甲，才敢在辐射比较弱的区域活动。

木星虽然暴虐，却是保护地球的好哥哥。它强大的引力，把很多闯进太阳系乱窜的愣头青拉进它的飓风怀抱。

土星

土星也是气体行星，按体积大小排行老二，大气成分和大哥木星类似，也有岩石核、液态金属氢，土星质量是木星的 1/3，所以压力明显不如木星，然而它的飓风更可怕，速度竟有 1 800 km/h，比手枪子弹速度（速度约 1 400 km/h）还快。掉进土星，那就是闯进了子弹风暴。所以你要是和火星人聊天气，不能说个“飓风”就拉倒，你得说清楚是哪个星球的飓风，因为那不是一个概念。

土星“月亮”也很多，已经确认的就有 62 个。然而土星最美的不是“月亮”天团，而是它的呼啦圈——土星环。人类刚发现土星环时，以为那是玉佩般的一整块。然而用牛顿力学一算，这个环怎么着都得碎。后来看清了，发现它本来就是稀碎稀碎的：那是绕着土星转的卫星、冰粒、石块、灰尘等杂七杂八的东西，只不过它们的轨道都在一个平面上，于是形成了一个美丽的环。

这种顶级饰品，有钱买不到。巧的是天王星也有，不过品相不佳，若隐若现，如轻纱曼舞。除了纱，天王星也有“月亮”，27 个。

天王星

天王星离太阳太远，所以非常灰暗，古人没注意，于是它就成了人类用望远镜发现的第一颗行星，发现者是天文学大神赫歇尔。

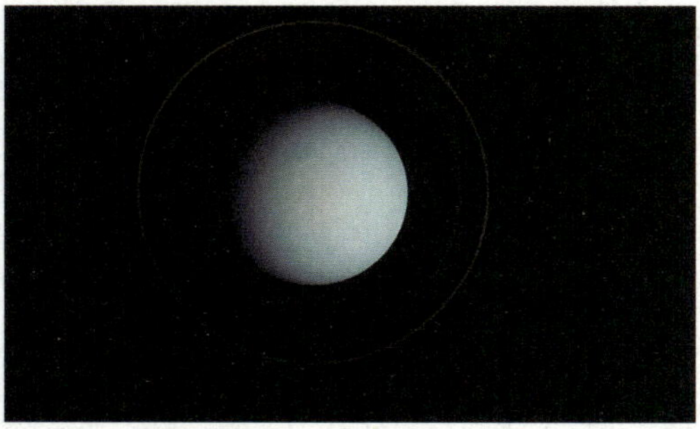

这家伙的自转轴很奇葩，和绕日轨道差不多在同一个平面，所以它是躺着绕日旅行的（所以天王星上的日夜变化就很诡异，你可以脑补一下），这姿势，跟它的名号还挺搭。

“天王”的名号虽响，质量却只有土星的 15.3%，是地球的 14.5 倍。

表面看，它也是一团单纯的气，其实内心很复杂：半个地球质量的岩石核，裹着一层厚厚的“冰地函”，外衣是厚厚的氢和氦。

所谓冰地函的“冰”，并不是我们认为的那种冰，而是由水、氨以及其他挥发性物质乱炖的稠汤。

天王星飓风的速度约有 860 km/h。

天王星的低内热是个谜，跟它这么大个头不相称，由于内热辐射不足，它成了太阳系最冷的行星。

虽然海王星离太阳最远，却不是最冷。尽管它大气层顶端温度只有 –218℃。

海王星

海王星的构造和天王星差不多，体积比天王星小，但质量却比天王星大，大约相当于17个地球。

海王星有14个“月亮”，也山寨了一套环，用几根若有若无、断断续续的细圈圈拼凑而成。

海王星飓风是太阳系之最，速度可达2 100 km/h。2016年曾经横扫加勒比海地区、美国佛罗里达州东海岸，不可一世的飓风“马修”，速度230 km/h，封是地球上十年来规模最大的一场飓风，所到之处，一片狼藉，近千人遇难。

所以，海王星上的微风，已是地球上最残暴的飓风。

地球

已知星球中最温柔的那个，就是我们的地球，居然可以养活脆弱的生命。而这些脆弱的生命也在一点点改变地球，比如：

改造了空气成分、湿度；

制造、固定土壤；

改变全球水循环、碳循环等。

远古生物的尸体在地层下慢慢熬成石油。多年以后，它们的后代来勘探开发这些石油，用的就是地球物理知识。

地球物理，就是用定量的物理方法研究地球、寻找矿藏的一门学科。

怎么“定量”呢？举个例子，在地上挖个洞，埋进炸药，引爆，就会引起小小的地震波，不同的岩石（矿物）对地震波的反射当然也不同，我们拿到这些地震波数据，一顿分析，就能猜到地下大概的样子。为啥要用“猜”呢？因为地下太复杂了，我们的分析也不一定准。怎么验证呢？你说800 m下有石油，那就钻个洞，取出800 m下的岩心一看，就踏实了。所以说，世界上没有什么模型是一次分析建不起来的，如果有，那就两次。

除了地震波，我们还可以利用地磁、地电、地热、辐射、重力等搞测量。

地球构造

地球物理可远不止搞搞震钻钻洞这么简单，它包括勘探地球物理学、固体地球物理学、大地构造物理学、水文地理学、海洋学、气象学、地核构造学、大地测量学、地球动力学、地震学、地热学、地磁学、比较行星学、大地天文学……

是不是蒙了？其实还可以分得更细致、更浩瀚。不过，归结起来就是四个字：

探索地球。

我们怎样就地取材，既创造幸福生活，又让资源利用成为地球物质良性循环的一部分？这不仅是地球物理学要思考的问题，也是全人类要思考的问题。

地球年龄极简史

——地龄测定魔幻剧情 200 年

我来问你：

上下未形，何由考之？
冥昭瞢暗，谁能极之？
冯翼惟像，何以识之？
……

屈原眼巴巴看着天，一口气摆出了全人类的困惑。问号太多，老天果断死机了差不多 2 000 年。

重启那天，天降牛顿。

牛爷的答案，汨罗江里的人已听不见，却振奋了地球另一边的人心。

转眼到了 19 世纪，科学生长的季节。

人类相信，有了科学方法，有了科学精神，牛爷没给出的那些答案，我们一样找得到。

果然，物理、化学、生物、心理……各学科纷纷崛起，科学巨擘层出不穷，法拉第、麦克斯韦、达尔文、巴斯德、弗洛伊德、普朗克、伦琴、门捷列夫……纷纷跻身史上最有影响力的百人名单。

可以说这些学科已经非常牛了。

然而，更牛的学科是地质学。因为在当时，地质学不仅是一门学科，也是上流社会拿来提升格调的高雅爱好。

那时，如果别人问你“这是谁干的”，最有格调的回答不是“我”，而是“不知道，我只关心地质学”。

相当于今天，头等舱的人在朋友圈问你“狗让带上飞机吗”，你回答“不知道，我坐的是私人飞机”。

所以一时间，万般皆下品，唯有地质高。地质学会从人数上、会员社会地位上，全面碾压皇家学会。

这么多有钱、有闲、有知识的人拥进来，地质学想不雄起都难。

就在地质图日益明晰，地层学傲然挺立，地层命名风起云涌，地质学家志得意满之际，大家突然发现一个严重的问题：

地球几岁了？

这个问题答不出来，你也好意思发朋友圈说地质学建成了？

划分地层最靠谱的依据就是化石，然而你要问“这款化石是啥年代的”，地质学家会答“大约生活在 1 万年前，也可能生活在 1 亿年前”。

为啥答案这么不靠谱呢？因为连地球的年龄都闹不清，各个地层的年龄，就更是一笔糊涂账了。

1715 年，牛顿的朋友哈雷说，不如试试他的办法，用大海中的总盐量 x，除以每年增加的盐量 y，就是大海的年龄 z。知道大海的年龄 z，也就离地球年龄 n 不远啦！

潮水般的掌声里，夹着一个质疑的声音：“请问怎样才能知道 x、y 呢，还有，z 和 n 的差是多少呢？”

哈雷默默拿起计算彗星轨迹的稿纸回到观众席。

60 多年后，法国的博物学家布丰伯爵想到一个好办法，用地球散热的速度计算地球年龄。

好创意！伯爵先把一个球加热到白炽，在球自然降温的过程中，评估它的散热速率。评估的办法很惊悚：摸。小朋友们千万不要模仿。

然后，伯爵假设地球的温度也是从炽热降到现在这么凉快的。计算结果是地球年龄在 75 000~168 000 岁之间。

这个结论看起来很有依据，但是大家不信的恰恰是“依据”本身：“你凭啥假定地球诞生的温度？那个散热速率你摸得准吗……”

到了 19 世纪中叶，地质学风华绝代，让人类隐隐约约感觉：你说这样的地球，发展到现在得多少岁？我觉得怎么着也得几百上千万岁吧？

谁也拿不出一个看着靠谱的数字。

正在地质学界莫衷一是之际，一名生物学家的科研成果吓了大家一跳：地球年龄应该是 306 662 400 岁。

之所以吓一跳，并不是因为这个数字精确到了百位数，而是因为，这个数字被写在一本书——《物种起源》里。没错，这个生物学家正是达尔文。

被达尔文吓一跳的，当然不仅是地质学家，更有神学家、哲学家、生物学家……诸子百家。

很显然，多数人不仅对《物种起源》不满意，对地球的年龄也不感冒。

于是，一名物理学家果断出手了，他就是名满天下的开尔文勋爵——威廉·汤姆逊。没错，国际单位制中的热力学温度单位“开尔文”就是用他的爵号命名的。

你以为他浪得虚名？不，这伙计 10 岁上格拉斯哥大学，20 岁在剑桥大学勇夺数学、赛艇最高奖，成为彼得学院研究员，还抽空搞了个音乐俱乐部。因为论文产量、质量双高，只好用笔名发表，免得给长辈们添堵。他活了 83 年，混学术圈 73 年，有 650 多篇论文、70 项专利，在航海、电气、热力学、电磁学等各领域硕果累累。

开尔文的前半生，可以说是牛到飞起，直到他决定研究地球年龄。

1862 年，38 岁的开尔文拿出了地龄研究第一弹：9 800 万年。PS：最小 2 000 万年，最大 4 亿年。又 PS：计算可能是错的……

望着大家蒙圈的眼神，开尔文开始了涂改数字的后半生：第二弹从 4 亿年降到 1 亿年，第三弹又降到 5 000 万年。到 73 岁那年，已经闹不清第几弹了，降到 2 400 万年，总算稳定下来。

作为一名物理学家，开尔文当然不会凭空乱改。他的依据是太阳和地球的年龄应该差不多。所以，太阳燃烧的时长，就成了他估算地球年龄的依据。

当时，相对论、量子论还没诞生，没法知道太阳是核聚变发热，只能假设它在烧某种燃料。So，开尔文的数字变化，基本上是他对太阳大小、燃料品种、燃烧速度评估的变化。

然而，地质学家面对越来越多的化石样本，根本没法相信地球只有 2 400 万岁。因为那样的话，这些史前生物必须死于同一个地质年代。

太阳烧不了那么久 VS 生物史必须更久，这折磨得人精神分裂。所以，地质学家感觉是时候澄清一切了。

都柏林三一学院的霍顿宣布“地龄应该是 23 亿年”，他看了看一众惊愕的眼睛，接着说：“呃……如果非要给地球年龄加一个期限，我希望是 1.53 亿年。”

然而，霍顿的同事乔利则决定把哈雷的设想变成现实，他掐指算了一下海盐总量 x、年增盐量 y，得到地龄 n=8 900 万年……

总之，那时你要查寒武纪的年数，会查到从 300 万、1 800 万，到 6 亿、7.94 亿、24 亿等丰富多彩的说法，总有一款适合你。

到 20 世纪初，一位更牛的物理学家掺和了进来。

他就是诺贝尔奖收割机——卢瑟福。他的助手和学生中有 12 人获诺贝尔奖。卢老师本人身为物理学家，勇夺诺贝尔化学奖。

作为核物理学之父、最伟大的实验物理学家之一，卢瑟福发现，所谓原子的放射性，其实是原子核掉了一块，变成另一种原子。比如钋丢掉氦那么大一块，就变成了铅，这叫衰变。

卢瑟福顺势提出“半衰期”概念。通俗地讲，一块矿里，某种原子总数的一半发生衰变所需要的时间，就是这种原子的半衰期。

这样一来，测出放射性矿物里相关原子的含量，就能算出这块矿物的年龄。

卢瑟福测了测手头一块沥青铀矿，发现它有 7 亿岁。

1904 年，卢老师跑去英国皇家科研所发布这个成果：地球年龄怎么也得超过 7 亿岁吧。

没有掌声，竟然冷场了。关键是连地质学家也不感兴趣。

卢老师审时度势，反正工作室堆的项目也忙不完，还是收割诺奖要紧。

20世纪初，是物理学的天下。电磁学论剑巅峰，热力学风头正劲，量子论初露锋芒，相对论异军突起。洛伦兹、开尔文、玻尔兹曼等前辈余威尚在；能斯特、普朗克、卢瑟福、居里夫人等梁柱熠熠生辉；而正在崛起的是玻尔、海森堡、狄拉克、费米、薛定谔等璀璨的巨星，还有比肩牛顿的爱因斯坦。

有了他们，这颗蓝色星球的光芒，眼看要压过太阳。人类从来没有如此清晰地审视这个宇宙，除了地球的年龄。

除了物理学——我不是针对地质学，而是说在座的所有学科，都是渣渣。

不如我们加入他们，改名叫地球物理吧。

闭嘴！

在物理学最辉煌的20世纪20年代，阿瑟·霍姆斯开始了最孤独的逆行，一个人坚守在达勒姆大学地质系。

霍姆斯相信，卢瑟福搞出来的半衰期，应该可以测出地龄。

和霍姆斯想法一样的，还有美国物理化学家利比。

1947年，利比找到了碳14测定年代法。原理是生物挂掉后，它和外界就停止了物质交换，体内有限的碳14开始衰变，而碳14的半衰期大约是5 730年。

然而，由于5 730年的半衰期太短，只需经历8个半衰期，样品中碳14的含量就只剩0.39%那么一丢丢了。稍有污染，便谬之千里，所以适测范围不超过5万年。

霍姆斯更相信铀。因为铀原子核够大，可以一路裂变成镤→钍→镭→氡→钋，最后变成稳定的铅。不同的变身，半衰期各有不同，但长到足够测地龄了。

霍姆斯克服没钱的尴尬，测出地龄至少有30亿岁。可以说这是当时最接近真实地龄的结果了。

然而不幸的是，同行们不承认："你的方法很赞，但这是地球材料的年龄，不是地球年龄。"

翻译过来：你身上的原子几十亿岁了，不代表你也几十亿岁了。

英雄所见略同，芝加哥大学的布朗教授也相信拿一块最古老的石头，测出铀和铅的含量，就可以算出地球年龄。

巧的是，他找到一种测定火成岩中铅同位素的靠谱方法。

不巧的是，这种测量工作特没劲。不爱干，怎么办？

布朗老师机智地叫来老实巴交的研究生克莱尔·卡梅伦·帕特森，举着小石头说：“我看你天赋异禀骨骼清奇，想来是百年难得一见的测龄奇才。我这里有块石头，你拿回去测一测，很快就会测到地龄。正好拿来当研究生论文成果。惊喜不惊喜？”

7年后。

1953年，帕特森终于测得地球年龄是45.5亿岁（±7 000万岁）。

不过，他用的不是布朗老师那块石头，而是千辛万苦找到的陨石。因为他知道，地球这么活泼好动，很难说哪块石头是最古老的，倒是天外来客——陨石，应该是和太阳系一起出生的，天然本色无污染。所以，他测的是陨石。

地球，不，应该是太阳系，总算有了一个靠谱的年龄。人类200多年的努力终于有了交代。

然而，帕特森并没有高兴太久。因为他发现，人类快要灭绝了。

在7年的测铅工作中，他测到全球铅污染超出了人类的想象。谁干的？

帕特森凭着娴熟的测铅手段、扎实的科学取证，搞了一下Tempest数值模拟和DionisosFlow反演，很快找到元凶——蒸蒸日上的含铅汽油产业。

要命的是，铅非常稳定。铅污染累加容易，消减极难，不可逆。翻译过来就是：照这个速度污染下去，人类很快就会作死自己。

然而你懂的，虽然每个人都是受害者，但为了眼前这口肥肉，铅污染企业上蹿下跳，删帖封号，软硬兼施，撒泼打滚阻挠帕特森揭开他们的“底裤”。

美国地质学家——克莱尔·卡梅伦·帕特森

一场孤胆英雄 PK 高官财团的悬疑惊悚大戏真实上演，这是另一个动人心魄的故事了。

20 年的战斗，帕特森终于用铁证撼动了立法，1970 年美国颁布《洁净空气法》，1986 年在美国停止销售一切含铅汽油，此后陆续禁止在多种产品中添加铅。

时至今日，美国人血液里的铅浓度，仍是 100 年前的美国人的 625 倍。

亡羊补牢，为时未晚。如果不是默默无闻的地质学家帕特森，想想看，后背不发凉吗？

所以，你以为搞地质就只是挖挖矿、提升提升生产力这么简单？它还能拯救人类哪！

地球故事

1. 啪啪啪

地球今天的岁月静好，离不开这三声爆响。

寂寞，是清静无“维”的心魔。

啪！大约 138.2 亿年前，不可描述的原因引爆奇点，时间维从此激射，空间维从此激展。妈妈呀，宇宙诞生啦！

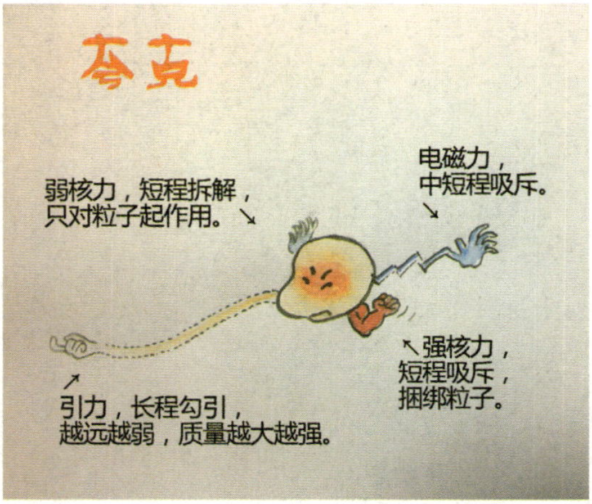

要……有……光。

夸克喷涌，极速碰撞，时空暴胀，却依然拥堵。驱离是不可能的，因为，没有“外面”。

况且，夸克们很清楚，谁才是这里真正的主人……嗡！

舞动时空的所有力——引力、电磁力、强核力、弱核力，都来自夸克。

初生的狂欢，让宇宙暴胀，时空被拉平，密度骤降。宇宙显现出壮丽的结构。时间之箭射到第 10^{-6} 秒，夸克们依然闹作一团。而温度骤降，速度已然无法阻止夸克们激情相拥了。

在幸福的撞击中，质子、中子、电子的正反两派诞生。它们兴奋地在火球宇宙中流窜、火并、湮灭、发光，十亿分之一的幸存者，就是现在宇宙的全部物质。时间已达 1 秒之久。

当温度降到 10 亿开尔文左右时，宇宙中的丝丝凉意，让擅长肉搏的强核力渐显神威，使相遇的质子、中子结对抱团。

很快，氢、氦的原初核制造完毕，充斥着混沌的宇宙。

就是这么混沌

引力波涛汹涌，暗物质、暗能量相搏相杀，熵值不可逆转地增高。这一切，无法阻止爱的萌芽：每一个质子，都需要一个电子，生机勃勃的电磁力使它们幸福地在一起。

当温度降到几千开尔文时，辐射降为次要地位，宇宙中充满了气体。这就是原子的世界。

这个氢云氦雾激荡的世界，由引力接管。

引力，来自质量。它让密处愈密，疏处愈疏。弥漫的云雾被吸积成团、牵引成丝，蛛网状宇宙结构形成。混沌初开。

每一根蛛丝，都是由浩瀚的氢、氦云雾，和一丢丢锂原子组成的。

星云吸积

蛛丝中的雾海，引力仍是主宰。密处就近吸积成团，周围云雾绕转成盘。盘中绕转的云雾，也在层层上演聚团、旋舞的戏码。

在自身引力作用下，大气团聚成球体，向中心塌缩，成为一颗颗黯淡的气态星体。

凡有的，还要加倍给他叫他多余；没有的，连他所有的都要夺过来。

气团质量越大，引力越强，吞雾吸霾的能力就越强。做核心最牛，但压力也最大，轻盈的氢气在中心会被压缩成液态氢。

压力越大，核运动越快——也就是温度越高。当星体质量超过 1.5×10^{29} kg，温度超过 1×10^{7} K 时，氢核的斥力再也扛不住压力，它们猛烈地撞击、聚合在一起，变成氦核，这就是氢核聚变。

核聚变，让一部分质量转化成巨大的能量，点燃了这颗巨大的气体星球，使它发出万丈光芒。这样的星球就是恒星。

那些没被恒星吞噬的幸存者，也聚成大大小小的气团星体。

10 亿年过去，原星系形成。星星们相互撩着，各自演化着。

当中心的氢耗尽的那一刻，恒星便再次塌缩。当压力让温度上升到 2×10^{8} K 时，氦开始扭扭捏捏地聚变成碳。恒星进入老年期。

接下来就是碳与氦聚变成氧。所谓光芒万丈，就是抛散能量。代价是，质量下降。同时，它的凝聚力也在下降。气体不再紧密团结在核心，而是疏离开去，成为一颗光荣的红巨星。在外界看来，那就是虚胖。

红巨星的外层气体逃逸到周边，将氦、碳、氧抛散到宇宙空间。最后，剩下的致密碳核，便是白矮星。

不过，更大质量的恒星还有后戏。它的核心温度可以达到 8×10^{8} K。这时，碳可以继续聚变成氖、钠、镁、铝。

质量超过 10 倍太阳质量的恒星（太阳的质量约为 1.989×10^{30} kg），还可以合成相对原子质量更大的元素，直到宇宙中最稳定的元素——铁的合成。

啪！这样的大新闻，只有质量更大的恒星才搞得出来。

更大的恒星造出铁后，还会引力坍缩，铁原子核解体。对内施压，以 20% 的光速向中心急坠，聚成中子星；对外“撒钱”，抛出电子、中微子、冲击波。当冲击波冲出恒星表面那一刻，也就是超新星爆发的时候，表面物质抛散殆尽，只留下中子星这个黯淡的核心。

这个大新闻里，新成员钙、硅、硫、镁、氖、钴、镍等元素相伴而生。

有些白矮星不甘寂寞，它也要上头条。但条件是，身边有伴星可以抢掠。

当白矮星抢夺质量，让自己达到 $2.784\,6\times10^{30}$ kg 时（白矮星能够支撑的最大质量是太阳质量的 1.4 倍），便是它的毁灭之日——坍缩再次发生，接着是超新星大爆发，白矮星灰飞烟灭，大量的铁、镍、铬、钴抛散成一片瑰丽的云霾。

不是说铁最稳定，怎么还能变出其他元素呢？这里有故事。

超新星大爆发，海量的中子急速四逸，有的一头撞进铁原子核。于是铁原子核结结实实地胖起来了。

但此时，它仍然是坚定不移的铁。

然而，中子并不是一个稳重的粒子。独处时，只需 15 分钟，它就会扔出 1 个电子、1 个反中微子（偶尔还会多扔出一个光子），变成 1 个质子。

幸运的是，和质子在一起时，中子会保持稳定。

不幸的是，胖铁过剩的中子是不稳定的，它会很快衰变成质子。而原子的性质，是由质子数决定的。于是，以坚贞闻名的铁，就这样稀里糊涂地嬗变，成了更重的其他元素，比如锶、钡。镁逢镓节钡锶氢。

原料如此丰富，是不是可以创造新世界了？且慢，你看，大哥的青龙都刺好了，金链还没有着落，怎么可以开工？

炼金，需要更加刺激的剧情。有请中子星登台！

中子星，是中子简并态，呃，也就是中子在强大的压力下，不得不克服泡利不相容原理，紧紧并在一起的高能状态，密度极大，$1\ \text{cm}^3$ 可以重达 10 亿吨。

当两个中子星撞在一起时，会发生大爆炸，一部分中子被一坨坨抛散到宇宙空间，摆脱了星体束缚的中子们开始嬗变成质子。银、金、铂，还有铅、铋，甚至铀等重元素就这样飘飞在无垠的宇宙中。

这些元素新贵，混迹于老派元素的云雾团中，继续上演吸积、旋舞的古老戏码。

时间之矢射了 92 亿年，也就是到了距今约 46 亿年前，宇宙里发生了一件小事，却是我们人类的大事。

在宇宙超级蛛网中，一根细细的蛛丝里，有个小小角落，叫室女座超星系团。它有 100 多个星系群，舞动着约 2 000 个星系。在外围，有一个不起眼的小斑点，叫银河系。

银河系很普通，直径只有 8 万 ~ 16 万光年，恒星只有 1 500 亿 ~ 4 000 亿颗，它们和弥漫的云雾、细小的行星一起，围绕小小的银核，旋曳成 4 根弱弱弯弯的臂。

在猎户臂末梢里侧的一个角落，有颗普通的恒星，叫太阳。

在一片超新星爆发后的古老遗迹中，太阳刚刚诞生。它的直径只有 1.392×10^{6} km，质量约是 2×10^{30} kg。

太阳身旁，还有一点点残渣，聚成了星星，在它周围绕转。它们构成了一个小小的系统：太阳系。

从中心向外数，这些行星分别是水星、金星、地球、火星、木星、土星、天王星、海王星。

当然还有冥王星等矮行星，以及其他低端的小天体，比如彗星、小行星等。

这个小小的系统中，太阳质量占了 99.86%，其余 0.14% 的残渣，构成了其他所有成员。

八兄弟对比（背景是太阳）

其中木星的质量最大，约占八大行星总质量的 71%。

剩下的成员中，土星最大，约占七大行星总质量的 74%。

也就是说，土、木两星，占了八大行星总质量的 92.5%。

在剩下的 7.5% 的质量中，海王星又独霸 51%。

好吧，地球质量在八大行星里排名第 5，约占总质量的 2‰，相当于在一大筐葡萄里抢到 1 粒。

然而，这粒宇宙微尘，是我们的绝对主角。

当然，这是太阳系后来的样子。

那时，太阳系这个小小的系统，还不太稳定：行星轨道杂乱，并且总是有彗星、小行星、各种碎块乱入乱撞。

初生的地球痛并快乐着，享受着一点点长大的快感。然而——啪！ 45.26 亿年前，一颗行星撞了过来。

这是太阳系的小事故，地球的大故事。

2. 冥古传说：忒亚哥出轨，是为月亮姐惹的祸?

大爆炸之后，我们所见的一切，都是粒子们用 4 种基本相互作用互撩的结果。包括爱情。

小设定，大造化，精妙绝伦。

本文的主角——地球，以及本文的灵魂——地质学，不管多么枝繁叶茂，如何花团锦簇，怎样气象万千，归根结底，都逃不出这4种基本相互作用的掌心。所以：

纵是江湖路远，
小处不可随便。
必须钻透摸清，
地质方得灼见。

论强度，强核力自然不是浪得虚名。如果强核力的强度是 1，那么，电磁力的强度大约是百分之一，弱核力的强度大约是百万分之一，而引力只有一百万亿亿亿亿分之一。

强核力，让夸克抱团形成质子、中子后，尚有余力，继续让质子、中子合体成原子核。

电磁力，让质子、电子既形影不离，又保持距离，形成原子。而且，让不同原子各种神撩，分分合合，变幻出无数物质形态（比如我们挚爱的石油、石头之类）。“而且”后面这句，就是化学研究的全部内容。

弱核力，负责强拆。前文说到的中子不稳重的表现，全拜弱核力所赐。

如果只看粒子，引力完全可以忽略不计。在任何几个粒子之间，它都不起什么作用。

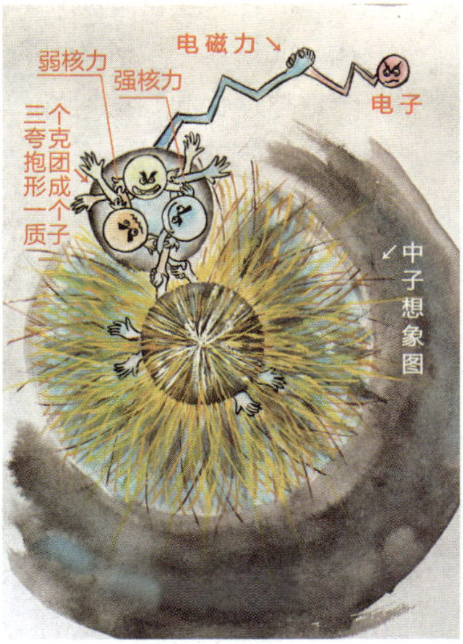

氢原子结构

然而，引力的两大独门绝技，却让它成为宏观世界的主宰：

一是无限力程，虽然越远越弱，以距离平方的反比的大小锐减，但没有边界；

二是无限累加，不论粒子的大小、方向、性质怎样，只要有质量，只要在一起，引力永远是合力，永远吸引，永远不排斥。

不管这是技术，还是情怀，引力这只若有若无的手，都毋庸置疑地统治了宏观物质世界。

它就近把粒子聚成星体。当直径超过 800 km 或者质量大于 510 kg 时，不管星体以前的造型多么有心机、多么妩媚，都会被统一塑造成球体。

当然，这两个数字并不精确。因为，星体成球，还受材质、自转速度、引力环境等因素的影响。

不过，地球这么大的星体，只要不是自转得太嗨，或者离太阳太近，就必然能聚成球体。

由于自转、物质分布等原因，地球当然不会是数学意义上的“正球体”。

首先，赤道略鼓，两极稍扁。两者相差多少呢？大概有 21 km。看上去不少，从天安门东地铁站上车，到通州北苑地铁站下车，14 站地呢。然而，地球的半径是 6 371 km。什么概念呢？相当于 1 m 直径的球，扁了 3 mm。以我们人类的视觉，就算是足球扁了 3 mm，也完全看不出来呀！

其次，北极地区大概高出 20 m 左右，南极地区则低了 24~30 m。这点差，放在整个地球形状的视觉判断上，更是可以忽略不计。

所以，地球在视觉上，就是一个完美的球体。桂圆、汤圆都没这么圆。当然，这是地球今天的造型。

那时，初生的地球造型是杀马特风格。

除了造型，引力还可以让地球脸热心跳。热的计量，是温度。而温度，就是粒子的平均动能的标志。

为了配合笛卡尔动量守恒定律，当粒子被挤到越来越小的空间时，它们只能用越来越快的速度、越来越激烈的碰撞来维持动量。这就是“质量不变的情况下，体积越小，压强越大，温度越高”的真相。

由于物质分布不均，各部分的步调就不一致。比方说，地壳、地幔有自己的自转节奏，并不能与核心保持高度一致。于是，摩擦，摩擦，似魔鬼的步伐……进一步加快了粒子的运动速度，机械能就这样转化成了热能。宏观上看就是“摩擦生热”。

众所周知，引力是随距离的增加而衰减的。所以，地球在自转时，朝太阳转去的部分，享受的引力越来越大；而转离太阳的部分，享受的引力越来越小。这样的周而复始，使柔软的地球不断弱弱地变形。翻译过来就是：引力之手在不停地揉捏这个球。这种引力也叫潮汐力，实质上仍然是摩擦生热。

还有，在引力的作用下较重的物质下沉，较轻的物质被挤上来。重力势能就这样转化为机械能、热能。

当然，地球太小，引力不可能点燃核聚变，地球也就不能像太阳那样灿烂地活着。

但是，地球收集的重元素可以进行裂变。所谓核裂变，就是相对原子质量比较大的原子核丢掉一块，变成另一种相对原子质量小一点的原子核。比方说拥有 92 个质子的铀，可以一路裂变到只有 82 个质子的铅。核裂变同样可以把质量转化成巨大的能量，这是地球内热的最大金主。

那时，太阳系刚刚建立，还处于打扫卫生、调整岗位、划分势力阶段。

兄弟们主要是清洗，哦不，是清扫自己轨道附近的尘埃。所以，离太阳越远的兄弟，轨道越长，势力范围越大，侵吞的财物就越多，体量就越大。再边远一些，由于物力匮乏，也就没那么大了。当然，这只是一般规律，具体情况相当复杂。

还有个规律，离太阳比较近的水、金、地、火四兄弟，主要材质是金属和岩石；离太阳比较远的木、土、天、海四兄弟，主要材质是气体、冰之类。什么原因呢？引力吸啊吸，太阳风吹呀吹。这样吹吹吸吸，重近轻远，各种元素的位置也就固定下来了。

新生系统的每一颗行星，都随时接受各种小天体的万点暴击，将动能转化为热能。这是考验，也是成长。当然，也可能是毁灭。

所以，初生的地球相当活跃，准确地说，是很不稳定：黑乎乎的表面，翻滚着炽烈的熔岩；脏兮兮的尘霾，肆虐着灰蒙蒙的天空。想在地球上找一块地球形成初期的原生岩石，比大海捞针还要难 5 倍。

不过，在澳大利亚，居然发现了 43.6 亿年前的锆石粒。可见世上无难事，只怕地质学家。

这么多物质搅在一起胡煲乱炖，自然是脏乱差到不忍直视。但是，一族精灵已经悄然飘临：水。

她受不了太热情的拥抱，100 ℃便可以让她急速逃离，宁可飘在空中，和乱七八糟的脏霾一起，混成漫天乌云。

她在等待，成为地球未来的主创之一。然而，一位不速之客惊扰了她文艺的构思。

忒亚撞地球

忒亚，小名叫忒淘气，太阳系草创期的小弟兄之一，一颗和火星大小差不多的行星。它不顾太阳系行星轨道势力瓜分均衡的大局，经常越界，角度刁钻，走位妖娆。终于，45.26 亿年前，在太阳系运行刚要步入正轨时，忒亚就出轨了。啪！像一头小鹿撞到地球怀里。

在太空中，这样脆弱的两个小泡泡相撞，自然是同唱那首歌：将咱两个一齐打破，再将你我用水调和，重新和泥重新再作……地球体积稍大一点点，俘获了忒亚的心，地幔、外层物质被撞飞一部分，撒向黑黑的夜空。

就这样，忒亚用黑色幽默结束了短暂的一生，开启了见证宇宙奇迹的时刻。

在离新地球不远处，忒亚和地球撞飞的渣渣一边绕行，一边收拾残局，成长为一颗负责任的大卫星。

是的，她就是传说中的月亮姐姐。

3. 与月亮有关的三个谜团

每个星球都被很多谜团包围着。而月亮身上的谜团，更加诱人沉思。

她和太阳的直径之比是 1∶400，地月距离、地日距离之比是 1∶390。于是从地球往天上一看，日月总是差不多一样大。所以日全食时，月亮能够遮住整个太阳。

她公转，也自转，却始终保持一面朝向地球。这需要比时钟齿轮更巧妙的配合。

这是神巧合还是神设计？

有了月球，地球变得温柔很多：气候很适宜，阳光更和煦，换季有节律。

这背后，究竟有啥道理？

我们先从最后这个问题说起。

富豪太阳不止抛洒万丈光芒，还抛洒带电粒子流，主要是电子、氢核、氦核之类。粒子虽小，速度却高，能达到手枪子弹速度（大概 450 m/s）的 1 000 倍。这叫太阳风。

我们地球上的风，也是空气粒子的流动。2016 年横扫北美的著名飓风“马修”，最高速度 69 m/s，可以说相当快了，但只有手枪子弹速度的 15%。那么换算一下：太阳风速是“马修”风速的 6 500 倍。

这是什么概念呢？同比放慢 60 倍：“马修”风速与人类步行的速度相当，太阳风速就跟地球卫星运载火箭的环绕速度很接近。

地球磁场和太阳风

太阳风虽然不如地球风那么浓重，但以子弹千倍的速度，撕碎生物分子是很容易的，撞飞大气层也是不难的。

所以，地球本该是一个环境恶劣，不适合生命成长的狂暴星球——就像隔壁老王木星、金星那样。

然而，一只神奇的防护罩改变了这一切。那就是地球磁场。

太阳风是带电粒子流，其中的粒子个个自带小磁场。所以，遇到地球大磁场，就会发生相互作用。宏观上看，就是太阳风要把地球磁场刮飞，而地球磁场足够强，没让它进来。于是太阳风只能从边缘奔流而去。

这跟月球有啥关系？

大家还记得当年的忒亚撞地球吗：忒亚把自己的铁心留给了地球，而顺走了在撞击后飞散出去的部分，合成了月球。

这样一来，地球就成了一颗铁镍含量奇高的富豪星球。

地核直径约有 6 940 km，质量约占地球总质量的 1/3。体量够大，它才有能力保持个性，它的自转和地幔、地壳不同步。而这样不同步，引发了一系列神奇的反应：

①摩擦生热，为保持内部流体状态做出应有的贡献；

②影响地壳、地幔运动，地球因此是一个“活着的”星球；

③地核、地幔的不同步运动，就像天然的发电机，产生交替变化的电场、磁场，生生不息。

地球磁场拒绝了太阳风，却不会影响阳光射入。而地球磁场护住的大气层，尤其是脆弱的臭氧层，又过滤了阳光中的紫外线。所以，太阳系中最和煦的阳光在地球。

地月关系当然远远不止这些。

由于月亮姐姐够大，所以，她与地球互擦形成的潮汐力，对双方运动影响也不小。

我们知道，所谓潮汐力，简单讲就是近大远小的引力差。这个引力差，让两个相互吸引的星球，朝向对方的那面总是凸起一点点。

当这个凸起转离对方时，会被引力“回拽”而下落，而转向对方的地方又开始凸起。大海潮起潮落，就是这样来的。这个回拽的力，和星球转动方向相反。

这个力，对于星球总体运动来讲，是微不足道的。但是，多强的毅力都经不住时间的消磨。

温柔的潮汐力，让双方活泼的自转渐渐放缓，也让狂野的自转轴慢慢稳定。

地球哪里热、哪里冷，基本是由阳光照射的角度决定的。如果自转轴乱动，那么，今年南极消融，洪水滔天；明年冰封大陆，万类萧条……总之天地不宁，万物被虐成狗，任何生物都甭想稳定发展。

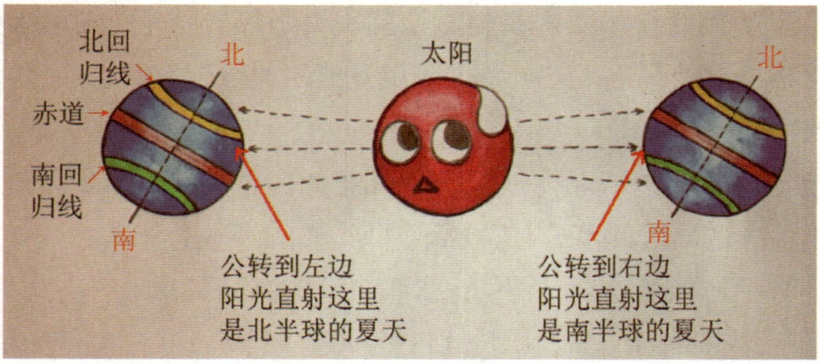

地球倾角与季节

地轴稳定在与黄道面大约成66°角的位置，这让我们既享受季节、大气、水循环这些VIP服务，又不至于经受股票般刺激的人生，一切变得温和、稳定、有节律。

45亿年前，地球自转大概6小时一圈，也就是一天只有6小时；到25亿年前，一天12小时；4亿年前，才降到一天22小时。

地大月小。地月用潮汐力互撩，吃亏的当然是月亮。

撩来撩去，地球只是转速放缓，而月亮却被锁定，只能质量大一点的那一面永远朝向地球。这叫潮汐锁定。也就是说，相对地球来讲，月球被搞得“无力自转”了。

但是，从整个地月系统看上去，就是“好巧啊，月亮绕地球公转一圈，她刚好分毫不差地自转一圈”。相当于爸爸举着小公主转圈，不管怎么转，小公主的脸总是神奇地对着爸爸。

所以，这不是什么设计，也不是什么巧合，而是两星绕转的必然结局：自转减慢，质量小的一方先被锁定。

在太阳系，被行星潮汐力锁定的卫星有几十个。比如木卫一、二、三、四、五，以及十四、十五、十六都被木星锁定，永远一面朝木星。神奇不神奇？

其实最神奇的是冥王星，这颗被人类残忍地开除行星籍的矮行星，直径只有卫星卡戎的3倍，结果它俩互相锁定，永远面对面互相绕转。

可是，一切变化都是有代价的。角动量也要守恒呀。所以，地月系统自转变慢，代价是月亮姐姐公转变快。于是，月亮姐姐与地球渐行渐远。

月亮刚嫁过来时，从地球看上去，比太阳大很多。到5亿年前，地月平均距离是36万千米，日月大小视差不那么大了。现在，是38.4万千米，视觉大小基本一样。

也就是说，地月距离是不断变大的。所以，那个神巧合，其实不是日月大小、距离的精密设计，而是人类的出现，恰好赶上日月视觉大小相等的时间段。

如今，月球以每年3.8 cm的速度远离地球。几亿年后，日全食就不存在了。且看且珍惜吧。

不管怎么说，在100多颗已知的卫星、6颗已经辨认出来的矮行星，以及数以亿计的太阳系小天体中，月亮姐姐，绝对是一个神奇的存在。

月球之谜还有很多，我们以后再说。本文主要是聊地球。

地月互动的质心在地球内部。月亮的引力撩拨，地球内外都有微妙感受。

当你开扒地球内部运动、地壳变迁、地形地貌的隐私，可曾想到过月亮姐姐？

4. 冥古宙，地狱还是天堂

如果在宇宙里找一样最奇怪的东西，那就是人类。

人类的信仰、文化、认知千差万别，却不约而同地对天空充满憧憬。相信在那里，有一个更美好的所在，那就是天堂（中国人叫天宫）。

1968 年，阿波罗 8 号绕月航行时，博尔曼在 10 亿人面前玩起了直播，他的关键词是“广袤”“寂寥”“望而却步”。后来，宇航员们看见一颗蓝色星球冉冉升起，那就是地球。

宇航员们被她的美丽震撼，也被她的温柔感动。

真的上了天，人类才发现，所谓天堂，其实一直在我们脚下。

而天上，随处可见地狱般的存在。

不过，如果穿越到 44.5 亿年前，他们看到的不会是那个天堂般的星球，而是一个比月球更令人望而生畏的炼狱。

那是一颗灰不溜秋、红不拉几的球。你看到的颜色，是外层气体的颜色。

在翻滚的脏云中，会闪出一些光，亮白的是闪电，亮黄、亮红的是岩浆。

是的，那时的地球，岩浆翻滚，污霾蔽日。

那是因为，刚刚形成的地球炽热暴烈：放射性元素释放出的热量是如今的 5 倍，地球可以说是一个超大的核反应堆；物质被压缩成地球时，其热量尚未散尽；小行星乱飞乱撞，巨大的动能转化为热能……

这是地球的冥古宙。整个地球处于熔融状态，十分活泼，不可爱。

元素在火乳交融中，慢慢分层。分层规则很简单：重的向下，轻的向上。

所以，偏重的铁和镍沉向中心，形成一个以铁为主的地核；轻一些的硅酸盐围绕地核，形成了地幔；更轻的硅酸盐就浮在最上面，经过冷却，成了地壳。

啥叫硅酸盐呢？硅、氧这俩坏小子，喜欢乱撩铝、铁、钙、镁、钾、钠这些姑娘，这些姑娘与硅和氧的化合物，统称硅酸盐。

这个分层的过程相当长。有多长呢？ 18 cm？不，几十亿年。直到现在也还在继续。因为，地球是活的，内部不停地在流变。

如今，地球内部是什么样的呢？

最里面的地核半径约为 3 470 km，分两层。

外核是液态圈层，组成物质是 80% 的铁，混杂着镍、硅、硫等。内核基本全是铁。

内核是固态。为啥如此火热，却是固态？据分析，可能是身处核心位置，压力太大所致。

内、外地核之间，有一个过渡带，大概厚 500 km。

中间的地幔厚 2 800 多千米，主要配料是非常黏稠的硅酸盐。有多黏稠呢？你用手指一捅，手指就没了。

由于高温，硅酸盐才不能老老实实地保持像石头那样的固态，而温度又没高到让它完全熔化成液态。所以，就有了这样一个尴尬的存在。

地幔也分两层。包着地核的是下地幔，厚 1 920 km；外面裹着上地幔，厚 950 km。

上地幔里，有一部分熔融物质，也就是岩浆。

最外面的就是我们最熟悉的地壳了，平均厚度约 17 km。可以说相当薄了。

目前，人类用的矿物、食物等资源，都取自这层薄薄的壳的外层。

地球		占比		
		地壳	地幔	地核
体积	1×10^{12} km^3	1%	83%	16%
质量	6×10^{24} kg	0.5%	68.0%	31.5%

整个地球的温度，是外冷内热，逐渐过渡。地核温度最高，外核 4 000~6 100 ℃，内核 6 300~7 000 ℃。

说到温度，顺便提一句：虽然万物颜色各异，但不管什么东西，温度高到可以发光时，它的颜色就只由温度决定。

一些图片为了表示地核的高温，把它弄成亮红色或者亮黄色，其实，这个颜色只是岩浆的温度，也就是 700~1 200 ℃的颜色。

真实的地球剖面应该是这样的：

说到这里，有人就要产生疑问了：

人类目前最深的井只钻到 12 262 m，还不太直，连地壳都没钻透，怎么能知道地幔、地核的结构和配方呢?

那得从一场灾难说起。

1906 年，美国旧金山大地震，8.3 级，死亡几千人。

在克罗地亚，有个地球物理学家，叫莫霍洛维奇。他听说这场灾难后，陷入了深深的思考：观测地震，利国利民。于是他建了一些地震台，用来测地震波。

1909 年，盼望已久的，对不起，避之不及的地震果然就在克罗地亚发生了。他拿到地震波数据，算来算去，发现地震波在地下大概 54 km 处，速度突然猛增。这说明，地震波遇到一个边界，从岩石进入另一种物质。

等等，刚才不是说，地壳厚度 17 km 吗？ 54 km 是什么鬼?

17 km 是平均厚度。总的来讲，海洋比较薄，平均不到 10 km；大陆比较厚，平均大概 40 km。高山、高原地区更厚，最高可达 70 km。莫霍洛维奇测的地方，就是 54 km。地壳和地幔的边界，是老莫代表人类首次发现的，所以这个边界就叫莫霍面。

从此，人类知道了：地壳下面的物质结构不一样。但究竟有啥不一样?不知道。

不知道不要紧。知道自己不知道，也就离知道不远了。莫霍面的发现，勾起了更多人的好奇心。装备控、数据控纷纷登场。

美国人伍德的地震仪风靡全球，地震监测技术蓬勃发展，后来竟然出现 Transform 这样的微地震监测技术，监测数据越来越可靠。

被希特勒搞得受不了，跑到美国的古登堡，沾了这些地震技术的光。他拿到全球的地震数据，发现一个规律：地震波在地球上有阴影带。不管是横波，还是纵波，都有自己的阴影带——也就是到不了的地方。

啥意思呢？如果地球的材质都一样，那么，地震波会随着距离的增加，均匀地扩散、减小，但不会突然消失，或者突然变速、转向。

这很好理解，光也是一种波，手电筒射出的光，在单一的均匀的空气介质中会随距离增加而扩散、减弱，但从空气射入水中，就会转向（偏折）、减速，如果遇到水里的一块冰，就会被反射、折射，投出一个阴影。

那么，地震波出现阴影带，并且突然变速、转向，一定是遇到了不同的介质。

横波、纵波的传播方式不同，所以阴影带出现的位置也不同。这样纵横结合，古登堡推算出了地球内部的样子：有个液态地核。

为啥能算出是液态呢？因为横波不能在液体里传播，而且纵波在地幔和地核的界面处被折射了。

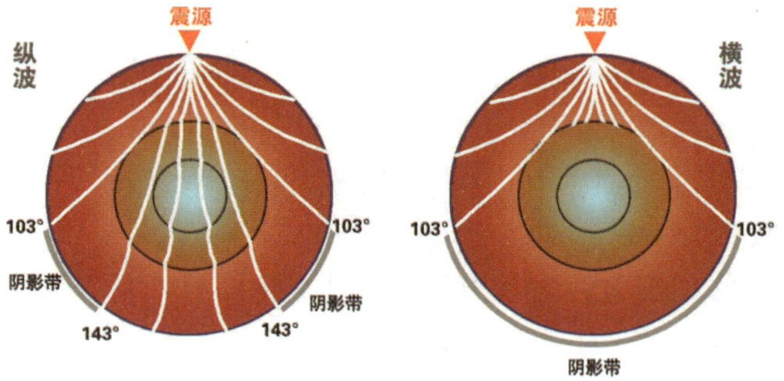

地球不仅有个蛋壳，还有个蛋黄。简直太神奇了！

1936 年，丹麦地球物理学家莱曼女士拿到了更丰富的地震数据，经过计算，进一步证明了古登堡的推算：2 900 km 深处，地幔之下，确实是液态的核。所以地幔和地核的界面，就叫古登堡面。

事情还没完，细心的莱曼接着往下分析，发现 5 000 km 深处，纵波又加速了。

怎么回事？又遇到固体了呗。于是，人类知道，地球还有个固体的内核。那么，外面包的那个液态层，就叫外核。内、外核的分界面，当然就叫莱曼面。地壳、地幔、外核、内核，简直不能更完美了。

且慢，事情还在继续。

1992—2012 年间，全球宽频地震台阵积累起了一批丰富的数据。美国伊利诺伊大学、中国南京大学联手分析这些数据，发现内核里还有猫腻：地震波在内核中，又发生了突变。

2015 年，两个大学的研究小组在 *Nature Geoscience* 上发表相关论文，说明内核里，还有个内内核。

内内核也是固体。八成还是铁之类的金属。只是压力太大，晶体结构可能不一样。但究竟是什么样的晶体？对不起，不知道。这么大压力，人类目前复制不出来。

好吧，地球的分层，是液体、固体还是胶体……可以靠分析地震波搞定。那么，各层的成分是啥，又怎么搞得清呢？

地质学大神威尔逊说，别急，虽然我们连地壳都钻不透，但地幔中的物质会自己跑出来的。

这么好的东西，到哪里去找呢？

威尔逊说，在地幔中，有些长期固定的活动中心，向外传递岩浆、热量，这些地方，叫热点（后来摩根解释，热点是地幔柱活动的结果）。热点在地球上并不难找。

比如，在浩瀚的太平洋中，夏威夷海岭和天皇海岭，其实是一串串火山链。这就是热点递变的结果。

想知道地幔的配方，去热点看看石头就 OK 了。大家跑过去一看，主要是橄榄石，还有斜方辉石，由前面说的那些元素合成。

好吧，地幔可以跑出来给我们看，那么，地核的成分，我们是怎么知道的？

咳咳，呃……其实是猜的。哎，别扔鸡蛋呀，也不是瞎猜。

首先，我们可以利用地震数据，结合温度、压力等数据，计算地核的密度，推算出地核的配方是铁、镍。

其次，根据陨石的成分，可以推测地球的元素丰度。陨石的综合含铁量很高，那么，地壳、地幔没那么多铁，铁去哪了？根据钻探取芯、对地幔的分析可知，元素分布与理论基本相符：重的在下，轻的在上。所以，老铁去当了核心。

地球的成分，基本变化不会太大了。但它的结构，每天都在变。因为，随着地球的降温，地核会越来越大，地壳会越来越厚。总有一天，它会变成一个冰冷的大石球。不过，这个速度是相当缓慢的。真的还想再活五百年的我们不用担心。

好像跑题了，我们聊回冥古宙。

冥古宙也不都是那么暴烈。因为，地球有水。

但是，水只有保持液态时，才能让星球变得温柔美丽。

而让水保持液态的温度和压强范围非常狭窄：1 个标准大气压下的 0~100 ℃。而在暴虐的宇宙，温度可以从 –273 ℃到 1 000 000 000 ℃。保持在 0~100 ℃范围内，只能是个奇迹。

地球在形成时，确实吸积了一些水。那些坠落在地球上的彗星和小行星，也带来了一些水。

然而，在地球的暴烈期，地表没有水的立锥之地。因为水怕烫。一烫，它就会变成水蒸气。

那时，大气层主要是由甲烷、硫化氢、二氧化碳等组成的，其中翻滚着厚重的尘霾。所以，水只能和脏霾混在一起飘呀飘。

飘在空中，随着温度下降，水蒸气就会和脏霾一起结成水滴，落回地面，然后又被烫得跳回天空……

这场大雨，在地球上下了几百万年，或许是上千万年。

这成百上千万年，天上阴霾密布，空中电闪雷鸣、酸雨滂沱，地面水火蒸腾。

终于，地表温度降到了 100 ℃以下，水可以流成溪，淌成河，蓄成湖，汇成海。大海溶解了很多二氧化碳。

天空，渐渐变蓝。

漫长的冥古宙，在人们印象中，是一个暗黑风格的存在。

但是，在 44 亿年前，地球就开始在水精灵的安抚下，慢慢逆袭成太阳系最美的星球。

然而，岁月静好，注定是一场梦。

5. 太古之初：天地大冲撞

闺中女儿惜春暮，愁绪满怀无释处。

40 亿年前，太古宙开始。水汪汪的地球打开粉红色日记本的锁，写下一行字：美人啊，你的名字叫寂寞。

伟大的“哲学家”贾宝玉说过：女儿是水做的。然而，同样用水做，走位略偏，搭配稍差，就容易做成包租婆。比如，外围的木星、土星、天王星、海王星，一个比一个暴虐。跟她们比，李逵就是知心姐姐。

一曲肝肠断，天涯何处觅知音？

说时迟，那时快，地球发现自己轨道外侧，前方不远处，大概也就 1 亿千米吧，出现一个娇小的身影。她晶莹灵动，水气氤氲，奇服旷世，芳泽无双。

地球很快就追了上去：是火星妹妹吗？想不到当年的暴躁红孩儿，出落成如今的迷人小公主。

火星：是的呀。多亏了彗星补水，岩石托底，大气持久保湿哦。地球姐姐也从暴烈牛夫人，逆袭成了贴心小甜甜呀。有什么养颜秘诀呢？

地球：还不是和妹妹一样，引力驻水，宜居带养颜呗。还好找到你，从此告别了美人寂寞。不然，此恨凭谁诉？

火星：此意有谁知？

合：有你，岁月静好……

话音未落，一堆砖劈头盖脸砸过来。这就是约 39 亿年前，著名的晚期重轰炸事件。

这场特大交通事故，地球和左邻右舍火星、水星、月球都遭了殃。

那么，我们凭什么断定 39 亿年前发生了这场交通事故呢？凭证据。

事故留下的不是蛛丝马迹，而是名山大坑。尤其是月亮姐姐，体表纯洁，没气没水，所以事故现场保存得相当完整。

根据月球上坑的数量，估算出地球遭到了上万点暴击。

啥叫暴击？被大型陨石砸到了，才叫暴击。

那，啥叫大型陨石呢？

我觉得怎么也得几十千米吧！

几十千米，那是龙套。几百千米起，你别嫌大，还不打折。

再大的就像法国国土面积那么大，倍儿有面子，直径 1 000 km。你说这么大个儿陨石，撞上两三个，地球就面目全非了吧。

两三个？四五十个起，平平常常一二百个！

不是说好了，早在冥古宙，各大行星就各扫自家门前雪，把轨道都清理干净了吗？这么多陨石是哪儿来的呢？

这说起来话可就长了。

太阳系刚刚成立那会儿，司机很多，驾驶技术参差不齐。行车路线也不怎么规范。

当时，大扫除还没结束：有些分担区没人管；还有司机违反交通规则，没等把垃圾扫干净呢，自己先被撞成了垃圾；更有甚者直接开进太阳，融入核心。局面比较混乱。

大大小小的行星、随处可见的垃圾堆，相互之间用引力进行着不可描述的撩拨。

木星、土星作为太阳系唯二的巨行星，也算老司机了，但依然架不住日久天长的撩拨。车开着开着，就慢慢飘近太阳。

土星小，飘得快些。所以轨道离木星越来越近。直到有一天，两个老司机感受到了心灵共振：土星绕太阳每转两圈，木星就绕太阳转三圈。也就是公转周期刚好 3∶2。

那又怎么样呢？

这就很微妙了。在这种情况下，俩司机可以反复交换动量和能量，这叫平均运动共振，可以放大它俩之间以及它俩对外界的引力作用。

两位老司机的团结协作，提高了它们的大扫除效率：它们之间以及周围的分担区成了卫生模范区。

更吊诡的是，拿着卫生小能手的流动红旗，俩司机开始掉头往外开——离太阳越来越远。

这就是大转向。

2001 年，伦敦玛丽皇后学院的弗雷德里克·马塞特和马克·斯内格罗夫提出了这个模型。

大转向模型告诉人类：木星靠近太阳的路上，像铲雪机一样，用引力裹挟沿途的星子（胎儿期的星星），把 10 倍地球质量的化妆品，也就是冰，推到类地行星区。所以，在冥古宙，才会有那么多含水的小天体，扑向金星、地球、火星，为她们补水养颜。

这个过程，清扫了火星轨道附近的物质。所以火星总是长不大，和地球共享窄窄的宜居带，质量却只有地球的 1/10。

木星感觉自己立功了，事了拂衣去，深藏身与名。但是，木星忘了，自己这么胖，不能随处乱逛。

本来，内太阳系的老司机们撞来撞去，分分合合，好不容易迈上圆轨之路，万万没想到,《生命大和谐》小合唱刚起头，木星巍峨地路过。

强大的引力扰乱了同心圆轨，行星、星子们把持不住，开始乱撞，一时间锣鼓喧天、鞭炮齐鸣、红旗招展、碎片乱飞。

当然，很多碎片和星星们的公转方向、速度都不一致，它们阻滞了一些行星前进的路。这些行星动量下降,千回百转地跌进太阳,顺便打扫沿途卫生。

水星轨道内侧变得干干净净。

木星大概不会想到，自己在外围的一次爱国卫生运动，却让喧嚣的核心周围变得清净起来，起到了清君侧的作用。

这就是大转向时期的大扫荡。

木星和土星满足地向外开去，它们感受到扑面而来的冰冷引力。

那是远日行星天王星、海王星。

四大类木行星在近圆形的康庄大路上走向和谐、共振，感受着遥远冰质星子的引力，那若有若无的撩拨。

终于，几亿年的引力微扰，打破了类木行星的共振平衡，共振模式转为摄动模式。

当两个天体互动时，受到第三者甚至更多者的骚扰，会改变运动轨迹。这就是摄动。

两颗星之间的引力互动，人类可以用微分方程算出精确的结果。

然而，再加一颗星，三个星体之间的引力互动，就非常微妙复杂了，人类目前还不能严格求解。三颗星而已，难度也不会太大，反正牛顿、欧拉、拉格朗日、拉普拉斯、庞加莱几位同学都没算出来。要不你试试?

这就是著名的三体问题。

那么，可想而知，四大类木行星相互摄动，自然不是一般的乱。

后来的结果是：木星又往里开了一点点，把其他三位往外甩了甩。甚至有人怀疑，可能有一些比较大的类木行星，被甩出了太阳系。

外围的冰质星子围观这一切，默默地用微弱的引力，轻抚类木行星们的椭圆偏心轨道，越摸越圆，帮助类木行星轨道重组。

天下没有白摸的轨道。因为，引力是相互的，动量是守恒的。

行星大，星子小，它们互撩，猜猜吃亏的是谁?

废话，当然是星子。

很多星子被甩出太阳系，而一小部分被甩成一圈碎片，远远地围着太阳。这就是柯伊伯带。

那么，这剪不断、理还乱的群星摄动中，只有被甩出去的星子吗？

当然不。还有被扰乱轨道的微行星。它们撞成碎片，泥石流般冲向太阳，其中一部分撞到火星、地球、月亮、金星上，为太古宙开篇献上一声礼炮。

大扫荡之后的剧情，是尼斯模型告诉咱们的。

这场天地大冲撞，把太阳系的姐妹花，双双变回丑小鸭。水灵灵的地球、火星，一夜之间山崩海啸，地覆天翻，水火腾腾，尘霾滚滚。

有人相信，40亿到44亿年前，在液态水慢慢稳定的岁月里，应该会有生命诞生。

然而，不管有还是没有，都没有任何意义。这场超级陨石雨抹平了一切。

物理学大事年表

公元前 6 世纪	泰勒斯记述摩擦琥珀吸物和磁石现象 毕达哥拉斯开创演绎逻辑思想
公元前 5 世纪	德谟克利特奠基原子论唯物主义
公元前 4 世纪	墨子在《墨经》中初窥力学、光学现象 亚里士多德奠基形式逻辑，出版《物理学》
公元前 3 世纪	欧几里得论述光的直线传播和反射定律，《几何原本》完善公理演绎法 阿基米德发现杠杆原理和浮力定律，推进了数学、实验在物理学中的应用 《韩非子》记载司南
1 世纪	王充《论衡》记载力、热、声、磁等方面的知识
2 世纪	托勒密建成宇宙的地心体系——“地心说”
5 世纪	祖冲之精确推算圆周率

11 世纪	沈括《梦溪笔谈》记载地磁偏角、凹面镜成像原理和共振现象等
15 世纪	达·芬奇提出永动机不可能实现，主张理论与实践相结合
1583 年	伽利略发现摆振动的等时性
1586 年	斯蒂文论证力的分解
1600 年	吉尔伯特《论磁》涉及地球磁场，描述磁学实验，提出摩擦吸物不是磁力
1609 年	开普勒《新天文学》提出开普勒第一、第二定律
1619 年	开普勒《宇宙和谐论》提出开普勒第三定律
1620 年	弗朗西斯·培根强调以实验为基础的归纳法
1621 年	斯涅耳提出光折射定律
1632 年	伽利略《关于托勒密和哥白尼两大世界体系的对话》支持了地动学说，阐明了运动的相对性原理
1638 年	伽利略《关于两门新科学的对话》讨论了力学的诸多问题，定义了匀速运动、匀加速运动
1643 年	托里拆利和维维安尼提出气压概念
1653 年	帕斯卡发现静止流体中压力传递的原理（帕斯卡原理）
1654 年	格里克做马德堡半球实验
1657 年	费马提出光走最短路线（费马原理）
1660 年	格里马尔迪发现光的衍射
1662 年	波义耳发现气体体积与压强的反比定律（波义耳定律）

1666 年 牛顿用三棱镜做色散实验

1669 年 巴塞林那斯发现光经过方解石有双折射的现象

1675 年 牛顿做牛顿环实验，用微粒说解释

1676 年 罗麦利用木星卫星的掩食时间测光速

1678 年 胡克阐述了固体材料应力与应变之间的线性关系（胡克定律）

1687 年 牛顿《自然哲学的数学原理》阐述了牛顿运动定律和万有引力定律

1690 年 惠更斯《光论》阐述波动说，导出了光的直线传播和反射、折射定律，解释了双折射现象

1717 年 J. 伯努利提出虚位移原理

1738 年 D. 伯努利《流体动力学》提出伯努利方程，以气压源于气体分子碰撞的设想导出了波义耳定律

1743 年 达朗贝尔《动力学专论》阐述了达朗贝尔原理

1744 年 莫佩尔蒂提出最小作用量原理

1745 年 克莱斯特发明储存电的方法；次年马森布洛克在莱顿独立发明了保存电的装置——莱顿瓶

1747 年 富兰克林发表电的单流质理论，提出正电、负电的概念

1750 年 米歇尔提出磁力的平方反比定律

1752 年 富兰克林风筝实验，引雷电到地面

1755 年 欧拉建立无黏流体力学的基本方程（欧拉方程）

1760 年 布莱克发明冰量热器，区分温度和热量；次年提出潜热概念，为量热学奠定基础

1767 年	普利斯特里提出静电力的平方反比定律
1775 年	伏特发明起电盘
1785 年	库仑从实验中得出静电力的平方反比定律
1786 年	伽伐尼发现不同金属接触蛙腿可致筋肉收缩的现象
1787 年	查理发现气体膨胀的查理－吕萨克定律（吕萨克的研究发表于 1802 年）
1788 年	拉格朗日《分析力学》出版
1798 年	卡文迪许用扭秤实验测定万有引力常数 G
	伦福德摩擦生热的实验，反对热质说
1799 年	戴维做真空中的摩擦实验，证明热是物体微粒的振动
1800 年	伏特发明伏特电池
	赫歇尔发现红外线
1801 年	里特发现紫外线
	托马斯·杨做双缝实验，提出光波干涉原理
1802 年	沃拉斯顿发现太阳光谱中有暗线
1809 年	马吕斯发现光的偏振现象
1811 年	布鲁斯特发现偏振光的布鲁斯特定律
1814 年	夫琅和费用分光镜研究太阳光谱中的暗线
1815 年	菲涅耳以双缝实验和惠更斯理论为基础，发展了光的波动说
1819 年	杜隆和珀替发现原子量与比热容的积是个常数
1820 年	奥斯特发现电生磁现象
	安培提出安培定则

毕奥和萨伐尔得到电流元的磁场定律

1821 年 塞贝克发现温差电效应（塞贝克效应）

傅立叶《热的分析理论》出版

1824 年 卡诺提出卡诺循环

1826 年 欧姆提出欧姆定律

1827 年 布朗发现液体中的微粒不规则运动（布朗运动）

1831 年 法拉第发现电磁感应现象

1833 年 法拉第提出电解定律

1834 年 楞次建立楞次定律

哈密顿提出哈密顿原理

1835 年 亨利发表了解释自感的论文，7 年后发现电振荡放电

1840 年 焦耳发现电流产生的热量与电流的平方、电阻及时间成正比（焦耳－楞次定律）

1841 年 高斯阐明几何光学理论

1842 年 多普勒发现多普勒效应

迈尔提出能量守恒与转化的基本思想

1843 年 法拉第实验证明电荷守恒定律

1845 年 法拉第发现强磁场使光的偏振面旋转，称法拉第效应

1846 年 瓦特斯顿提出能量均分定理

1849 年 菲佐首次在地面上测光速

1851 年 傅科做傅科摆实验，证明地球自转

1855 年 傅科发现涡电流（傅科电流）

1856 年 韦伯和科尔劳施测定电荷的静电单位和电磁单位的电量之比接近光速

1858 年	普吕克尔发现阴极射线
1859 年	麦克斯韦提出气体分子的速度分布律
	基尔霍夫开创光谱分析，其后，以此发现铯、铷等新元素，建立了辐射定律
1862 年	麦克斯韦提出了位移电流概念
1865 年	麦克斯韦导出麦克斯韦方程组，预言电磁波的存在，为光的电磁理论奠定了基础
1868 年	玻尔兹曼推广麦克斯韦速度分布律，建立了玻尔兹曼分布律
1869 年	安德纽斯发现气－液相变的临界现象
1871 年	瓦尔莱发现阴极射线带负电
1872 年	玻尔兹曼提出玻尔兹曼方程，得出 H 定理和熵的统计诠释
1875 年	克尔发现强电场的作用下光的双折射现象（克尔电光效应）
1877 年	瑞利的《声学原理》出版，为近代声学奠定了基础
1879 年	霍尔发现霍尔效应
1881 年	迈克尔逊发明迈克尔逊干涉仪，首次做以太漂移实验未果
1884 年	玻尔兹曼从理论上证明了斯特藩关于黑体的面辐射强度与绝对温度关系的经验公式（斯特藩－玻尔兹曼定律）
	巴尔末给出描述氢原子谱线波长的经验公式（巴尔末公式）

1887 年	迈克尔逊和莫雷做以太漂移实验，未测得光速变化
	赫兹实验证实麦克斯韦的电磁场理论，初步发现光电效应
1890 年	厄特沃什实验证明惯性质量与引力质量相等
1893 年	维恩导出黑体辐射强度分布与温度关系的位移定律
1895 年	洛伦兹发表磁场对运动电荷作用力（洛伦兹力）的公式
	P. 居里发现居里点和居里定律
	伦琴发现 X 射线
1896 年	维恩发表适用于短波范围的黑体辐射的能量分布公式
	贝克勒尔发现天然放射性
	塞曼发现磁场使光谱线分裂（塞曼效应）
1897 年	J.J. 汤姆逊通过测定阴极射线粒子的荷质比证实电子的存在
1898 年	居里夫妇发现放射性元素镭和钋
1899 年	列别捷夫实验证实光压的存在
1900 年	瑞利发表适用于长波范围的黑体辐射公式
	普朗克在量子假设的基础上提出了普适的黑体辐射公式，量子力学萌芽
1901 年	考夫曼发现电子质量随速度变化
1902 年	吉布斯出版《统计力学的基本原理》，创立统计系综理论
	卢瑟福和索迪提出元素的嬗变理论

1905 年	爱因斯坦发表关于布朗运动、光电效应、动体电动力学等方面的 6 篇论文，为量子理论奠基，创立了狭义相对论，给出了质能公式
1906 年	爱因斯坦提出关于固体比热容的量子理论
1907 年	外斯提出铁磁性的分子场理论，提出磁畴假设
1908 年	佩兰实验证实布朗运动方程，求得阿伏加德罗常数 盖革发明盖革计数器
1909 年	盖革和马斯登在卢瑟福指导的实验中发现 α 粒子碰撞金属箔产生大角度散射
1911 年	昂纳斯发现金属低温超导现象 卢瑟福提出有核原子模型
1912 年	威尔逊改进威尔逊云室 赫斯发现宇宙射线 能斯特提出热力学第三定律（1906 年初步发现） 劳厄提出方案，弗里德里希和尼平实验证实了 X 射线的波动性
1913 年	斯塔克发现原子光谱在电场作用下的分裂现象（斯塔克效应） 玻尔解释氢原子光谱
1914 年	莫塞莱发现原子序数与元素辐射特征线之间的关系 查德威克发现 β 射线能谱
1915 年	爱因斯坦建立了广义相对论 在爱因斯坦的倡议下，德哈斯首次测量回转磁效应
1916 年	密立根实验证实了爱因斯坦光电方程

爱因斯坦根据量子跃迁概念推出普朗克公式，提出受激辐射理论

1917 年 密立根测出单个电子电荷值

1919 年 爱丁顿等通过日食观测证实了爱因斯坦关于引力使光线弯曲的预言

阿斯顿发明质谱仪

卢瑟福首次实现人工核反应

巴克豪森发现磁畴

1921 年 瓦拉塞克发现铁电性

1922 年 斯特恩和格拉赫实验证实原子的角动量在空间取向量子化

1923 年 康普顿实验发现康普顿效应，证明光子的量子性

1924 年 德布罗意提出波粒二象性

玻色发现光子所服从的统计规律，爱因斯坦补充建立了玻色 – 爱因斯坦统计

1925 年 泡利发现泡利不相容原理

海森堡创立矩阵力学

狄拉克提出 q 数

乌仑贝克、古兹密特提出电子自旋

1926 年 薛定谔创立波动力学

费米和狄拉克提出费米 – 狄拉克统计

玻恩发表波函数的统计诠释

1927 年 海森堡发现不确定性原理

玻尔提出量子力学的互补原理

		戴维逊和革末实验证实了电子的波动性
1928 年	•	拉曼等人发现散射光的频率变化（拉曼效应）
		狄拉克发表狄拉克方程
1930 年	•	泡利提出 β 衰变过程中的中微子假说
1931 年	•	狄拉克提出正电子、磁单极子理论
		威尔逊提出金属和绝缘体相区别的能带模型，并预言半导体
1932 年	•	查德威克发现卢瑟福预言的中子
		安德森发现狄拉克预言的正电子
		劳伦斯等人建成第一台回旋加速器
1933 年	•	迈斯纳和奥克森菲尔德发现超导体具有完全的抗磁性
		费米提出 β 衰变的定量理论
		布莱克特等人从云室照片发现正负电子对
1934 年	•	切连科夫发现切连科夫辐射
		约里奥·居里夫妇发现人工放射性
1935 年	•	汤川秀树发表了核力的介子场论，预言了介子
1938 年	•	哈恩和斯特拉斯曼发现铀裂变
		卡皮查实验证实液氦的超流动性
		拉比等人用分子束磁共振法测核磁矩
		F. 伦敦提出解释超流动性的统计理论
1939 年	•	奥本海默根据广义相对论预言了黑洞
1941 年	•	朗道提出液体氦的超流性理论
1942 年	•	费米主持建成世界上第一座核反应堆
1945 年	•	普里戈金提出最小熵产生原理

1946 年　珀塞尔用共振吸收法、布洛赫用核感应法测核磁矩，实现核共振

1947 年　库什精确测量电子磁矩，发现与理论预言有微小偏差

兰姆和雷瑟福发现兰姆位移

鲍威尔发现 π 介子

罗彻斯特和巴特勒发现奇异粒子

1948 年　张文裕发现 μ 子系弱作用粒子，发现 μ 介原子

朝永振一郎、施温格、费曼、戴森分别提出相对论协变的重整化的量子电动力学理论

1949 年　迈耶和简森等分别提出核壳层模型理论

1952 年　格拉塞发明气泡室

1954 年　杨振宁和米尔斯提出非阿贝尔规范场理论

1955 年　张伯伦和西格雷等人发现反质子

1956 年　李政道和杨振宁提出弱相互作用中宇称不守恒，吴健雄等人实验验证了该理论

1957 年　巴丁、施里弗和库珀提出超导微观理论（BCS 理论）

1958 年　穆斯堡尔实现 γ 射线的无反冲共振吸收（穆斯堡尔效应）

1959 年　王淦昌领导的小组发现反西格马负超子

1964 年　盖尔曼等提出强子结构的夸克模型

希格斯提出希格斯机制

1967 年　温伯格、萨拉姆分别提出电弱统一理论标准模型

1969 年　普里戈金提出耗散结构理论

1973 年　哈塞尔特等发现弱中性流，支持了电弱统一理论

1974 年　里克特和丁肇中分别发现 J/ψ 粒子

1980 年　克利青发现量子霍尔效应

1982 年　阿斯派克特实现 EPR 实验

1983 年　鲁比亚和范德梅尔等人发现弱相互作用的中间玻色子 $W^{\pm}$ 和 Z^{0} 粒子

2012 年　CERN（欧洲核子研究中心）发现了希格斯粒子

2015 年　LIGO（激光干涉引力波天文台）首次成功探测到了引力波

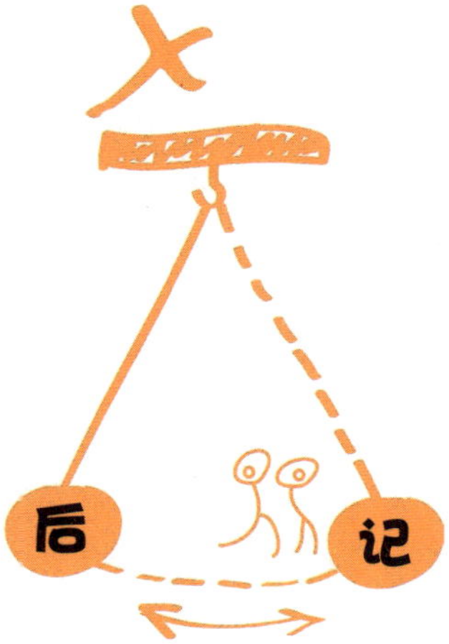

写给我挚爱的同好们

本文的来历，其实很偶然。

面对生活，总有一种深陷酱缸的感觉，越捂越臭，越臭越捂。当意识到这一点，就会试图寻找一个方向。

终于，有了方向。但那边是逆流。

想逆流而上，却发现，这是泥石流，挥不动双臂，驾不了扁舟。

想顺流而下，却越陷越深。

出路就是融入泥石流，去把别人卷进来。

向往一江春水，水下鱼虾草石，水上荷萍舟鸟，万类霜天竞自由，无限生机，无限可能，却身陷生活的泥淖无法自拔，举目四顾，唯见泥沙翻滚，看似声势浩大，但毫无生机，是一片烂泥滩。

我们身在其中，无力、无奈、无助。除非无知、无良、无耻。

我们无计可施。

为什么？凭什么？搞什么？问天问地问自身，终于发现，我们自己骨子里，有些东西需要唤醒，有些东西需要剔除。

几千年来，我们越来越现实，越来越功利。不可否认，一部分人现实和功利，可以促进社会发展。但全社会都现实和功利，那会毁了一个民族。

如果我们唯上而不唯真，尚利而不尚义；我们崇尚无底线的忍耐和承受；我们津津乐道不择手段的成功；我们沉溺于势利奸狡的混世哲学；我们畏惧强力而怀疑善良；我们推崇中庸而拒绝不同；我们漠视他人的苦难；我们的幸福是比出来的；我们恨强梁无所不能，更恨自己竟然不能；我们陶醉地把打掉的牙咽进肚子，还故作高深，一副看破不说破的模样……如果这些风气已经浸入到多数人的骨子里，那么天天都会出现怪状，不随波逐流的人会在人群中越来越孤独。

我一直想说点什么，但又不知从何说起。这才是真的无语。

无语，是思考的开始。

思考，从剖析自己和现实开始。

我想：我们的世界观，缺乏对真理的尊重；我们的价值观，缺乏对人才的尊重；我们看待、分析和处理问题，缺乏科学精神和方法。

那么，我知道自己要说什么了。

作为一个普通人，我为自己的这点责任感既感到汗颜，又忍不住不自量力勉强为之。既然身处其中，不做点什么，心里总怅然若失。终于下决心做了，就希望更多人能接受这些先进的科学思想，更多人能知道，世界上除了金钱、地位是成功的标准，除了争斗、劫掠、潜规则是成功的手段，其实，还可以有更美丽、更辉煌的成功，还有更令人心动、更令人景仰的方式能获得成功。

但是，说了，会有人认同吗？不说，又怎么知道这世上还有多少人认同？

于是，就在键盘上敲了起来。

于是，心如鹿撞地发到网上。

结果真的是令人欣慰，居然引来了很多同好，还得到了同好的鼓励、支持和帮助。

动力，就是从这里来的。

但谈论这些高深的科学理论又谈何容易，其中的艰辛冷暖，只有自己清楚，没有众同好的支持和帮助，我是无论如何也走不完这段路的。

在此，感谢诸位同好，尤其是无论在什么情况下，都始终如一、不离不弃伴我走到今天的朋友。

凡是顶过帖的朋友，都是支持者，于我而言，均心怀感激。我统计出了1 740位同好的ID，但限于空间无法一一列举。这里谨把那些顶帖更多、给我帮助更大的同好挑出来，以特别感谢他们的无私付出。未能列出的朋友，万望谅解。

当列出下面这些名单时，我才知道统计和宣读名单，是多么庄严和神圣的一件事。

特别感谢：

@没有1999

——仅是兄台的执着，便已经成就了难以企及的高度，何况，还有真诚、博识来为之奠基！

@kjh139

——滔滔江水，其弥足珍贵之处，不在流量，而在于连绵不绝。华弟对在下的支持可贵如斯。

@枪到用时方恨短

——这一切，居然不是始于前世的约定，而是一次简单的邂逅。山高水远，情深意长。

@rainsunny8651

——我不善于记忆字母，但对这一长串至今熟悉。少了你，那一页再丰满，也顿觉残缺。

@为莫不让说话

——“为莫”会对一个ID产生莫名的亲切？一行下的空白，旗帜般地昭示着其中的深意。即使后面加了个O。@为莫不让说话O

@找个理由活下去

——有了你，活下去便不需理由。因为，那份眷恋已悄然而来。

@顶萝卜铁专用

——面对这个ID，萝卜还能说什么？用执着诠释的知遇之恩，如山一般。其下，一切语言虚浮若雾。

@我要一个牙刷

——有始有终，从始至终，把一个字砌成了厚实的依靠。

@龙首塬上人

——从来不必想起，也永远不会忘记，人在路上，你在心里。

@布拉布舒夫斯基

——这个收获太意外了，拉来一个科友，捎带一个联友，爽！

@听雨坠

——虽然遥不可及，但绝不虚无缥缈。那种踏实感，让我认定这个兄弟。

@我傻二

——傻哥不傻，二哥不二，一种豪情，两地相承。

@TYLMM2011

——不知道这串字母是啥意思，中间似乎还很魅惑，但字里行间，我读出了一个仗义的哥们儿。

@ tycrz

——这串字母毫不起眼，却深深地刻进我心里。来，抱抱。曾记否，你的鼓励对我很重要。

@ 秋皮丁

——萍踪不定，却从不曾离开。皮哥，有你，心里就有底！

@ 风之斜歌

——正在爬山的你，汗流浃背之际，从不忘携我前行。风公子，真朋友！

@ 永红数码

——这应该是贵公司的名号吧？不管怎么说，阁下在我心中，不是数码，而是永红。

@ yanbosong

——严博松？不管是不是，反正我就是这样记的。那句"顶好帖是义务"让刚出道的楼主感激涕零。

@ fujiwarasakura

——名字看起来很长，持续时间也很长，请继续。送兄台一个字：牛。

@ tonysicom

——友直，友谅，友多闻，益矣。益者三友，兄尽占也。

@ yyxian

——初见，感觉是个临时 ID，不料，狂沙吹尽，却留下了兄台这块金子。

@ zhuyulin514

——名字见得久了，难免会想象出一个形象。朱玉林？俊朗一书生？不管是否，皆值神交。

@ 林震

——来得很早，后虽往来不频，却未曾相弃，谢了！

@ longjity007

——这个 ID 太难记了，只好记成 007 在中国。龙兄？

@ 东边山人

——乍看，有种山遥水远的感觉，但现在却熟若邻里，即使偶尔出差，也知你必将归来。

@ 籍二木

——一个豪爽仗义的哥们儿，话不多，但给人温暖踏实之感。

@独自等待花会开

——一个字，一辈子。已不再是独自等待。花，一定会开。

@ tttttmnt

——不离不弃，有礼有节。兄台，是一个靠得住的朋友。遇到你，是萝卜之幸！

@最早之前

——阁下年龄不大，做事却恒持不懈。真心愿你前程远大。在这里，只能道声谢谢！

@ 14373537

——见到这串数字，竟然比见到自己的手机号码还感到亲切。所谓淡香弥久，无则生思也。

@ dc21

——如果不是阁下给了那么多默默的支持，找到这个简洁的ID真的很难。我记下了，$E=mc^2$般的简洁。

@无与伦比的想象力

——阁下的支持在一段时间爆发，令人印象深刻。无与伦比的ID，同样令人印象深刻。握手！

@秋荷看雾

——那句“奶奶级”至今记忆犹新，连同您当时的鼓励和支持，伴我度过键盘的每个噼啪声。

@猫扑泪人

——猫扑与天涯在一起很有喜剧效果，但这个效果强不过阁下对萝卜的强力支持！

@ wcw2539

——如果说，阁下的ID是一个天使，也许有些抽象，但天使带来的帮助，却是那样具体。谢谢！

@ killywen1983

——阁下在本帖敲了多少字？恐怕加在一起会吓您自己一跳。您可知，它顶来了多少同好？

@这次应该注册上了

——兄台来得很晚，却顶得很猛。看言谈，想必生活中是个挥洒豪情的人物。

@ mymy11my

——11，并肩前行的样子。嗯，我的，我的，我的朋友。

@ 瞎子摸鱼躲猫猫

——一切尽在不言中！

@ 平凡和尚

——不知何时到来，也不知在何时离开，但低调，并不能减淡熟悉的身影。

@ 弱势个人

——支撑很给力！一点也不弱势。

@ 半年没看片

——这半年净忙着帮萝卜盖楼了，盖完请兄看好莱坞 IMAX！

@ 爱因思探

——Einstein，我心中的神，却被你译成福尔摩斯的形象。那是另一个神，好吧，算你狠。

@ myistlx0

——这个 ID 初看并不起眼，但自从来，便不曾离开，而且越顶越多，此情如酒，愈陈愈香。

@ swhhai123

——心地善良，也心直口快，认真中有点小天真，我说的对吗，兄弟？

@ 我心非与

——看 ID，本以为是个同龄人，不料如此年轻。忘年可交也！

@ 苹果萝卜的粉丝

——说实话，我恨那个苹果。

@ 可爱小清新 9527

——名实相符的，越来越少了，居然被我遇见一个。幸事也！

@ 大憨 vanet

——憨哥，对你，所有动听的言语都是浮云，还是那啥吧，碰个拳，一切都在力度里。

@ jianming89

——恒久的简明，简明的支撑，震撼了楼主的心。

@ 异域亲王

——ID 很有视觉冲击力，一如阁下对敝帖的支持。

@ Hfeng0811

——用思考顶帖，阁下带来的不仅仅是人气。谢谢！

@ 5whott

——中国古代文明的捍卫者，期待阁下会更进一步，成为传播者和发扬者。

@ 梦游混沌

——说是梦游，目光如电；说是混沌，清醒得很。这样的朋友很难得。

@ weijinxiangyu

——很好奇这四个字是什么。得到阁下这般如此长久的支持，是每个楼三的梦想。

还有一个顶帖数虽然不多，但给萝卜帮助甚大的朋友，不得不提：

@ 只为萝卜来

——为此帖专门注册的这个 ID，在发帖之初，给俺滴鼓励是大大滴。

十分感谢以下诸位同好的热情顶帖：

@ 喜欢吃葡萄 2011	@ birdzsb	@ 新人试刀
@ 西坡莽	@ fqyfly	@ 2snowfox
@ bzfnthh111	@ 披头士与猪 2011	@ 用户 _2008
@ 天高云淡 003	@ 喝酒不过三	@ 出去走走 1975
@ 黄落	@ yang12160098	@ 山西的童心不改
@ alun0310	@ weixinsanshuo	@ 非老子
@ enjinchen	@ 少年小鱼	@ 包金山石
@ yanqiangw	@ nicenana2009	@ 唯有肚康
@ s123zs	@ 随风 DI	@ baggioiii
@ 蓝色妖蛛	@ 蝴蝶梦中梦蝴蝶	@ 魏林 1985
@ DFxue001	@ 王文胜一	@ 本人超级潜水员
@ andy231936	@ asci2000	@ 阁楼居士
@ eric5658	@ kunnyniu	@ victory733
@ 7546519a	@ 至尊笨	@ 激流勇进 009
@ 定远大黄蜂	@ huopao1024	@ 410246842
@ 飞身上天涯	@ duanshanq	@ 雪山 _ 清晨
@ 云间城堡主人	@ 狗剩 1983	@ abc_lll
@ hurricanejkj	@ 南五宫	@ 王某人要种菜

@ 无心或有心　　@ 北腿大爷　　@ 落泪沾衣 2012
@ 葡萄牙桑切斯　　@ hu680512　　@ zjb129
@ pjm77

再次感谢列位同好的支持！

人生一世，草木一秋。

不同于草木的是，生而为人，我们有思考的能力。这是上天赐予我们的最可贵的礼物。

生活很苦，但思想很飘逸。

思考自然，其实就是思考我们自己。

追寻自然真谛，是一种人生修行。修行到哪个境界不重要，重要的是，我们来过、想过，就没白过。

也许，本文不能为你带来实惠，我的想法也并不一定“正确”，但如果，它能让你疲惫的心在此栖息片刻，又或者它让你想起了些什么，那么，这就是对我莫大的安慰。